Guide Saint-Christophe
Edition 2006

Editeur : Malesherbes Publications

Sommaire

Comment utiliser le Guide ?

LES MAISONS D'ACCUEIL présentes dans cette nouvelle édition du Guide sont classées par région administrative, puis par département. Nous avons mis à la disposition de chaque établissement une page entière, dans laquelle vous trouverez les coordonnées complètes, le type d'accueil proposé par la maison (accueil spirituel, étapes vacances, maison de repos, accueil pour personnes âgées), les services, les moyens d'accès, les prix, les activités sportives et culturelles à proximité...

400 sites culturels et touristiques

Les pages d'introduction de chaque région vous présentent les 20 plus beaux sites de celle-ci à visiter. Pour chaque lieu, nous vous proposons une petite présentation, ainsi qu'un contact, pour obtenir de plus amples informations.

La carte routière

Plus qu'une carte routière, elle vous permet de localiser très rapidement les simples établissements. Chaque maison d'accueil est représentée par un pictogramme 

vous indiquant la page correspondante du Guide.

Les chemins de Compostelle

Les lieux d'accueil situés à proximité de l'une des routes de Compostelle sont indiqués par un pictogramme et un chiffre.

Un index général

En fin d'ouvrage, un index répertorie par région tous les établissements d'accueil, leur numéro de page, le type d'accueil proposé.

Liste des symboles

Equipements hôteliers

- Familles avec enfants
- Groupes d'enfants
- Groupes d'adultes
- Ascenseur
- Accueil possible de personnes à mobilité réduite
- Parking
- Télévision
- Sanitaires
- Animaux
- Salles de réunions

Prestations spirituelles ou culturelles

- Possibilité d'échanges avec un prêtre ou une religieuse
- Sessions - Retraites - Stages
- Chapelle - Oratoire
- Offices
- Séminaires - Congrès
- Bibliothèque
- Animation culturelle
- Artisanat monastique
- Encadrement d'enfants

Activités sportives sur place ou à proximité

- Equitation
- Golf
- Piscine
- Tennis
- VTT

Divers

- Office de tourisme le plus proche
- Moyens d'accès

Chemins de Compostelle

Les lieux d'accueil situés à proximité de l'une des routes de Compostelle sont repérés par une icône. Le chiffre indique la route concernée.

- 1 Route de Paris (Pays-Bas)
- 2 Route de Paris (Danemark)
- 3 Route de Vézelay (Pologne)
- 4 Route du Puy (Hongrie)
- 5 Route d'Arles (du Brenner)
- 6 Route d'Arles (Croatie)
- 7 Route d'Arles (Adriatique)
- 8 Route d'Arles (Méditerranée)
- 9 Route du Mont-Saint-Michel

Index des annonceurs

Avant-propos

SÉJOURS SPIRITUELS, étapes de vacances, moments de repos ou établissements de retraites pour personnes âgées, le Guide Saint-Christophe vous propose divers établissements, en France et à l'étranger. Pour chacun d'entre eux, vous trouverez une foule de renseignements pratiques : coordonnées complètes, capacité, tarifs, activités à proximité, moyens d'accès...

Si vous souhaitez agrémenter votre séjour de quelques découvertes touristiques, vous trouverez, au début de chaque région, ses 20 plus beaux sites à visiter. Chaque lieu bénéficie d'une présentation sommaire et d'un contact à utiliser pour tout renseignement.

Pour rendre le Guide Saint-Christophe encore plus pratique, nous y avons joint une carte routière de France sur laquelle sont localisés bien évidemment les principaux axes routiers, mais surtout tous les établissements présents dans le Guide.

Les maisons d'accueil qui figurent dans ce Guide ne sont pas des hôtels, mais des lieux de séjour dont il convient de respecter l'esprit. Toutes les informations recensées nous ont été communiquées par chaque établissement ; n'hésitez pas à prendre contact directement avec eux afin de valider votre choix.

Vous pouvez également nous faire partager vos découvertes personnelles en nous indiquant les coordonnées des lieux d'accueil ne figurant pas dans ce Guide.

Il a été choisi.
Faites le choix de les aider
Fondation des Monastères
Que tout être vivant chante louange au Seigneur.
›s dons sont indispensables pour que les ›mmunautés religieuses, soutenues dans urs difficultés matérielles, vivent pleine-ent leur choix de la recherche de Dieu.
insi, vous les aiderez à assurer leurs iarges de toute nature : modernisation ›s installations pour le travail et pour l'accueil, entretien des bâtiments monastiques, cotisations sociales, etc...
Vos dons ouvrent droit aux importants avantages fiscaux prévus par la loi, pour les particuliers comme pour les entreprises.
Vos legs à la Fondation sont exonérés de droits de succession.
›rvice des dons et legs
›ndation des Monastères - 83/85, rue Dutot - 75015 Paris
él. : 01 45 31 02 02 - Fax : 01 45 31 02 10
C.P. « Fondation des Monastères » 30412 12 F La Source
›ww.fondationdesmonasteres.org
Fondation des Monastères
Fondation reconnue d'utilité publique J.O. du 25/08/1974
Œuvre d'entraide
Œuvre de bâtisseurs
Fondation des Monastères - 10/12/05 - Photo : Abbaye Notre Dame de Ganagobie / (49-10-05)

Index régional des maisons d'accueil situées en France

La France adminis

01 - Ain
02 - Aisne
03 - Allier
04 - Alpes-de-Haute-Provence
05 - Hautes-Alpes
06 - Alpes-Maritimes
07 - Ardèche
08 - Ardennes
09 - Ariège
10 - Aube
11 - Aude
12 - Aveyron
13 - Bouches-du-Rhône
14 - Calvados
15 - Cantal
16 - Charente
17 - Charente-Maritime
18 - Cher
19 - Corrèze
2a - Corse-du-Sud
2b - Haute-Corse
21 - Côte-d'Or
22 - Côtes-d'Armor
23 - Creuse
24 - Dordogne
25 - Doubs
26 - Drôme
27 - Eure
28 - Eure-et-Loir
29 - Finistère
30 - Gard
31 - Haute-Garonne
32 - Gers
33 - Gironde
34 - Hérault
35 - Ille-et-Vilaine
36 - Indre
37 - Indre-et-Loire
38 - Isère
39 - Jura
40 - Landes
41 - Loir-et-Cher
42 - Loire
43 - Haute-Loire
44 - Loire-Atlantique
45 - Loiret
46 - Lot
47 - Lot-et-Garonne
48 - Lozère
49 - Maine-et-Loire
50 - Manche
51 - Marne
52 - Haute-Marne
53 - Mayenne
54 - Meurthe-et-Moselle
55 - Meuse
56 - Morbihan
57 - Moselle
58 - Nièvre
59 - Nord
60 - Oise
61 - Orne
62 - Pas-de-Calais
63 - Puy-de-Dôme
64 - Pyrénées-Atlantiques
65 - Hautes-Pyrénées
66 - Pyrénées-Orientales
67 - Bas-Rhin
68 - Haut-Rhin
69 - Rhône
70 - Haute-Saône
71 - Saône-et-Loire
72 - Sarthe
73 - Savoie
74 - Haute-Savoie
75 - Paris
76 - Seine-Maritime
77 - Seine-et-Marne
78 - Yvelines
79 - Deux-Sèvres
80 - Somme
81 - Tarn
82 - Tarn-et-Garonne
83 - Var
84 - Vaucluse
85 - Vendée
86 - Vienne
87 - Haute-Vienne
88 - Vosges
89 - Yonne
90 - Territoire-de-Belfort
91 - Essonne
92 - Hauts-de-Seine
93 - Seine-Saint-Denis
94 - Val-de-Marne
95 - Val-d'Oise

rative

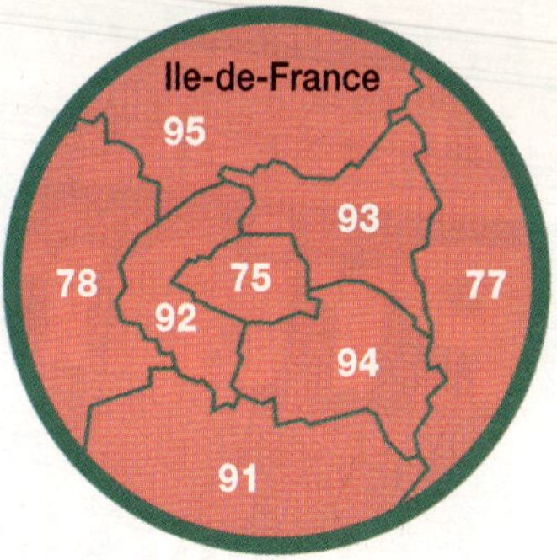

Ile-de-France
95
93
78
75
77
92
94
91

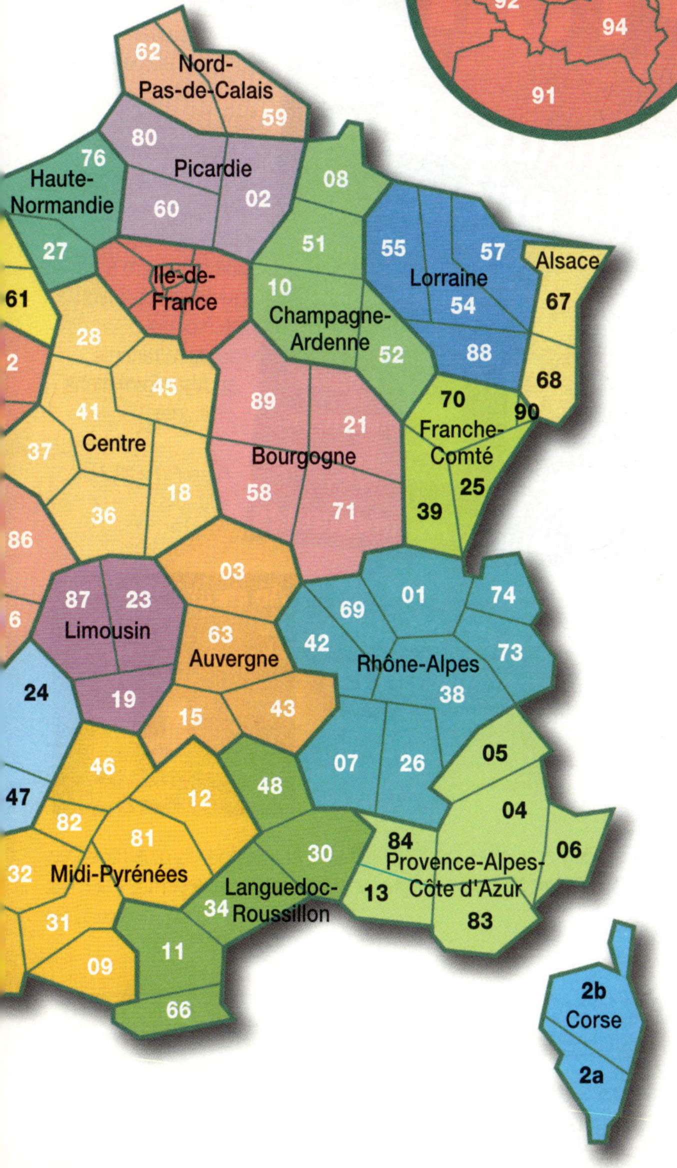

62
Nord-Pas-de-Calais
59
80
76
Picardie
Haute-Normandie
08
60
02
27
51
55
57
Alsace
Ile-de-France
Lorraine
61
10
54
67
Champagne-Ardenne
28
52
88
2
68
45
89
70
90
41
21
Franche-Comté
37
Centre
Bourgogne
25
18
58
36
71
39
86
03
87
23
01
74
6
69
Limousin
63
42
73
Auvergne
Rhône-Alpes
24
19
38
15
43
05
46
07
26
48
47
12
04
82
81
30
84
06
32
Midi-Pyrénées
Provence-Alpes-Côte d'Azur
13
Languedoc-Roussillon
34
31
83
11
09
66
2b
Corse
2a

Alsace

Index des départements de la Région Alsace

COLMAR

Musée d'Unterlinden

Un ancien couvent du 13e s. abrite les riches collections de peintures et sculptures (fin du Moyen Âge et Renaissance) de ce musée surtout célèbre pour le retable d'Issenheim (dans la chapelle), exécuté par Grünewald vers 1515.

Renseignements : 03 89 20 15 50.

Route des CRÊTES

80 km enivrants de grands espaces, dont la moitié au travers de forêts : des cols, des ballons, des lacs, des rochers, des pâturages... presque à l'infini.

Écomusée d'Alsace

À Ungersheim.

Ce musée en plein air est un résumé de l'Alsace traditionnelle. La visite fait découvrir, à travers 70 maisons paysannes regroupées selon leur région d'origine, l'organisation sociale aux 19e et 20e s.

Renseignements : 03 89 74 44 74.

GRAND BALLON

Point culminant des Vosges (1 424 m), le Grand Ballon ou ballon de Guebwiller offre un panorama prodigieux sur les Vosges, la Forêt-Noire et, par temps clair, le Jura et les Alpes. En descendant, on passe à côté des ruines du château de Freundstein, nid d'aigle médiéval.

Château du HAUT-KŒNIGSBOURG

À Orschwiller.

L'apparition dans la brume matinale de cette forteresse du 12e s. perchée à près de 800 m de haut sur un éperon de grès, est vraiment magique ! Des 500 châteaux et ruines de châteaux forts que compte l'Alsace, c'est le plus important.

Renseignements : 03 88 82 50 60.

HUNSPACH

Le style alsacien et le caractère exclusivement rural du village, classé parmi les « plus beaux villages de France », se voit dans ses cours fermières, ses vergers, ses fontaines à balanciers.

KAYSERBERG

D'aspect médiéval, Kaysersberg séduit par ses vieilles maisons, les ruines de son château, son pont fortifié, le très beau retable de l'église Ste-Croix et son désormais célèbre marché de Noël.

MARMOUTIER

Église abbatiale

Joyau de l'art roman qui apparaît dans son écrin de verdure au débouché de la forêt. La façade occidentale, en grès rouge des Vosges, fourmille de détails romans.

Renseignements : 03 88 71 46 84.

MONT SAINTE-ODILE

Probablement le sommet le plus fréquenté de toute l'Alsace, par l'originalité de son site - un piton de grès isolé, s'élevant à 764 m d'altitude et dominant la plaine d'Alsace - et la sainteté du lieu.

MULHOUSE

Musée national de l'Automobile, collection Schlumpf

Cette fabuleuse collection de quelque 500 automobiles de rêve installée dans une ancienne filature permet d'apprécier la créativité et la personnalité des constructeurs.

Renseignements : 03 89 33 23 21.

MURBACH

Église St-Léger

Ce chef d'œuvre de l'art roman en Alsace fut jadis une des plus puissantes abbayes bénédictines de la région.

OBERNAI

Place du Marché

Image de l'Alsace traditionnelle, elle est bordée de maisons anciennes à pignons aux teintes dorées tirant parfois vers le carmin, nuances qui donnent aux rues d'Obernai cette lumière si particulière.

Val D'ORBEY

Bois et pâturages, lacs d'altitude, forêts de sapins au pied de la ligne bleue des Vosges, tel est le pays welche, où l'on a toujours ignoré le dialecte alsacien et où le parler a une origine romane et non pas germanique.

RIQUEWIHR

Cerné par les vignes, Riquewihr a le cachet particulier des villages alsaciens : ruelles, murailles et vieilles maisons ont conservé, pratiquement intacte, leur splendeur du 16ᵉ s.

STRASBOURG

Flèche de la cathédrale Notre-Dame

Octogonale à la base, la flèche, avec ses six étages de tourelles ajourées, est un chef-d'œuvre de grâce et de légèreté. De la plate-forme, point de vue spectaculaire sur Strasbourg, la Forêt-Noire et les Vosges.

Renseignements : 03 88 43 60 32.

Palais Rohan - Musée des Arts décoratifs

Les grands appartements, qui comptent parmi les plus beaux intérieurs français du 18ᵉ s., sont consacrés aux arts et à l'artisanat de Strasbourg et de l'Est de la France, depuis la fin du 17ᵉ s. jusqu'au milieu du 19ᵉ s. (célèbre collection de céramiques).

Renseignements : 03 88 52 50 00.

THANN

Collégiale St-Thiébaut

Son architecture gothique, qui témoigne d'une évolution vers le style flamboyant, est remarquable.

VIEIL-ARMAND

Des croix alignées à l'infini. Ils le voulaient tous, en 1915, ce contrefort des Vosges qui contrôlait la plaine d'Alsace. Allemands et Français ont donné leurs vies pour lui, par dizaines de milliers.

Route des VINS

La route, peut-être la route gastronomique la plus fameuse de France, zigzague, de Marlenheim jusqu'à Thann, entre les vignes, les jolis villages, les vieux châteaux, les caves de dégustation, les petites chapelles et les abbayes.

WISSEMBOURG

Wissembourg se sort miraculeusement intact et magnifique d'une histoire chargée en désastres et en guerres. La visite des quartiers anciens est incontournable : plus de 70 maisons datent d'avant 1700.

Comité régional du tourisme d'Alsace
20 A, rue Berthe Molly
68000 COLMAR
Tél. : 03 89 24 73 50
Fax : 03 89 24 73 51
Email : crt@tourisme-alsace.com
http://www.tourism-alsace.com

Ergersheim

Accueil spirituel

A4 - Sortie : Saverne ou A35 - Sortie : Molsheim - N4, N420, D30, D45
SNCF : Molsheim à 5 km - Navette
TGV : Strasbourg-Entzheim

Abbaye Notre-Dame d'Altbronn
16, rue Principale
67120 Ergersheim
Tél. : 03 88 47 95 40
Fax : 03 88 47 95 47
Contact : Sœur Elisabeth

Au coeur du village, monastère de moniales cisterciennes. Environs riches en promenades, sites religieux touristiques. Accueil individuel ou en groupe pour une journée ou quelques jours de retraites, de réflexion dans un climat de silence.
Capacité d'accueil maximale : 25 pers. - Ch. simple(s) : 15 - Ch. double(s) : 5 - Linge de maison fourni
Langue(s) parlée(s) : Français, Allemand
Dates de fermeture : 1 semaine en janvier

Pour connaître les prestations complètes et les tarifs, veuillez vous renseigner auprès de la maison d'accueil.

Paiements acceptés : Espèces, Chèques

Sanitaire : Collectif

Office de tourisme - Mairie
17, place de l'Hôtel de ville
BP 156 - 67120 Molsheim cedex

Marmoutier cedex

Accueil spirituel
Etape vacances
Maison de repos

A4 - Sortie : Saverne - N4, D218
Carte Michelin : 315
SNCF : Saverne - Taxi
Aéroport : Strasbourg-Entzheim - Taxi - Train

Air et Vie-Centre Monier
Sindelsberg - BP 43
67441 Marmoutier cedex
Tél. : 03 88 70 61 09
Fax : 03 88 03 22 40
Contact : Mlle Eschbach

Vacances et ressourcement entre Vosges et plaine d'Alsace, au sommet de la colline du Sindelsberg, dans un cadre calme et enchanteur, ouvrant sur de larges horizons, à l'orée de la forêt où s'arrête toute circulation. Ambiance particulièrement conviviale et authentique à l'occasion des fêtes de Noël, Nouvel An et Pâques. Cuisine familiale et soignée, avec des produits traditionnels.
Capacité d'accueil maximale : 20 à 25 pers. - Ch. simple(s) : 13 - Ch. double(s) : 5 - Linge de maison fourni
Langue(s) parlée(s) : Français, Allemand

Pour connaître les prestations complètes et les tarifs, veuillez vous renseigner auprès de la maison d'accueil.

Paiements acceptés : Espèces, Chèques

Sanitaire : Individuel

Equipement audio-visuel

6 km 3 km 6 km

Office de Tourisme - 1, rue du Général Leclerc
67440 Marmoutier
Tél : 03 88 71 46 84
Email : tourisme.marmoutier@wanadoo.fr

Obernai Cedex

Accueil spirituel
Etape vacances
Maison de repos

A35 - D422
Carte Michelin : 315
SNCF : Bischoffsheim - Taxi - A pied : 2 km.
Aéroport : Strasbourg-Entzheim - Taxi

Amicale et Couvent du Bischenberg
41, rue du Couvent - Bischoffscheim - BP 155
67214 Obernai Cedex
Tél. : 03 88 50 41 27
Fax : 03 88 48 07 95
Contact : Supèrieur du Couvent

Dans la moyenne Alsace, à 360 m d'alt. Les Rédemptoristes et l'amicale accueillent toute l'année des particuliers, mais surtout des jeunes, seuls ou en groupes constitués. La Communauté et l'amicale proposent aux jeunes des camps bilingues (allemand) de retraite, de créativité, de travail ou de mission.
Capacité d'accueil maximale : 20 pers. - Ch. simple(s) : 2 - Ch. double(s) : 9 (à 2 lits) - Camping : oui - Linge de maison fourni
Langue(s) parlée(s) : Français, Allemand

Pour connaître les prestations complètes et les tarifs, veuillez vous renseigner auprès de la maison d'accueil.

Paiements acceptés : Espèces, Chèques

Sanitaire : Collectif

Agréments : Jeunesse et sports

3 km
Autres activités : - Volley sur terrain annexé

Office de Tourisme - place du Beffroi
67210 Obernai
Tél : 03 88 95 64 13

3 4

Strasbourg

Etape vacances

A4 - Sortie : Place de l'Etoile / Place Haguenau - N4
Carte Michelin : 315
SNCF : Strasbourg - Taxi - Tramway

Association du Foyer Notre-Dame
3, rue des Echasses - BP 70
67061 Strasbourg
Tél. : 03 88 32 47 36
Fax : 03 88 22 68 47
Site : www.foyer-notre-dame.com
Email : foyer.notredame@wanadoo.fr

La maison, située en ville, en secteur piétonnier, accueille toute personne seule ou en groupe pour des séjours de 2 jours à 3 mois. Les hôtes de passage sont uniquement hébergés du 1er juin au 15 septembre. Vous pourrez visiter les nombreux monuments de la ville et faire des excursions dans les forêts vosgiennes, ainsi qu'admirer les panoramas alsaciens.
Capacité d'accueil maximale : 30 pers. - Ch. simple(s) : 30 - Ch. double(s) : 4 - Linge de maison fourni
Langue(s) parlée(s) : Français, Anglais, Allemand

		Adultes	Enfants	Groupes
Hébergement	*Nuit*	27,10€	-	-
Demi-pension	*Jour*	34€	-	-
Pension complète	*Jour*	40,70€	-	-

Paiements acceptés : Espèces, Chèques
Tarifs communiqués à titre indicatif. Pour plus de précisions, contacter directement la maison d'accueil.

Sanitaire : Individuel

1 km 2 km 10 km

Office de Tourisme - 17, place de la Cathédrale
67000 Strasbourg
Tél : 03 88 52 28 28

Marienthal

Accueil spirituel

Etape vacances

A4 - Sortie : Haguenau - N 63, D44
Carte Michelin : 315
SNCF : Marienthal - 5 minutes de la Gare

Basilique Notre-Dame
1, place de la Basilique
67500 Marienthal
Tél. : 03 88 93 90 91
Fax : 03 88 93 97 01
Email : accueil@basiliquemarienthal.fr
Contact : Soeur Hôtelière

Sanctuaire marial animé par les prêtres diocésains et les Bénédictines du Sacré-Cœur-de-Montmartre. Grand parc et forêt proche. Marienthal, pèlerinage datant du XIIIème siècle. Accueil de pèlerins, d'hôtes et de retraitants de tous âges et de tous pays. (Scouts, aumôneries, chorales.). 40 chambres de 1 à 4 lits.
Capacité d'accueil maximale : 80 pers. - Autres : 40 chambres de 1 à 4 lits + lavabo - Linge de maison fourni
Langue(s) parlée(s) : Français, Anglais, Allemand

Pour connaître les prestations complètes et les tarifs, veuillez vous renseigner auprès de la maison d'accueil.

Paiements acceptés : Espèces, Cartes bancaires, Chèques

Sanitaire : Individuel et Collectif

5 km

Office de Tourisme - place de la Gare
67500 Haguenau
Tél : 03 88 93 70 00

Reutenbourg

Accueil spirituel
Etape vacances
Maison de repos

A4 - A35 - Sortie : Saverne - N4
Carte Michelin : 315
SNCF : Saverne, 9 - Taxi
Aéroport : Strasbourg-Entzheim à 25 km - Taxi

Foyer Notre-Dame de Reinacker
Soeurs de Saint-François d'Assise - Lieu-dit Reinacker
67440 Reutenbourg
Tél. : 03 88 70 60 50
Fax : 03 88 71 42 44
Email : srs.reinacker@wanadoo.fr
Contact : Soeur Simone

Reinacker est un charmant lieu de pèlerinage dédié à Notre-Dame, qui existe depuis 1350. Les sœurs disposent d'un foyer bien équipé pour accueillir les groupes les plus divers ainsi que des personnes seules et des familles.
Capacité d'accueil maximale : 60 pers. - Ch. simple(s) : 12 - Ch. double(s) : 19 - Ch. familiale(s) : 4 - Linge de maison fourni
Langue(s) parlée(s) : Français, Anglais, Allemand, Alsacien

		Adultes	Enfants	Groupes
Hébergement	*Nuit*	22€	10€	-
Demi-pension	*Jour*	31,50 à 35,50€	Supp. 17€	-
Pension complète	*Jour*	36,50 à 39,50€	Supp. 24€	-

Paiements acceptés : Espèces, Chèques
Tarifs communiqués à titre indicatif. Pour plus de précisions, contacter directement la maison d'accueil.

Sanitaire : Individuel

Equipement audio-visuel

8 km Au village 1 km
Autres activités : - Parc - Promenade à la campagne

Office de Tourisme - 1, rue du Général Leclerc
67440 Marmoutier
Tél : 03 88 71 46 84
Email : tourisme.marmoutier@wanadoo.fr

Rosheim

Accueil spirituel

Etape vacances

A35 - Sortie : Rosheim - N422, D425
Carte Michelin : 315
SNCF : Rosheim - Taxi

Hôtellerie "Notre-Dame de la Source "
3, rue Saint-Benoît - BP 8
67218 Rosheim
Tél. : 03 88 50 41 67
Fax : 03 88 50 42 71
Site : www.benedictines-rosheim.com
Email : info@benedictines-rosheim.com
Contact : Soeur Hôtelière

Située à l'entrée de Rosheim au riche passé historique, la Maison accueille toute l'année des personnes seules ou en groupes pour retraites, séminaires ou séjours individuels. Le parc et le cadre verdoyant des forêts environnantes sont propices au repos, à la méditation, à la prière, au ressourcement physique et spirituel.
Capacité d'accueil maximale : 45 pers. - Ch. simple(s) : 10 - Ch. double(s) : 8 - Ch. familiale(s) : 4 - Linge de maison fourni
Langue(s) parlée(s) : Français, Anglais, Allemand, Italien

Pour connaître les prestations complètes et les tarifs, veuillez vous renseigner auprès de la maison d'accueil.

Paiements acceptés : Espèces, Chèques

Sanitaire : Individuel et Collectif

3 km 15 km 6 km

Autres activités : - Randonnées pédestres

Office de Tourisme - 94, rue du Général de Gaulle
67560 Rosheim
Tél : 03 88 50 75 38

Ottrott

Accueil spirituel
Etape vacances
Maison de repos

A35 - Sortie : Rosheim - N422, D426
Carte Michelin : 315
SNCF : Barr, 12
TGV : Obernai, 14 - Taxi
Aéroport : Strasbourg-Entzheim - Taxi

Hôtellerie du Mont-Sainte-Odile
Mont-Sainte-Odile
67530 Ottrott
Tél. : 03 88 95 80 53
Fax : 03 88 95 82 96
Site : www.mont-sainte-odile.fr
Email : info@mont-sainte-odile.com
Contact : La Réception

Les prêtres du diocèse et une communauté de religieuses accueillent laïcs ou religieux pour séjour sur les traces de Sainte-Odile, fondatrice du monastère au VIII ème siècle. Situé à 765 m d'altitude, très beau panorama sur la plaine d'Alsace et la Forêt Noire.
Capacité d'accueil maximale : 220 pers. - Ch. simple(s) : 60 - Ch. double(s) : 80 - Ch. familiale(s) : 2 - Linge de maison fourni
Langue(s) parlée(s) : Français, Anglais, Allemand
Dates de fermeture : 03/01 au 16/01/05

		Adultes	Enfants	Groupes
Hébergement	*Nuit*	25 à 45€	8,40€ de -10 ans	-
Demi-pension	*Jour*	38,70 à 56,70€	16,20€ de -10 ans	27 à 35€
Pension complète	*Jour*	53,10 à 71,10€	22,30€ de -10 ans	39,85 à 47,85€

Paiements acceptés : Espèces, Cartes bancaires, Chèques
Tarifs communiqués à titre indicatif. Pour plus de précisions, contacter directement la maison d'accueil.

Sanitaire : Individuel et Collectif

Equipement audio-visuel

14 km 8 km 20 km 14 km

Autres activités : Ski alpin / fond : 15 km - Parcours sportif Vita-Vittel : Sur place

Office de Tourisme - 46, rue Principale
67530 Ottrott
Tél : 03 88 95 83 84

3 4
240 km 90 km

Goersdorf

Accueil spirituel

Etape vacances

A35 - Sortie : Haguenau - N340, D27
Carte Michelin : 315
SNCF : Haguenau - Taxi
Aéroport : Strasbourg-Entzheim - Taxi

Le Liebfrauenberg

Eglise Autrement - Ctre de Rencontres et de Formation
BP 9 - 67360 Goersdorf
Tél. : 03 88 09 31 21
Fax : 03 88 09 46 49
Site : www.liebfrauenberg.com
Email : contact@liebfrauenberg.com
Contact : Mr Duchmann

Situé en plein centre du parc naturel des Vosges du nord, notre centre a pour vocation d'offrir ses locaux et ses services. Son identité protestante a marqué son évolution du sceau de l'ouverture, l'orientant ainsi vers des démarches originales.
Capacité d'accueil maximale : 124 pers. - Ch. simple(s) : 23 - Ch. double(s) : 25 - Ch. familiale(s) : 14 - Linge de maison fourni
Langue(s) parlée(s) : Français, Anglais, Allemand
Dates de fermeture : 28/12 au 11/01

		Adultes	Enfants	Groupes
Hébergement	*Nuit*	32€	13,50€	-
Demi-pension	*Jour*	37,80€	24,30€	-
Pension complète	*Jour*	43,50€	30€	-

Paiements acceptés : Espèces, Cartes bancaires, Chèques, Chèques vacances
Tarifs communiqués à titre indicatif. Pour plus de précisions, contacter directement la maison d'accueil.

Sanitaire : Individuel et Collectif

Equipement audio-visuel - Agréments : Jeunesse et sports - Education nationale - LABEL Tourisme et Handicap

10 km 25 km 15 km

Office de Tourisme - place de la Gare
67500 Haguenau
Tél : 03 88 93 70 00

Thal-Marmoutier

Accueil spirituel
Etape vacances
Maison de repos

A4 - Sortie : Saverne - N4, D218
Carte Michelin : 315
SNCF : Saverne, 5 - Taxi - Navette

Les Petites Sœurs Franciscaines
1, rue du Couvent
67440 Thal-Marmoutier
Tél. : 03 88 03 12 03
Fax : 03 88 03 12 08
Email : association-st-francois@wanadoo.fr
Contact : Service Accueil

A la porte du parc régional des Vosges du Nord, dans un écrin de verdure et un climat calme propices au recueillement, les petites sœurs franciscaines de Thal accueillent hôtes individuels, groupes et familles. Le parc et les forêts environnantes favorisent le ressourcement physique et spirituel. Cuisine du terroir soignée .
Capacité d'accueil maximale : 37 pers. - Ch. simple(s) : 6 - Ch. double(s) : 12 - Ch. familiale(s) : 2 - Linge de maison fourni
Langue(s) parlée(s) : Français, Anglais, Allemand
Dates de fermeture : 01/01 au 31/01, 01/05 au 31/05

		Adultes	Enfants	Groupes
Hébergement	*Nuit + Pdj*	26 à 31€	selon âge	-
Demi-pension	*jour*	36 à 41€	selon âge	-
Pension complète	*Jour*	39 à 44€	selon âge	-

Paiements acceptés : Espèces, Chèques, Chèques vacances
Tarifs communiqués à titre indicatif. Pour plus de précisions, contacter directement la maison d'accueil.

Sanitaire : Individuel

Equipement audio-visuel

5 km 1 km 5 km
Autres activités : - Air de Jeux - Pétanque - Nbres visites - Circuits pédestres - VTC

Office de Tourisme - 1, rue du Général Leclerc
67440 Marmoutier
Tél : 03 88 71 46 84
Email : tourisme.marmoutier@wanadoo.fr

Oberbronn

Accueil spirituel

Etape vacances

A4 - Sortie : Hagueneau - Niederbronn - Sarreguemines - N62 - N4
Carte Michelin : 315
SNCF : Nierderbronn-les-Bains - Taxi - Navette - Car
Autres moyens de transfert : Bus

Maison d'accueil des Sœurs du Très Saint-Sauveur

2, rue Principale
67110 Oberbronn
Tél. : 03 88 80 84 50
Fax : 03 88 80 84 70
Site : www.sœurs-stsauveur.org
Email : accueil@sœurs-stsauveur.fr

Située dans un village pittoresque de l'Alsace, la maison reçoit des personnes seules, en groupes, personnes en cure thermale à Niederbronn. Cadre verdoyant, forêt environnante sont propices au repos, à la prière, au ressourcement physique et spirituel.
Capacité d'accueil maximale : 100 pers. - Ch. simple(s) : 30 - Ch. double(s) : 34 - Ch. familiale(s) : 3 - Linge de maison fourni
Langue(s) parlée(s) : Français, Allemand

Pour connaître les prestations complètes et les tarifs, veuillez vous renseigner auprès de la maison d'accueil.

Paiements acceptés : Espèces, Chèques

Sanitaire : Individuel et Collectif

Equipement audio-visuel

2 km 2 km 2 km

Autres activités : - Randonnées - Pédestres en forêt

Office de Tourisme - 6, place de l'Hôtel de Ville
67110 Nierderbronn-les-Bains
Tél : 03 88 80 89 70

Reiningue

Accueil spirituel

A36 - Sortie : Thann - Cernay - N83 - N66
Carte Michelin : 315
SNCF : Mulhouse - Taxi

Abbaye Notre-Dame d'Oelenberg
68950 Reiningue
Tél. : 03 89 81 91 23
Fax : 03 89 81 86 07
Email : hotelier.oelenberg@wanadoo.fr
Contact : Frère hôtellier

Au milieu des douces et belles collines du Sundgau, non loin des sommets des Vosges, l'Abbaye d'Oelenberg s'élève en un endroit de silence et de simplicité, au cœur de la campagne. Le retraitant, l'hôte, goûtera au silence monastique.
Capacité d'accueil maximale : 40 pers. - Ch. simple(s) : 14 - Ch. double(s) : 13 - Linge de maison fourni
Langue(s) parlée(s) : Français, Anglais, Allemand, Espagnol

Pour connaître les prestations complètes et les tarifs, veuillez vous renseigner auprès de la maison d'accueil.

Paiements acceptés : Espèces, Chèques

Sanitaire : Collectif

Equipement audio-visuel

Office de Tourisme - 9, avenue du Maréchal Foch
68100 Mulhouse
Tél : 03 89 35 48 48

Gueberschwihr

Accueil spirituel

A35 - Sortie : Colmar / Rouffach - N83, D1V
Carte Michelin : 315
SNCF : Colmar - Taxi

Accueil Thérèse d'Avila
Couvent Saint-Marc
68420 Gueberschwihr
Tél. : 03 89 49 22 98
Fax : 03 89 49 39 68
Contact : Soeur Rosy-Joseph

Un sanctuaire d'adoration eucharistique, un haut lieu de retraite spirituelle, une confrérie et un pèlerinage à Saint-Joseph. Au cœur de la forêt vosgienne, dans un cadre monastique, des religieuses et une fraternité de laïcs sont au service de l'accueil.
Capacité d'accueil maximale : 50 pers. - Ch. simple(s) : 45 - Ch. double(s) : 7 - Linge de maison fourni
Langue(s) parlée(s) : Français, Anglais, Allemand

Pour connaître les prestations complètes et les tarifs, veuillez vous renseigner auprès de la maison d'accueil.

Paiements acceptés : Espèces, Chèques

Sanitaire : Individuel et Collectif

Equipement audio-visuel

Office de Tourisme - 8, rue Kléber
68000 Colmar
Tél : 03 89 20 68 92

Trois-Epis

Etape vacances

A35 - Sortie : Colmar - N83, D11
Carte Michelin : 315
SNCF : Colmar - Bus
Autres moyens de transfert : Station Taxis à 50 mLa maison assure la navette avec la Gare ou l'aéroport le plus proche.

Famille Gauer - "Ville Bernadette"
5, chemin du Galtz
68410 Trois-Epis
Tél. : 06 08 45 98 17
Fax : 03 89 24 31 29
Contact : Mr Gauer

Dominant la station climatique des Trois Epis (alt. 750 m) et la plaine d'Alsace, la villa Bernadette bénéficie d'une vue imprenable. Accueil dans des logements de caractère, tous équipés. Parc privatif propice au repos. Monastère rédemptoriste à 100 m avec accueil des pèlerins.
- Appartement(s) : 2 à 3 pers. - Linge de maison fourni
Langue(s) parlée(s) : Français, Anglais, Allemand

Pour connaître les prestations complètes et les tarifs, veuillez vous renseigner auprès de la maison d'accueil.

Paiements acceptés : Espèces

Sanitaire : Individuel

10 km Sur place 5 km 10 km Sur place

Autres activités : Ski alpin / fond - Promenades/ Randonnées - Parcours santé - Circuuits VTT

Office de Tourisme de Trois Epis
2, impasse Pré-Poncaré
68410 Trois Epis
Tél : 03 89 49 80 56

Munster

Accueil spirituel
Etape vacances
Maison de repos
Résidence retraités

A35 - Sortie : Colmar - Munster - N83, D417
Carte Michelin : 315
SNCF : Munster

Grand Hôtel Cap France
1 rue de la Gare
68140 Munster
Tél. : 03 89 77 30 37
Fax : 03 89 77 30 06
Site : www.grandhotel.free.fr
Email : grandhotel68@free.fr
Contact : Mr Stutzmann

Eté comme hiver, le Grand Hôtel vous invite dans la plus belle vallée alsacienne. Le cadre et la situation sont propices à la détente et au repos. Beakeoffe, choucroute, tarte flambée font partie de nos spécialités maison, avec un bon verre de Riesling.
Capacité d'accueil maximale : 200 pers. - Ch. double(s) : 27 - Ch. familiale(s) : 29 - Studio(s) : oui - Linge de maison fourni
Langue(s) parlée(s) : Français, Anglais, Allemand

Pour connaître les prestations complètes et les tarifs, veuillez vous renseigner auprès de la maison d'accueil.

Paiements acceptés : Espèces, Cartes bancaires, Chèques, Chèques vacances

Sanitaire : Individuel

Equipement audio-visuel

1 km 1 km 20 km 2 km 2 km

Autres activités : - Volley-ball - Pétanque - Ping-pong

Office de Tourisme - 1, rue du Couvent
68140 Munster
Tél : 03 89 77 31 80
Email : tourisme.munster@wanadoo.fr

Trois-Epis

Accueil spirituel

A35 - Sortie : Colmar - N83, D11
Carte Michelin : 315
SNCF : Colmar - Taxi

Maison d'Accueil du Pèlerinage
Pèlerinage Notre-Dame des Trois-Epis
18, rue Thierry Schoeré
68410 Trois-Epis
Tél. : 03 89 78 95 95
Fax : 03 89 78 95 91
Email : al.peter@wanadoo.fr

Dans un cadre naturel vosgien, à 650 m d'altitude entre lacs, vignobles et châteaux, la maison accueille toute personne seule ou en groupe, jeunes ou adultes, prêtres, religieux(ses) ou laïcs pour retraite spirituelle, halte, repos, convalescence, récollection, session ou formation chrétienne.
Capacité d'accueil maximale : 50 pers. - Ch. simple(s) : 13 - Ch. double(s) : 17 - Dortoir : oui - Linge de maison fourni
Langue(s) parlée(s) : Français, Allemand

		Adultes	Enfants	Groupes
Hébergement	*Nuit*	17€	8€	-
Demi-pension	*Jour*	25€	15€	-
Pension complète	*Jour*	35€	23€	-

Paiements acceptés : Espèces, Chèques
Tarifs communiqués à titre indicatif. Pour plus de précisions, contacter directement la maison d'accueil.

Sanitaire : Collectif

Equipement audio-visuel

10 km 5 km 15 km
Autres activités : - Randonnée pédestre

Office de Tourisme de Trois Epis
2, impasse Pré-Poncaré
68410 Trois Epis
Tél : 03 89 49 80 56

Lucelle

Accueil spirituel
Etape vacances
Maison de repos

A36 - Sortie : Altkirch - Hésingue - N83
Carte Michelin : 315
SNCF : Mulhouse - Taxi - Bus

Maison Saint-Bernard
68480 Lucelle
Tél. : 03 89 08 13 13
Fax : 03 89 08 10 83
Site : www.tourisme-lucelle.com
Email : cerl3@wanadoo.fr
Contact : Mr Charles Diss

Gérée par l'Association "Œuvre de Lucelle", la maison familiale reçoit toute l'année toute personne seule ou en groupe qui désire faire une halte de recueillement dans un cadre reposant à 600 m d'altitude. Nombreux circuits pédestres dans les environs. Situé dans un lieu isolé, le centre organise des excursions en Suisse et en Allemagne et des visites touristiques de l'Alsace.
Capacité d'accueil maximale : 110 pers. - Ch. simple(s) : 1 - Ch. double(s) : 27 - Ch. familiale(s) : 26 - Camping : oui - Linge de maison fourni
Langue(s) parlée(s) : Français, Anglais, Allemand, Espagnol, Turque
Dates de fermeture : 05/01 au 25/01

		Adultes	Enfants	Groupes
Hébergement	*Nuit + Pdj*	30€	Dés 5 ans : 14€	-
Demi-pension	*Jour*	4€	s 5 ans : 16€	-
Pension complète	*Jour*	8€	s 5 ans : 20€	-

Paiements acceptés : Espèces, Cartes bancaires, Chèques, Chèques vacances, FS acceptésTickets restaurant
Tarifs communiqués à titre indicatif. Pour plus de précisions, contacter directement la maison d'accueil.

Sanitaire : Individuel et Collectif

Equipement audio-visuel - Agréments : Jeunesse et sports - Education nationale - Handicapés

15 km 15 km 5 km
Autres activités : - Mini Golf : Sur place - Randonnées - Pétanque

Office de Tourisme - Galerie Mazarin
68480 Ferrette
Tél : 03 89 08 23 88

Ottmarsheim

Accueil spirituel

A36 - Sortie : Ottmarsheim - D108, D468
Carte Michelin : 315
SNCF : Mulhouse - Taxi - Bus
TGV : Strasbourg - Taxi
Aéroport : Bâle-Mulhouse - Taxi

Prieuré Saint-Bernard

Seviteurs de Jésus et de Marie - 3, rue du Couvent
68490 Ottmarsheim
Tél. : 03 89 83 34 52
Fax : 03 89 26 19 71
Site : www.prieuresaintbernard.org
Email : sjm.saintbernard@freesurf.fr
Contact : Père Maximilen-Marie

Communauté catholique au service du diocèse de Strasbourg, elle vous propose des retraites et un accueil spirituel. Dans un cadre de verdure, au coeur du village et au chevet de sa magnifique abbatiale octogonale du XI ème siècle, elle vous offre un lieu de paix et de prière.
Capacité d'accueil maximale : 30 pers. - Ch. simple(s) : 4 - Ch. double(s) : 13 - Dortoir : oui - Camping : oui - Linge de maison fourni
Langue(s) parlée(s) : Français, Allemand

Pour connaître les prestations complètes et les tarifs, veuillez vous renseigner auprès de la maison d'accueil.

Paiements acceptés : Espèces, Chèques

Sanitaire : Individuel et Collectif

Equipement audio-visuel

500 m 500 m 2 km 2 km

Office de Tourisme - Mairie d'Ottmarsheim
20, rue du Général de Gaulle - 68490 Ottmarsheim
Tél : 03 89 26 06 42
Email : municipalite@ottmarsheim.com

Notes

Aquitaine

Index des départements de la Région Aquitaine

AGEN

Musée des Beaux-Arts

Un bien joli écrin pour ce musée : quatre hôtels particuliers des 16ᵉ et 17ᵉ s. qui ont, en grande partie, gardé leurs façades d'origine alors que les murs intérieurs ont été abattus pour permettre l'agrandissement du musée.

Renseignements : 05 53 69 47 23.

BAYONNE

Musée basque et de l'Histoire de Bayonne

Dans une maison bourgeoise du 17ᵉ s., classée Monument historique, l'Euskal Museoa a vu ses collections d'origine s'enrichir et leur présentation dynamisée par une muséographie très actuelle.

Renseignements : 05 59 46 61 90.

Château de BONAGUIL

À Saint-Front-sur-Lémance.

Aux confins du Périgord noir et du Quercy, perchée sur son rocher, cette stupéfiante forteresse se dresse, solitaire, au milieu des bois. Jamais attaquée, c'est l'un des plus parfaits spécimens de l'architecture militaire de la fin du 15ᵉ et du 16ᵉ s.

Renseignements : 05 53 71 90 33.

BORDEAUX

Grand Théâtre

Situé place de la Comédie, il fut élevé de 1773 à 1780. Récemment restauré, il compte parmi les plus beaux de France.

Renseignements : 05 56 00 66 00.

Place de la Bourse

Cette jolie place en fer à cheval fut aménagée de 1730 à 1755, d'après les plans des architectes Gabriel père et fils.

ISTURITZ et OXOCELHAYA

À Saint-Martin-d'Arberoue.

Un calme de cathédrale, de belles orgues, des colonnes monumentales, des draperies majestueuses : ces grottes sont un étonnant voyage au centre de la Terre.

Renseignements : 05 59 29 64 72.

L'HÔPITAL-ST-BLAISE

Ce minuscule village du pays de Soule se distingue par son église, inscrite au Patrimoine mondial de l'Unesco. De construction romane très ramassée, c'est un précieux témoin de l'art hispano-mauresque au nord des Pyrénées.

Renseignements : 05 59 28 02 37.

Gorges de KAKUETTA

Taillées à pic dans le calcaire, ces gorges offrent un magnifique parcours dans un splendide canyon au fond duquel mugit un torrent. Le sentier aboutit à proximité d'une cascade haute de 20 m formée par une résurgence et d'une grotte ornée de stalactites et de stalagmites géantes.

Renseignements : 05 59 28 60 83.

PAU

Boulevard des Pyrénées

Véritable terrasse au-dessus de la vallée, le boulevard des Pyrénées (long de 1 800 m) fut construit à la fin du 19ᵉ s. Il offre une magnifique vue sur la chaîne des Pyrénées.

Château

Dominant le gave, le château, élevé au 14ᵉ s., a perdu tout caractère militaire, malgré son donjon de brique. Au cours des siècles, des transformations successives lui ont donné une silhouette éclectique. Les appartements, richement décorées au 19e s., abritent une admirable collection de tapisseries, en particulier des Gobelins.

Renseignements : 05 59 82 38 00.

PÉRIGUEUX

Le quartier Saint-Front

C'est l'ancien quartier des artisans et des commerçants. Dominés par la silhouette byzantine de la cathédrale, ses façades Renaissance, ses maisons médiévales, ses cours, ses escaliers, ses échoppes font l'objet d'importantes restaurations.

ROQUETAILLADE

Derrière les murs épais de cet imposant château féodal, on s'attend à trouver une austérité toute médiévale. Que nenni, Viollet-le-Duc est passé par là, matérialisant avec une délectation évidente ses fantasmes néogothiques. Un régal pour les yeux !

Renseignements : 05 56 76 14 16.

La RHUNE

La Rhune est la montagne-emblème du Pays basque français. Du sommet-frontière, panorama splendide sur l'océan, la forêt des Landes, les Pyrénées basques et la vallée de la Bidassoa.

Renseignements (petit train) : 05 59 54 20 26.

SAINT-ÉMILION

Cette ville médiévale de pierre dorée, de placettes et de venelles, dominée par le haut clocher de l'église monolithe, l'une des plus jolies cités d'Aquitaine, règne sur les douces pentes calcaires de la vallée de la Dordogne.

SAINT-JEAN-DE-LUZ

Église St-Jean-Baptiste

C'est la plus grande et la plus célèbre des églises basques.
Extérieurement, elle est d'une architecture très sobre, presque sévère, mais l'intérieur, somptueux, renferme un retable resplendissant d'or.

SARLAT

Le vieux Sarlat

Les maisons frappent par leur architecture. La plupart ont été surélevées au cours des siècles et présentent un rez-de-chaussée médiéval, un étage gothique rayonnant ou Renaissance, des faîtages et des lanternons classiques et une couverture de lauzes.

Col du SOMPORT

Ce col (1 632 m), le seul des Pyrénées centrales accessible en toute saison, offre des vues imposantes sur les Pyrénées aragonaises, aux sommets très découpés.

Comité Régional du Tourisme d'Aquitaine
Cité Mondiale • 23, Parvis des Chartrons
33074 BORDEAUX CEDEX
Tél : 05.56.01.70.00
Fax : 05.56.01.70.07
E-Mail : tourisme@crt.cr-aquitaine.fr
http://www.crt.cr-aquitaine.fr

Echourgnac

Accueil spirituel

A89 - Sortie : N°12 Montpon - N89, D38
Carte Michelin : 329
SNCF : Montpon
TGV : Angoulême ou Libourne - Taxi
Aéroport : Bordeaux-Mérignac - Taxi

Abbaye Notre-Dame de Bonne Espérance
24410 Echourgnac
Tél. : 05 53 80 82 59
Fax : 05 53 80 08 36
Site : www.catholic-dordogne.cef.fr/otrap/abbaye-de-la-trappe.html
Email : retraitants.echourgnac@wanadoo.fr
Contact : Sœur Cécile

Au cœur de la forêt de la Double, les Moniales Cisterciennes reçoivent pour un accueil monastique de 8 jours maximum dans une hôtellerie neuve. La participation à la prière et le cadre naturel favorisent le ressourcement dans le silence et la paix intérieure.
Capacité d'accueil maximale : 50 pers. - Ch. simple(s) : 16 - Ch. double(s) : 8 - Dortoir : oui - Linge de maison fourni
Langue(s) parlée(s) : Français
Dates de fermeture : 3 semaines en janvier

Pour connaître les prestations complètes et les tarifs, veuillez vous renseigner auprès de la maison d'accueil.

Paiements acceptés : Espèces, Chèques

Sanitaire : Individuel et Collectif

Equipement audio-visuel

Office de Tourisme - place Clémenceau
24700 Montpon-Menestérol
Tél : 05 53 82 23 77
Email : ot.montpon@perigord.tm.fr

2 — 100 km
3 — 50 km

Périgueux

Etape vacances

Carte Michelin : 329
SNCF : Périgueux
TGV : Angoulême -
Aéroport : Bassillac - Taxi - Navette

Centre Madeleine Delbrêl

Maison Diocésaine - 38, avenue Georges Pompidou
24000 Périgueux
Tél. : 05 53 35 70 70
Fax : 05 53 46 72 94
Email : camd24@wanadoo.fr

Gérée par l'évêché de Périgueux, la maison reçoit des particuliers, des groupes bien encadrés, pour étape, session ou vacances (groupes à la journée pour réunion). Grand parc. Périgueux : Centre touristique, sites et monuments. Carte d'adhérent (1 à 5 nuits, 2€/pers ou 6 à 10 nuits, 3€/pers).
Capacité d'accueil maximale : 80 pers. - Linge de maison fourni
Langue(s) parlée(s) : Français, Anglais

Pour connaître les prestations complètes et les tarifs, veuillez vous renseigner auprès de la maison d'accueil.

Paiements acceptés : Espèces, Chèques, Cartes d'adhérent

Sanitaire : Individuel et Collectif

Equipement audio-visuel

1 km 1 km 3 km 10 km

Office de Tourisme - 26, place Francheville
24000 Périgueux
Tél : 05 53 53 10 63

Saint-Morillon

Accueil spirituel

A62 - N113
Carte Michelin : 335
SNCF : Beautiran, 8
TGV : Bordeaux - Taxi
Aéroport : Bordeaux-Mérignac - Taxi
Autres moyens de transfert : Cars André

Dominicaines de Béthanie
163, Fournié-Ouest
33650 Saint-Morillon
Tél. : 05 56 20 25 59
Fax : 05 56 78 40 68
Email : dom-bethanie-sm@wanadoo.fr

Groupes organisant leur retraite, personnes cherchant lieu de repos et de prière. Eté vacances, parc, jardin, jolie campagne.
- Ch. simple(s) : 9 - Ch. double(s) : 2 - Ch. familiale(s) : 1 - Linge de maison fourni

Langue(s) parlée(s) : Français
Dates de fermeture : 1 mois à l'automne

Pour connaître les prestations complètes et les tarifs, veuillez vous renseigner auprès de la maison d'accueil.

Paiements acceptés : Espèces, Chèques

Sanitaire : Collectif

Office de Tourisme - 12, cours du 30 Juillet
33000 Bordeaux
Tél : 05 56 00 66 00
Email : otb@bordeaux-tourisme.com

20 km

Bordeaux

Etape vacances

A10 ou A62 - Sortie : Pont de la Maye - N10 et N113
Carte Michelin : 335
SNCF : Gare Saint-Jean - Taxi - Bus 9
Aéroport : Mérignac - Navette - Taxi

Foyer Agdal

Franciscaines Missionnaires de Marie - 38 bis, rue Kyrié
33800 Bordeaux
Tél. : 05 56 91 78 09
Fax : 05 56 92 32 28
Site : www.
Email : fmmbx@free.fr

Soeur Franciscaines Missionnaires de Marie offrent, dans le cadre d'un foyer d'étudiantes, un accueil à dimension familiale : en juin, possibilité de demi-pension ; en août, hébergement seul avec espace cuisine. Jardin calme.
Capacité d'accueil maximale : 13 pers. - Ch. simple(s) : 13 - Linge de maison fourni
Langue(s) parlée(s) : Français, Espagnol
Dates de fermeture : Juillet

Pour connaître les prestations complètes et les tarifs, veuillez vous renseigner auprès de la maison d'accueil.

Paiements acceptés : Espèces, Chèques

Sanitaire : Individuel

Office de Tourisme - 12, cours du 30 Juillet
33000 Bordeaux
Tél : 05 56 00 66 00
Email : otb@bordeaux-tourisme.com

Martillac

Accueil spirituel

A62 - Sortie : N°1 Site Montesquieu - N113
Carte Michelin : 335
SNCF : Saint-Médard d'Eyrans à 5km
TGV : Bordeaux à 20km - Taxi
Aéroport : Bordeaux-Mérignac à 25km - Taxi

La Solitude
29, route de la Solitude
33650 Martillac
Tél. : 05 56 72 71 10
Fax : 05 56 72 66 49
Email : association.solitude@wanadoo.fr

Au milieu des vignobles des Graves, en bordure des Landes girondines, La Solitude, maison de la Sainte-Famille de Bordeaux, est un espace de paix favorable à l'échange et à la réflexion. Il est possible de partager les offices de la communauté contemplative, salle de traduction...
Capacité d'accueil maximale : 43 pers. - Ch. simple(s) : 43 - Linge de maison fourni
Langue(s) parlée(s) : Français, Anglais, Espagnol

Pour connaître les prestations complètes et les tarifs, veuillez vous renseigner auprès de la maison d'accueil.

Paiements acceptés : Espèces, Chèques

Sanitaire : Collectif

Equipement audio-visuel

Office de Tourisme - 3, avenue Charles de Gaulle
33650 La Brede
Tél : 05 56 78 47 72

Buglose

Maison de repos

Résidence retraités

A63/A10 - N10, D124
Carte Michelin : 335
SNCF : Dax
TGV : Dax - Taxi
Aéroport : Biarritz - Taxi

Maison de retraite Saint-Jean
ADGESSA
40990 Buglose
Tél. : 05 58 55 98 00
Fax : 05 58 55 98 01
Site : www.adgessa.fr
Email : adgessa-saintjean@wanadoo.fr
Contact : Mme Exshaw

La maison de retraite Saint-Jean, située à Buglose, qui est un lieu de pèlerinage à Marie, se trouve à 10 km de Saint-Vincent-de-Paul. A l'ombre de la Basilique dans un grand parc ombragé, elle accueille des hommes et des femmes religieux et laïcs.
Capacité d'accueil maximale : 34 pers. - Ch. simple(s) : 34 - Linge de maison fourni
Langue(s) parlée(s) : Français

Pour connaître les prestations complètes et les tarifs, veuillez vous renseigner auprès de la maison d'accueil.

Paiements acceptés : Espèces, Chèques

Sanitaire : Individuel

Equipement audio-visuel - Agréments : Jeunesse et sports - Education nationale - MSM - CAMAC - DDASS

12 km 5 km 14 km 12 km

Office de Tourisme - Place Thiers
40100 Dax
Tél : 05 58 56 86 86

2 km

Saint-Vincent de Paul

Accueil spirituel
Etape vacances
Maison de repos

A63 - N10
Carte Michelin : 335
SNCF : Dax
TGV : Dax - Taxi
Aéroport : Biarritz - Taxi

Œuvre du Berceau
600, Impasse de l'Œuvre
40990 Saint-Vincent de Paul
Tél. : 05 58 55 97 97
Fax : 05 58 55 97 96
Email : œuvre.berceau@wanadoo.fr
Contact : Sœur Jeanne

Aux portes de Dax, dans un magnifique parc arboré de 10 ha, vous découvrirez Le Berceau, lieu natal de Saint-Vincent-de-Paul où une Communauté de Pères Lazaristes et de Sœurs Filles de la Charité proposent une pastorale de spiritualité vincentienne. L'hôtellerie Saint-Joseph accueille personnes seules ou groupes, pour retraites, sessions, séminaires, journées de formations, réunions de travail...
- Ch. simple(s) : 40 - Ch. double(s) : 12 - Ch. familiale(s) : 4 - Linge de maison fourni
Langue(s) parlée(s) : Français

Pour connaître les prestations complètes et les tarifs, veuillez vous renseigner auprès de la maison d'accueil.

Paiements acceptés : Espèces, Chèques

Equipement audio-visuel

6 km 4 km 8 km

Office de Tourisme - Place Thiers
40100 Dax
Tél : 05 58 56 86 86

Dax

Accueil spirituel

Etape vacances

A64 - Sortie : Orthez / Peyrehorad - N117 / N10
Carte Michelin : 335
SNCF : Gare Dax, 5
TGV : Gare Dax - Taxi
Aéroport : Pau-Pyrénées - 70 - Taxi

SARL L'Arrayade
26 bis, rue d'Aspremont
40100 Dax
Tél. : 05 58 58 30 30
Fax : 05 58 58 30 31
Site : http://arrayade.cef.fr
Email : reservation@arrayade.cef.fr
Contact : Mme Bourdi

L'Arrayade, à 2,5 km du centre de Dax, accueille toute l'année, individuel ou groupe pour des séminaires, journées de formation, de travail. Vous y trouverez calme, repos et détente dans un écrin de verdure de 4 ha, empli du chant des oiseaux et des senteurs de pins. Etape pèlerin. (1/2 pension ou pension comp. à partir du 3ème jour).
Capacité d'accueil maximale : 100 pers. - Ch. simple(s) : 45 - Ch. double(s) : 24 - Linge de maison fourni
Langue(s) parlée(s) : Français

		Adultes	Enfants	Groupes
Hébergement	*Nuit*	22 à 27€	-	-
Demi-pension	*Jour*	27,75 à 31,75€	-	-
Pension complète	*Jour*	37,25 à 41,75€	-	-

Paiements acceptés : Espèces, Cartes bancaires, Chèques
Tarifs communiqués à titre indicatif. Pour plus de précisions, contacter directement la maison d'accueil.

Equipement audio-visuel

1,5 km

Office de Tourisme - Place Thiers
40100 Dax
Tél : 05 58 56 86 86

Penne-d'Agenais

Etape vacances

A62 - Sortie : Agen - N21 - Villeneuve sur Lot, D911 - D661
Carte Michelin : 336
SNCF : Penne
TGV : Agen - Navette
Aéroport : Agen - Taxi

Association "Vie et Partage"
13, rue Peyragude
47140 Penne-d'Agenais
Tél. : 05 53 41 25 18
Site : www.vieetpartage.fr
Email : vieetpartagemaisonaccueil@wanadoo.fr
Contact : Mlle Baudoin

Cette chaleureuse maison, située dans un village médiéval, à deux pas du Sanctuaire Notre-Dame de Peyragude, permet à ses adhérents de faire de leur séjour un temps fort de relations d'échanges et de vraie communication. Détente, tourisme, randonnée, rencontre avec les gens du terroir, soirées…
Capacité d'accueil maximale : 28 pers. - Ch. simple(s) : 4 - Ch. double(s) : 12 - Linge de maison fourni
Langue(s) parlée(s) : Français, Anglais, Allemand
Dates de fermeture : 25/09 au 25/10

		Adultes	Enfants	Groupes
Hébergement	*Nuit*	14€	7€	-
Demi-pension	*Jour*	21 à 30€	-	-
Pension complète	*Jour*	28 à 38€	7 à 21€	28€

Paiements acceptés : Espèces, Chèques, Chèques vacances
Tarifs communiqués à titre indicatif. Pour plus de précisions, contacter directement la maison d'accueil.

Sanitaire : Collectif

Equipement audio-visuel

10 km 10 km 20 km 5 km

Office de Tourisme - porte de la Ville
47140 Penne
Tél : 05 53 41 37 80

Agen

Etape vacances

Maison de repos

A63 - Sortie : Agen - N113 -N21
Carte Michelin : 79
TGV : Agen, 3 - Taxi
Aéroport : Agen - La Garenne - 7 - Taxi

Association Valpré Le Lido
500 avenue Léon Blum - Route de Cahors
47000 Agen
Tél. : 05 53 47 47 73
Fax : 05 53 66 59 72
Contact : Mlle Annie Maille

Dans un cadre agréable, un accueil chaleureux, convivial, et dans l'esprit et la tradition de l'Abbé Duhamel.
Capacité d'accueil maximale : 20 pers. - Ch. simple(s) : 4 - Ch. double(s) : 10 - Linge de maison fourni
Langue(s) parlée(s) : Français
Dates de fermeture : 20/12/03 au 05/01/04

Pour connaître les prestations complètes et les tarifs, veuillez vous renseigner auprès de la maison d'accueil.

Paiements acceptés : Espèces, Chèques

Sanitaire : Individuel

3 km 3 km 6 km 5 km

Office de Tourisme d'Agen - 107, boulevard Cavnot
47000 Ageb
Tél : 05 53 47 36 09

3 : 1 km — 4 : 48 km

Lestelle Betharram

Accueil spirituel

Etape vacances

Maison de repos

A64 - Sortie : Pau - Lourdes - N 117, D 937
SNCF : Coarraze - Nay
TGV : Lourdes - Taxi - Navette
Aéroport : Pau Pyrénées, Tarbes - Lourdes - Pyrénées - Taxi - Navette

Accueil Notre-Dame de Bétharram
Sanctuaire de Bétharram
64800 Lestelle Betharram
Tél. : 05 59 71 98 40
Fax : 05 59 71 97 44
Site : http://www.betharram.fr
Email : accueil@betharram.fr
Contact : Mr Le Directeur

Les Religieux du Sacré Cœur accueillent au Sanctuaire de Bétharram. 2 grandes chapelles + 1 oratoire. Calme, repos, prière. Lourdes à 15 km. Grottes à 1 km. Gave devant la maison.
Capacité d'accueil maximale : 46 pers. - Ch. simple(s) : 1 - Ch. double(s) : 18 - Ch. familiale(s) : 2 - Dortoir : a proximité - Camping : a proximité - Linge de maison fourni
Langue(s) parlée(s) : Français, Anglais, Espagnol

		Adultes	Enfants	Groupes
Hébergement	*Nuit*	12€	-	-
Demi-pension	*Jour*	22€	-	-
Pension complète	*Jour*	32€	-	-

Paiements acceptés : Espèces, Chèques
Tarifs communiqués à titre indicatif. Pour plus de précisions, contacter directement la maison d'accueil.

Sanitaire : Individuel

Equipement audio-visuel

1 km 1 km 15 km 1 km

Autres activités : - Canoë Kayak : 1 km - Randonnées - Pêche

Office du Tourisme - Place Saint Jean
64800 Lestelle-Betherram
Tél : 05 59 71 96 35

5 Sur place — 6 Sur place — 7 Sur place — 8 Sur place

Bayonne cedex

Etape vacances

A83 - Sortie : Bayonne Sud
Carte Michelin : 342
SNCF : Bayonne
TGV : Bayonne - Taxi - Bus
Aéroport : Biarritz - Taxi - Bus
Autres moyens de transfert : Bus

Maison diocésaine
10, Avenue Jean Darrigrand
64115 Bayonne cedex
Tél. : 05 59 58 47 47
Fax : 05 59 52 33 98
Email : maisondiocesainebayonne@wanadoo.fr

Gérée par le diocèse de Bayonne, la maison diocésaine accueille toute l'année, sauf durant la période de Noël/Nouvel An, des particuliers et des groupes. Située en ville, la maison est dotée d'un parc. Vous serez à 6 km de la mer et profiterez des bienfaits de l'air iodé.
Capacité d'accueil maximale : 80 pers. - Ch. simple(s) : 55 - Ch. double(s) : 10 - Ch. familiale(s) : 2 - Linge de maison fourni
Langue(s) parlée(s) : Français, Anglais, Espagnol
Dates de fermeture : 25/12 et 01/01

Pour connaître les prestations complètes et les tarifs, veuillez vous renseigner auprès de la maison d'accueil.

Paiements acceptés : Espèces, Cartes bancaires, Chèques

Sanitaire : Individuel et Collectif

Equipement audio-visuel - Agréments : Jeunesse et sports

1 km 1 km 2 km 3 km

Office de Tourisme - place des Basques
64100 Bayonne
Tél : 05 59 46 01 46

2

Notes

Auvergne

Index des départements de la Région Auvergne

BRIOUDE

Basilique St-Julien

Avec 74,15 m de longueur, la basilique St-Julien est la plus grande église romane d'Auvergne. La belle ordonnance concentrique de son chevet en fait la partie la plus remarquable du monument.

CLERMONT-FERRAND

Cathédrale Notre-Dame-de-l'Assomption

Cette belle église gothique inspirée des cathédrales d'Île-de-France doit sa couleur noire à la lave de Volvic.

Monts du CANTAL

Du haut du puy Mary, chef d'orchestre de cette grande symphonie pastorale, le regard embrasse l'immensité des monts du Cantal, un gigantesque volcan ruiné par des millénaires d'érosion.

La CHAISE-DIEU

Église abbatiale St-Robert

Taillés dans le granit, les majestueux bâtiments de la célèbre abbaye de La Chaise-Dieu produisent une impression de grandeur et de sévérité.

Renseignements : 04 71 00 06 06.

Monts DÔME

Sur une longueur de 40 km environ, quelque 80 volcans éteints, qui ont conservé pratiquement leur forme originelle, forment un long alignement. Ils sont, en toute saison, un endroit de magie et de fascination.

Puy de DÔME

La montée au puy de Dôme et son extraordinaire panorama laissent des souvenirs inoubliables. C'est au coucher du soleil que le spectacle est le plus grandiose.

ISSOIRE

Abbatiale St-Austremoine

L'une des grandes églises romanes d'Auvergne, bâtie au 12 e s. et remaniée au 19 e s. Le chevet est l'exemple accompli de l'art roman auvergnat par l'harmonie des proportions, la pureté des lignes et la sobriété de la décoration.

Château de LA PALICE

À Lapalisse.

Il reste peu de choses du château féodal. L'édifice actuel, entrepris en 1527, relève de la première Renaissance.

Renseignements : 04 70 99 37 58.

Puy MARY

Un sentier suit l'arête nord-ouest du puy jusqu'au sommet (1 787 m). C'est rude, mais quelle victoire ! Au premier plan, le regard embrasse de façon saisissante le gigantesque éventail de vallées rayonnantes s'échappant du cœur de ce château d'eau.

MOZAC

Aux portes de Riom, Mozac est célèbre par la série de beaux chapiteaux et le trésor de son église.

Renseignements : 04 73 38 12 03.

Château de MUROL

Cette fière forteresse déchue occupe le sommet d'une butte recouverte d'une épaisse couche de basalte, à proximité du superbe lac Chambon.

Renseignements : 04 73 88 67 11.

LE-PUY-EN-VELAY

Cathédrale Notre-Dame

C'est un extraordinaire édifice inscrit au Patrimoine mondial de l'Unesco. De style roman, il doit son originalité à l'influence de l'Orient et à l'influence byzantine.

Trésor d'art religieux
Il rassemble un bon nombre d'œuvres d'art, parmi lesquelles un magnifique manteau brodé de la Vierge noire du 16e s. et un remarquable parchemin du 15e s.
Renseignements : 04 71 05 45 52.

RIOM
Sur une butte dominant légèrement une grande plaine lumineuse, l'ancienne sénéchaussée d'Auvergne garde de nombreux témoignages de sa splendeur passée.

SAINT-FLOUR
Cette ville consulaire et épiscopale, dressant vers le ciel les tours carrées de sa cathédrale, a perdu de sa pompe mais gagné en charme. Et autour d'elle, il y a la Margeride, les gorges de la Truyère...

Église de SAINT-NECTAIRE
Cet édifice construit vers 1160 et relevant de l'art roman auvergnat occupe un superbe site en bordure des monts Dore et de la vallée de la Couze Chambon.
Renseignements : 04 73 88 50 67.

SALERS
Perchée sur sa planèze, c'est l'une des villes les plus attirantes de la haute Auvergne. De son passé militaire et judiciaire, Salers garde intact un ensemble rare de remparts et de vieux hôtels.

Massif du SANCY
Une faune et une flore originales, un patrimoine bâti intéressant, des cascades d'eau vive et des lacs bleus, immobiles et profonds, composent cette terre de magie, ensemble assez complexe de plusieurs massifs volcaniques, le massif des monts Dore.

SOUVIGNY
Au milieu des prairies encloses du bocage bourbonnais, ce superbe ensemble abbatial est fameux pour sa colonne du Zodiaque du 12e s., une œuvre exceptionnelle.
Renseignements : 04 70 43 99 75.

THIERS
Le site superbe, à flanc de colline, la vue magnifique sur la grande Limagne et les monts Dôme, les quartiers anciens comptent parmi les atouts de Thiers.

VICHY
Il fait bon flâner dans cette illustre station thermale, sur les bords de l'Allier, dans des grands parcs qui dispensent paix et fraîcheur, après avoir admiré l'architecture éclectique du quartier thermal et du vieux Vichy.

VULCANIA
Les volcans d'Auvergne accueillent, à deux pas du puy de Lemptéguy, ce passionnant lieu de découverte, grand parc de loisirs scientifiques qui propose l'expérience unique d'une visite au centre de la Terre.
Renseignements : 0820 827 828.

Comité Régional du Tourisme de l'Auvergne
44, avenue des Etats-Unis
63057 CLERMONT-FERRAND CEDEX 1
Tél : 04.73.29.49.49
Fax : 04.73.34.11.11
E-Mail : documentation@crt-auvergne.fr
http://www.crt-auvergne.fr

Chantelle

Accueil spirituel

A71 - Sortie : Gannat ou Montmarault - N9

Carte Michelin : 326

SNCF : Bellenaves, 7 - Taxi - Gare SNCF Gannat 18 km - Gare SNCF St Germain des Fossés 30 km - Gare SNCF Vichy 30 km

Abbaye Bénédictine Saint-Vincent

14, rue Anne de Beaujeu
03140 Chantelle
Tél. : 04 70 56 62 55
Fax : 04 70 56 15 30
Site : www.benedictines-chantelle.com
Email : snfb.chantelle@wanadoo.fr
Contact : Soeur Hôtelière

Les Moniales Bénédictines vous reçoivent pendant une durée de 8 jours maximum, pour des retraites. L'abbaye est située dans un village à 300 m. d'altitude. Vous effectuerez de belles promenades dans la région et visiterez les nombreuses églises romanes voisines. Artisanat monastique, produits cosmétiques.

Capacité d'accueil maximale : 25 pers. - Ch. simple(s) : 8 - Ch. double(s) : 10 - Ch. familiale(s) : 1 - Linge de maison fourni

Langue(s) parlée(s) : Français

Dates de fermeture : 8 jours en janvier

Pour connaître les prestations complètes et les tarifs, veuillez vous renseigner auprès de la maison d'accueil.

Paiements acceptés : Espèces, Chèques

Sanitaire : Collectif

Office de Tourisme - 13, place Maréchal Foch
03500 St Pourçain/Sioule

Vichy

Maison de repos

A71 - Sortie : Gannat
Carte Michelin : 326
SNCF : Vichy - Taxi
Aéroport : Clermont-Ferrand - Aulnat -Taxi

La Maison du Missionnaire
11, rue Mounin
03200 Vichy
Tél. : 04 70 98 34 29
Fax : 04 70 96 01 34

La Maison est destinée aux missionnaires français et étrangers ainsi qu'aux prêtres et religieux(ses). Locaux confortables, situés en ville et proches de l'établissement thermal. A 264 mètres d'altitude, cité pleine de charme, célèbre pour la qualité de ses eaux, Vichy s'est spécialisée dans le traitement des affections digestives et rhumatismales.
Capacité d'accueil maximale : 45 pers. - Ch. simple(s) : 45 - Linge de maison fourni
Langue(s) parlée(s) : Français
Dates de fermeture : 01/01 au 15/02

Pour connaître les prestations complètes et les tarifs, veuillez vous renseigner auprès de la maison d'accueil.

Paiements acceptés : Espèces, Chèques

Sanitaire : Individuel et Collectif

Equipement audio-visuel - Agréments : - MSM - CAMAC

Office de Tourisme - 19, rue Parc
03200 Vichy
Tél : 04 70 98 71 94

Moulins

Accueil spirituel

A71 - E11 - Sortie : Montmarault - N7, D12, D953, D73, D13
Carte Michelin : 326
SNCF : Moulins
TGV : Le Creusot - Montcharin, 120
Aéroport : Clermont-Ferrand - Aulnat - 110

Monastère de la Visitation
65, rue des Tanneries
03000 Moulins
Tél. : 04 70 44 27 43
Fax : 04 70 44 50 81
Site : www.ifrance.com/ordrevisitation
Email : visitation.moulins@wanadoo.fr
Contact : Mère Supérieure

La Visitation de Moulins accueille à l'intérieur de la clôture jeunes filles et femmes désireuses de partager leur prière. Office du matin 7h30, messe 8h, lecture 11h30, milieu du jour 14h30, vêpres 17h30, le dimanche 17h15, complies 20h45. La durée de la retraite peut être de 8 jours.
Capacité d'accueil maximale : 5 pers. - Ch. simple(s) : 5 - Linge de maison fourni
Langue(s) parlée(s) : Français
Dates de fermeture : Poss. Avent-Carême

Pour connaître les prestations complètes et les tarifs, veuillez vous renseigner auprès de la maison d'accueil.

Paiements acceptés : Espèces, Chèques

Sanitaire : Collectif

Office de Tourisme - Rue François Péron
03000 Moulins

Paulhenc

Accueil spirituel

A75 - Sortie : Saint Flour - D990
Carte Michelin : 330
SNCF : Saint-Flour - Chaudes-Aigues - Nous nous déplaçons pour accueillir nos visiteurs.
Aéroport : Clermont-Ferrand - Taxi

Centre spirituel
La Pomarède
15230 Paulhenc
Tél. : 04 71 23 61 61
Fax : 04 71 23 61 60
Site : http://la-pomarede.cef.fr
Contact : Mme Derosiaux

Au Sud du Cantal, à 800 m d'altitude et surplombant le lac de Sarrans sur la Truyère, le centre offre un espace de silence et de nature particulièrement propice au reccueillement et au ressourcement spirituel . Animé par une communauté de prêtres et de laïcs, la Pomarède assure confort et silence. Séjour individuel n'excédant pas 8 jours.
Capacité d'accueil maximale : 49 pers. - Ch. simple(s) : 1 - Ch. double(s) : 24 - Linge de maison fourni
Langue(s) parlée(s) : Français

Pour connaître les prestations complètes et les tarifs, veuillez vous renseigner auprès de la maison d'accueil.

Paiements acceptés : Espèces, Chèques

Sanitaire : Individuel

Office de tourisme - 29, avenue Georges Pompidou
15230 Pierrefort
Tél : 04 71 23 38 04

Quezac

Accueil spirituel

A75 - Sortie : Massiac / Saint-Flour - N122
Carte Michelin : 330
SNCF : Maurs - Taxi
Aéroport : Aurillac - Tronquière - Rodez - Marcillac -Taxi

Diocèse de Saint-Flour
Centre Spirituel de Béthanie
15600 Quezac
Tél. : 04 71 46 78 31 / 04 71 46 70 41
Fax : 04 71 49 00 52

Les Oblats de Saint-Benoît accueillent particuliers et groupes pour des exercices spirituels, dans un cadre de verdure et de paix. Entre Conques et Rocamadour, Quézac est un sanctuaire marial surnommé "Le Lourdes de l'Auvergne".
Capacité d'accueil maximale : 39 pers. - Ch. simple(s) : 36 - Ch. double(s) : 3
Langue(s) parlée(s) : Français
Dates de fermeture : 01/12 au 31/03

Pour connaître les prestations complètes et les tarifs, veuillez vous renseigner auprès de la maison d'accueil.

Paiements acceptés : Espèces, Chèques

Sanitaire : Collectif

Equipement audio-visuel

6 km 6 km

Office de Tourisme - place de l'Europe
15600 Maurs
Tél : 04 71 46 73 72
Email : office.tourisme.maurs@wanadoo.fr

18 km

Saint-Flour Cedex

Etape vacances

Maison de repos

A75 - Sortie : N°28 - N122
Carte Michelin : 330
SNCF : St Flour - Chaudes - Aigules - Taxi
Aéroport : Clermont-Ferrand - Aulnat - Taxi

La Maison des Planchettes
7, rue des Planchettes - BP 37
15102 Saint-Flour Cedex
Tél. : 04 71 60 10 08
Fax : 04 71 60 22 44
Site : http://www.maison-des-planchettes.com
Email : info@maison-des-planchette.com

Ancien séminaire du XVIIème bénéficiant du cadre verdoyant du Cantal et d'un parc ombragé, à deux pas du centre ville. Lieu convivial de travail et de détente. Accès possible à une multitude d'activités culturelles et sportives (patrimoine architectural, rivières et gorges, viaduc de Garabit, musée de la Haute-Auvergne). Ambiance familiale.
Capacité d'accueil maximale : 120 pers. - Ch. simple(s) : 34 - Ch. double(s) : 32 - Ch. familiale(s) : 5 - Dortoir : 1 - Linge de maison fourni
Langue(s) parlée(s) : Français, Anglais
Dates de fermeture : 15/12 au 15/01

		Adultes	Enfants	Groupes
Hébergement	*Nuit*	38€	-	-
Demi-pension	*Jour*	41,90€	27,25€	-
Pension complète	*Jour*	51,30€	33,35€	-

Paiements acceptés : Espèces, Cartes bancaires, Chèques, Chèques vacances
Tarifs communiqués à titre indicatif. Pour plus de précisions, contacter directement la maison d'accueil.

Sanitaire : Individuel et Collectif

Equipement audio-visuel

1 km 1 km 30 km 3 km

Autres activités : - Randonnées pédestres

Office de Tourisme - 17 bis, place d'Armes
15100 Saint-Flour
Tél : 04 71 60 22 50

4
48 km

Condat

Etape vacances

A75 sortie Champeix ou Issoire - D678
SNCF : Gare de Neussargues ou Murat - Navette - Taxi
Aéroport : Aurillac ou Clermont - Taxi

Maison Saint-Nazaire

Gîte d'étape et de séjour Hébergement de groupes
15190 Condat
Tél. : 04 71 78 53 42
Site : www.cantalhebergement.com
Email : dcklrm@aol.com
Contact : Mme De Ceukeleire

Dans un cadre verdoyant, la maison Saint Nazaire vous accueille pour des vacances calmes et reposantes. Le gîte s'adapte à tous les besoins de notre clientelle en quête d'authenticité. En étape ou en séjour, vous pouvez venir seul, en famille ou en groupe.
Capacité d'accueil maximale : 64 pers. - Ch. double(s) : 3 - Ch. familiale(s) : 9 - Autres : dortoir - Linge de maison fourni
Langue(s) parlée(s) : Français

Pour connaître les prestations complètes et les tarifs, veuillez vous renseigner auprès de la maison d'accueil.

Paiements acceptés : , Chèques, Chèques vacances

Sanitaire : Collectif

Agréments : Jeunesse et sports

0,5 km 1 km 0,8 km 9 km

Autres activités : - Peche - Base nautique : 15 km - Musées - Ski : 25 km Super Besse - Escalade : 8 km

Office de Tourisme de Condat -
15190 Condat
Tél : 04 71 78 66 63

Aurillac

Etape vacances

Maison de repos

A75 - Sortie : Massiac - N122
Carte Michelin : 330
SNCF : Aurillac - Voiture de l'établissement
Aéroport : Aurillac - Tronquière - Voiture de l'établissement

Maison Saint-Raphaël
40, avenue de la République
15000 Aurillac
Tél. : 04 71 48 69 10

Petit établissement situé en ville. Ambiance simple, fraternelle. Point de départ de nombreuses excursions: à Aurillac même (musée des Volcans, églises) et dans les alentours, à Mauriac, Salers, Conques, Rocamadour, ou encore à travers la moyenne montagne.
Capacité d'accueil maximale : 5 à 7 pers. - Ch. simple(s) : 5 - Ch. double(s) : 1 - Linge de maison fourni
Langue(s) parlée(s) : Français, Langue d'Oc

Pour connaître les prestations complètes et les tarifs, veuillez vous renseigner auprès de la maison d'accueil.

Paiements acceptés : Espèces, Chèques

Sanitaire :

Agréments : - MSM

Syndicat d'Initiative - place du Square
15000 Aurillac
Tél : 04 71 48 46 58
Email : courrier@iaurillac.com

4

60 km

Le Puy-en-Velay

Accueil spirituel

Etape vacances

A75 / A43 - Sortie : Brioude / St-Etienne - N88 / N102

Carte Michelin : 331

SNCF : Le Puy-en-Velay, 1 km

TGV : St-Etienne, 78 km - Taxi

Aéroport : Le Puy - Loudes 5 km, St Etienne - Clermont Ferrand - Aulnat 100 km - Taxi - SNCF - Cars - Taxi : Le Puy - Loudes (5 km)

Association Grand Séminaire
Accueil Saint-Georges - 4, rue Saint-Georges
43000 Le Puy-en-Velay
Tél. : 04 71 09 93 10
Fax : 04 71 09 93 17
Email : accueilstgeorges43@wanadoo.fr

Tarifs sur demande au 04 71 09 93 10 du lundi au jeudi: 9h/12h - 14h/18h.
Capacité d'accueil maximale : 193 pers. - Ch. simple(s) : 40 - Ch. double(s) : 36 - Ch. familiale(s) : 26 - Camping : oui
Langue(s) parlée(s) : Français, Anglais
Dates de fermeture : Fêtes de fin d'année

Pour connaître les prestations complètes et les tarifs, veuillez vous renseigner auprès de la maison d'accueil.

Paiements acceptés : Espèces, Chèques

Sanitaire : Collectif

Office de Tourisme - place Breuil
43000 Le Puy-en-Velay
Tél : 04 71 09 38 41
Email : info@ot-lepuyenvelay.fr

Le Puy-en-Velay

Accueil spirituel
Etape vacances
Maison de repos
Résidence retraités

A75 - Sortie : Brioude - Le Puy-en-Velay - N102, D590
Carte Michelin : 331
SNCF : Le Puy-en-Velay, 1 km
TGV : St-Etienne, 78 km - Taxi
Aéroport : Le Puy-Loudes - 18 km - Taxi

Domaine de Chadenac
Ceyssac-La-Roche
43000 Le Puy-en-Velay
Tél. : 04 71 09 27 62
Fax : 04 71 02 87 45
Site : http://chadenac43.free.fr
Email : chadenac@free.fr
Contact : Mme Laurence Radiguet

Au cœur des volcans (800 mètres d'altitude), à 7 km du Puy-en-Velay, dans une ferme fortifiée du XVIIème siècle entièrement rénovée, séjours toniques et ressourçants pour familles, célibataires ou retraités, groupes d'adultes ou d'enfants, classes vertes, séminaires. Draps fournis.
Capacité d'accueil maximale : 130 à 145 pers. - Ch. simple(s) : 3 - Ch. double(s) : 23 - Ch. familiale(s) : 6 - Linge de maison fourni
Langue(s) parlée(s) : Français, Anglais
Dates de fermeture : vacances de Noël

		Adultes	Enfants	Groupes
Hébergement	*Nuit*	23€	11€ (- 12 ans)	-
Demi-pension	*Jour*	37€	22,5€ (- 12 ans)	-
Pension complète	*Jour*	43€	26,5€ (- 12 ans)	-

Paiements acceptés : Espèces, Chèques, Chèques vacances
Tarifs communiqués à titre indicatif. Pour plus de précisions, contacter directement la maison d'accueil.

Sanitaire : Individuel et Collectif

Equipement audio-visuel - Agréments : Jeunesse et sports - Maison Familiale de Vacances Tourisme et Handicap

0,5 km

Autres activités : Randonnées pédestres guidées - Golf : 0,5 km - Canoë - Jeux de Boules - Aire de jeux 3/10 ans et + 10 ans - Circuit voitures télécommandées

Office de Tourisme - place Breuil
43000 Le Puy-en-Velay
Tél : 04 71 09 38 41
Email : info@ot-lepuyenvelay.fr

4
3 km

Montfaucon-en-Velay

Etape vacances

A7 - Sortie : Chanas - N88 - D105
Carte Michelin : 331
SNCF : Saint-Etienne - Taxi - Car
TGV : Saint-Etienne - Taxi - Car
Aéroport : Le Puy-Loudes - Taxi

Hôtel-Restaurant "Les Platanes"
Relais Saint-Jacques - BP 6
43290 Montfaucon-en-Velay
Tél. : 04 71 59 22 44
Email : claudine.vachon@wanadoo.fr
Contact : Mme Claudine Vachon

Hôtel-Relais Saint-Jacques-Restaurant "Les Platanes" propose un service en plein air dans un parc ombragé, une cuisine familiale avec des produits du terroir. Des randonnées pédestres balisées dans une nature préservée à 950 m d'altitude. Un sanctuaire marial et un trésor artistique.
Capacité d'accueil maximale : 25 pers. - Ch. simple(s) : 1 - Ch. double(s) : 3 - Ch. familiale(s) : 3 - Linge de maison fourni
Langue(s) parlée(s) : Français, Anglais, Allemand, Espagnol
Dates de fermeture : Janvier

		Adultes	Enfants	Groupes
Hébergement	*Nuit*	25€	7€	-
Demi-pension	*Jour/Pers.*	35€	15€	-
Pension complète	*Jour/Pers.*	42€	20€	-

Paiements acceptés : Espèces, Cartes bancaires, Chèques vacances
Tarifs communiqués à titre indicatif. Pour plus de précisions, contacter directement la maison d'accueil.

Sanitaire : Individuel

6 km Sur place 18 km 4 km 4 km

Office de tourisme - 12, rue Centrale
43290 Montfaucon
Tél : 04 71 59 95 73

Le Mont-Dore

Etape vacances

Maison de repos

A89 - Sortie : St-Julien - Puy - Laveze - N89, D983 - D996
Carte Michelin : 326
SNCF : Le Mont-Dore - Taxi

Accueil Saint-Joseph
Maison Saint-Joseph - 19, avenue des Belges - BP 105
63240 Le Mont-Dore
Tél. : 04 73 65 05 85
Fax : 04 73 65 09 81

Au Mont-Dore (altitude 1050 m.) station touristique et thermale, l'Association accueille religieuses, prêtres, religieux en pension complète ou en location. La maison offre aux adhérents de la MSM la possibilité d'une semaine à tarif préférentiel en basse saison.
Capacité d'accueil maximale : 35 pers. - Ch. simple(s) : 35 - Linge de maison fourni
Langue(s) parlée(s) : Français

Pour connaître les prestations complètes et les tarifs, veuillez vous renseigner auprès de la maison d'accueil.

Paiements acceptés : Espèces, Chèques

Sanitaire : Collectif

Agréments : - MSM - CAMAC

6 km 1 km 3 km 1 km

Autres activités : - Promenades en montagne - Randonnées accompagnées

Office de Tourisme - avenue de la Libération
63240 Le Mont-Dore
Tél : 04 73 65 20 21

Bromont Lamothe

Etape vacances

A89 sortie Vulcania - Riom - Pontgiband
Carte Michelin : 326
SNCF : Clermont-Ferrand 25 km - Taxi
Aéroport : Clermont-Ferrand - Aulnat, 25 km - Taxi

Association accueil Saint-François
Anschald
63230 Bromont Lamothe
Tél. : 04 73 88 99 40
Fax : 04 73 88 30 66
Email : accueilsaintfrancois.anschald@wanadoo.fr
Contact : Mr Prévoteau

Parc de 2 hectares face au Puy de Dôme. Accueil, pension ou gestion libre de groupes, associations, stages, classes de découverte. Attraits touristiques alentours: Vulcania (10 km), Les Puys (10 à 50 km), Orcival (20 km), Saint Nectaire (40 km), Clermont Ferrand (25 km), Issoire (55 km) ou encor le château-musée de Pontgibaud à 3 km.
Capacité d'accueil maximale : 58 pers. - Ch. simple(s) : 2 - Ch. familiale(s) : 11 - Camping : oui
Langue(s) parlée(s) : Français

Pour connaître les prestations complètes et les tarifs, veuillez vous renseigner auprès de la maison d'accueil.

Paiements acceptés : Espèces, Chèques

Sanitaire : Collectif

Agréments : Jeunesse et sports

5 km 15 km 15 km 15 km

Autres activités : Ski alpin / fond : 30 km - Parapente - Montgolfière

Office de Tourisme - rue du Commerce
63230 Pontgibaud
Tél : 04 73 88 90 99

Tauves

Etape vacances

A89 - Sortie : St-Julien - Puy - Laveze - N89, D922
Carte Michelin : 326
SNCF : La Bourboule - Taxi
Aéroport : Clermont-Ferrand - Aulnat, 60 km - Taxi

Maison d'accueil Saint-Joseph
Place du Foirail
63690 Tauves
Tél. : 04 73 21 12 49
Fax : 04 73 21 11 19
Email : maisondaccueilstjoseph@wanadoo.fr
Contact : Mme Védrine

La maison accueille toute l'année familles, groupes, classes de neige et de découverte, dans un village au cœur du parc des volcans d'Auvergne. Au programme : randonnées, ski, musées, châteaux, Eglises. Ambiance conviviale. Cuisine soignée.
Capacité d'accueil maximale : 160 pers. - Ch. double(s) : 9 - Ch. familiale(s) : 10 - Dortoir : oui - Appartement(s) : oui - Autres : boxes
Langue(s) parlée(s) : Français, Anglais

		Adultes	Enfants	Groupes
Hébergement	*Nuit*	15€	15€	-
Demi-pension	*Jour*	32€	23€	-
Pension complète	*Jour*	34€	25€	-

Paiements acceptés : Espèces, Chèques, Chèques vacances
Tarifs communiqués à titre indicatif. Pour plus de précisions, contacter directement la maison d'accueil.

Sanitaire : Collectif

Equipement audio-visuel - Agréments : Jeunesse et sports

12 km 20 km 12 km

Office de Tourisme de Sancy-Artense - rue de la Pavade
63680 La Tour d'Auvergne
Tél : 04 73 21 79 78

Basse-Normandie

Index des départements de la Région Basse-Normandie

BAYEUX

La tapisserie de Bayeux

La tapisserie dite « de la reine Mathilde », témoignage d'une valeur unique, est exposée au Centre Guillaume-le-Conquérant, dans un majestueux bâtiment du 18e s. Ce joyau de l'art roman bénéficie d'une présentation exceptionnelle.

Renseignements : 02 31 51 25 50.

CAEN

Abbaye-aux-Hommes

Au premier coup d'œil, le charme opère : l'église St-Étienne (l'art roman a produit peu d'œuvres plus saisissantes que sa sobre façade) et les bâtiments conventuels constituent un remarquable ensemble historique et architectural.

Renseignements : 02 31 30 42 81.

Mémorial

Ce « musée pour la paix » convie à effectuer un voyage dans la mémoire collective, de 1918 à nos jours, en s'appuyant sur une scénographie très réussie.

Renseignements : 02 31 06 06 44.

Château de CARROUGES

Avec ses longs murs de brique rose et ses hauts toits d'ardoise qui se reflètent dans l'eau, cet élégant édifice, relevant dans sa plus grande part de l'architecture Henri IV-Louis XIII, envoûte.

Renseignements : 02 33 27 20 32.

CORNICHE NORMANDE

De Trouville à Honfleur, au milieu d'une végétation magnifique, un trajet qui réserve des échappées sur l'estuaire de la Seine. De belles propriétés s'égrènent tout au long du parcours.

Presqu'île du COTENTIN

Le nez de Jobourg

Le long promontoire escarpé et décharné, environné d'écueils, est le « finistère » le plus imposant de la sauvage Hague. Le site est grandiose, notamment quand la mer est turbulente.

COUTANCES

Cathédrale

Par l'heureux équilibre de ses proportions et la pureté de ses lignes, cet édifice constitue « le plus fameux fleuron de l'art gothique en Normandie ». Du sommet de la tour-lanterne, le panorama est immense.

Renseignements : 02 33 19 08 10.

Plages du DÉBARQUEMENT

Choisies pour le débarquement de juin 1944, ces plages du littoral normand (Sword Beach, Juno Beach, Gold Beach et Omaha Beach), sont entrées dans l'Histoire. On s'y promène avant tout pour maintenir la mémoire d'une des plus grandes opérations militaires de tous les temps.

FONTAINE-HENRY

Le château

Ce très bel édifice est un précieux témoin de l'architecture civile de la Renaissance.

Renseignements : 06 89 84 85 57.

Abbaye de HAMBYE

Ce remarquable édifice construit au début de la période gothique n'a rien perdu de sa beauté : ses ruines, d'une majesté sobre et sereine, ainsi que le paysage environnant, inspirent le recueillement.

Renseignements : 02 33 61 76 92.

HONFLEUR

Le Vieux Bassin

Cet ensemble unique s'entoure de quais ravissants : les riches demeures de pierre mansardées du quai St-Étienne contrastent avec celles du quai Ste-Catherine, hautes et étroites façades habillées de fine ardoise. Les bateaux de plaisance ajoutent un charme supplémentaire.

Église Ste-Catherine

L'église, et le clocher, isolé, sont entièrement en bois. Ce type de construction est un exemple rare en Europe occidentale.

LESSAY

Abbatiale

Magnifique église romane dont l'abside, appuyée à un mur-pignon plat, apparaît dans toute la pureté de ses lignes. On remarquera le beau clocher carré et les toitures en schiste de La Hague.

MONT-ST-MICHEL

La Merveille

Extérieurement, la Merveille - ce nom désigne les superbes bâtiments gothiques qui occupent la face Nord - a l'aspect puissant d'une forteresse, tout en accusant, par la noblesse et la pureté de ses lignes, sa destination religieuse.

Renseignements : 02 33 89 80 00.

PONT DE NORMANDIE

Ce monstre de béton et d'acier, véritable défi à la pesanteur, œuvre d'art et prouesse technique, a pris place dans l'histoire du génie civil en pulvérisant, en son temps, le record de longueur des ponts à haubans.

SAINT-LÔ

Roches de Ham

Du haut de ce magnifique escarpement, où l'on découvre le beau méandre que cette rivière s'est dessiné, on domine la vallée de la Vire, profonde, calme et solitaire.

SÉES

Cathédrale

Ce monument, qui connut de multiples vicissitudes, reste l'un des plus beaux édifices de l'école gothique normande des 13e et 14e s. Renseignements : 02.33 28 74 79.

SUISSE NORMANDE

Cette appellation touristique désigne une partie sauvage et accidentée de la vallée de l'Orne, où la rivière ondule au pied d'abruptes barres rocheuses en dessinant d'harmonieux méandres.

Château de VENDEUVRE

Musée du Mobilier miniature

Les belles salles voûtées de l'orangerie servent de cadre à une exceptionnelle collection de meubles miniatures, modèles, maquettes ou chefs-d'œuvre de maîtrise.

Renseignements : 02 31 40 93 83.

Comité Régional du Tourisme de Normandie
14, rue Charles Corbeaux • Le Doyenné
27000 EVREUX
Tél : 02.32.33.79.00
Fax : 02.32.31.19.04
E-Mail : normandy@imaginet.fr
http://www.normandy-tourism.org

Douvres-La Délivrande

Etape vacances

A13 - A84 - Sortie : Côte de Nacre - N13
Carte Michelin : 303
SNCF : Caen - Taxi
Aéroport : Caen-Carpiquet - Taxi

Collège Maîtrise Notre-Dame
21, place de la Basilique
14440 Douvres-La Délivrande
Tél. : 02 31 36 16 60
Fax : 02 31 37 75 55
Contact : Frère Daniel

L'établissement accueille pour vacances, sessions et séminaires, groupes de jeunes et d'enfants accompagnés pour séjours d'un week-end à 2 semaines. Situé dans un village, ce lieu avec son parc est idéal pour les personnes désirant profiter du calme et visiter la région des plages du débarquement.
Capacité d'accueil maximale : 67 pers. - Ch. familiale(s) : 15 - Autres : chambres avec lits superposés
Langue(s) parlée(s) : Français

		Adultes	Enfants	Groupes
Hébergement	*Nuit*	10€	10€	-
Demi-pension	*Jour*	18€	18€	-
Pension complète	*Jour*	26€	26€	-

Paiements acceptés : Espèces, Chèques
Tarifs communiqués à titre indicatif. Pour plus de précisions, contacter directement la maison d'accueil.

Sanitaire : Collectif

Equipement audio-visuel - Agréments : - Education nationale

15 km — Sur place — 8 km — 15 km

Office de Tourisme - 41, rue Général de Gaulle
14440 Douvres-la-Délivrande
Tél : 02 31 37 93 10

120 km

Vire cedex

Accueil spirituel

A84 - Sortie : Vire - N174, D577
Carte Michelin : 303
SNCF : Vire, 1,5 km - Taxi - Navette
Aéroport : Caen- Carpiquet - Taxi

Communauté de Blon
1, rue de Blon - BP 50188
14505 Vire cedex
Tél. : 06 30 44 11 73 / 02 31 66 38 00 (9h à 12h et 14h à 18h)
Fax : 02 31 68 75 03
Contact : Secrétariat acceuil

La Communauté de Blon vous accueille dans la simplicité. Elle est située dans un vert domaine de 6 hectares, agréable et reposant. Offices, Eucharistie quotidienne, adoration eucharistique l'après midi. Accueil individuel ou de groupes pour sessions et retraites (avec encadrement pour les jeunes). Votre participation à de petites tâches quotidiennes favorise convivialité, liberté et permet de maintenir des tarifs modiques. Des locaux avec cuisine équipée permettent de recevoir des groupes autonomes.
Capacité d'accueil maximale : 45 pers. - Ch. simple(s) : 15 - Ch. double(s) : 2 - Dortoir : 29 boxes
Langue(s) parlée(s) : Français

Pour connaître les prestations complètes et les tarifs, veuillez vous renseigner auprès de la maison d'accueil.

Paiements acceptés : Espèces, Chèques

Sanitaire : Individuel

Equipement audio-visuel

Office de Tourisme - square de la Résistance
14500 Vire
Tél : 02 31 66 28 50

Bayeux

Accueil spirituel
Etape vacances
Maison de repos

A13 - Sortie : Bayeux - N13
Carte Michelin : 303
SNCF : Bayeux - Taxi
Aéroport : Caen (Carpiquet) 25 km - Taxi

Monastère des Bénédictines
48, rue St Loup
14400 Bayeux
Tél. : 02 31 92 85 74
Fax : 02 31 92 82 52
Site : www.lajoiesaintbenoit.com
Email : hotellerie@lajoiesaintbenoit.com
Contact : Soeur Marie-Pierre

Depuis 350 ans, le Monastère des Bénédictines, situé en ville, mais entouré d'un grand espace verdoyant, offre un lieu calme, propice au recueillement et à la réflexion. Notre accueil vous permettra de retrouver vos forces physiques et spirituelles.
Capacité d'accueil maximale : 70 pers. - Ch. simple(s) : 12 - Ch. double(s) : 15 - Ch. familiale(s) : 12 - Studio(s) : 1 - Autres : pavillon - Linge de maison fourni
Langue(s) parlée(s) : Français, Anglais, Italien

		Adultes	Enfants	Groupes
Hébergement	*Nuit*	14,50 à 23,50€	-	1 gratuité
Demi-pension	*Jour*	25,50 à 34€	-	pour
Pension complète	*Jour*	34 à 42,50€	-30%	20 personnes

Paiements acceptés : Espèces, Cartes bancaires, Chèques
Tarifs communiqués à titre indicatif. Pour plus de précisions, contacter directement la maison d'accueil.

Sanitaire : Individuel et Collectif

Equipement audio-visuel

1 km — 1 km — 10 km — 10 km — 1 km

Office de Tourisme - Pont Saint-Jean
14403 Bayeux
Tél : 02 31 51 28 28
Email : info@bayeux-tourisme .com

30 km

Merville-Franceville

Etape vacances

A13 - Sortie : Dozulé - D514 - Route de Cabourg
Carte Michelin : 303
SNCF : Cabourg, 5 km - Taxi - Bus
Aéroport : Caen-Carpiquet - Taxi - Bus
Autres moyens de transfert : Bus N° 20

Relais Cap France Bon Séjour
Rue Jean Mermoz - BP 12
14810 Merville-Franceville
Tél. : 02 31 24 20 60
Fax : 02 31 24 75 79
Site : www.bonsejour-laplage.com
Email : bon-sejour@capfrance.com
Contact : Mme Massinot-Guiberd

Notre relais, situé au cœur de la Normandie, permet de découvrir une région riche de beaux paysages et d'histoire (bocages, plages de Cabourg et Houlgate). Au bord de la mer, sans route à traverser, il reçoit les familles l'été, les séniors dès la fin août et les scolaires de Février à Novembre.
Capacité d'accueil maximale : 220 pers. - Ch. simple(s) : 4 - Ch. double(s) : 60 - Ch. familiale(s) : 10 - Linge de maison fourni
Langue(s) parlée(s) : Français, Anglais, Allemand, Espagnol
Dates de fermeture : 01/12 au 31/01

Pour connaître les prestations complètes et les tarifs, veuillez vous renseigner auprès de la maison d'accueil.

Paiements acceptés : Espèces, Chèques, Chèques vacances, Bons de vacances

Sanitaire : Individuel

Equipement audio-visuel - Agréments : Jeunesse et sports - DDASS

5 km 5 km
Autres activités : - Mini-Golf - Ping-Pong - Tir à l'Arc - Karaoké - Canoë - Animations variées - Randonnées

Office de Tourisme - place de la Plage
14810 Merville-Franceville
Tél : 02 31 24 23 57
Email : office.tourisme.franceville@wanadoo.fr

Montebourg

Etape vacances

N13, D41
Carte Michelin : 303
SNCF : Valognes - Taxi

Association d'Education Populaire
L'Abbaye
50310 Montebourg
Tél. : 02 33 41 10 05
Fax : 02 33 21 25 26
Site : www.abbaye-montebourg.com
Contact : Mr Houivet

Au cœur de 4 hectares de verdure, un village avec une magnifique Eglise Abbatiale. Etablissement d'enseignement doté d'un secteur d'accueil hors locaux scolaires. Situation idéale pour marcheurs et cyclotouristes grace notamment au parc naturel des marais du Cotentin, tout près au sud.

Capacité d'accueil maximale : 320 pers. - Ch. simple(s) : 16 - Ch. double(s) : 30 - Ch. familiale(s) : 5 - Linge de maison fourni
Langue(s) parlée(s) : Français

		Adultes	Enfants	Groupes
Hébergement	*Nuit*	20€	15€	-
Demi-pension	*Jour*	26€	20€	-
Pension complète	*Jour*	32€	25€	-

Paiements acceptés :
Tarifs communiqués à titre indicatif. Pour plus de précisions, contacter directement la maison d'accueil.

Sanitaire : Individuel et Collectif

Equipement audio-visuel - Agréments : Jeunesse et sports - Education nationale

6 km 6 km 3 km

Office de Tourisme - 20, rue du Général Leclerc
50310 Montebourg
Tél : 02 33 41 15 73

Gouville-sur-Mer

Etape vacances

A84 - Sortie : St-Lô - Coutances - D72
Carte Michelin : 303
SNCF : Coutances, 14 km - Taxi

Centre Jacques Héribel
Château des Forges - 121, rue du Littoral-BP 27
50560 Gouville-sur-Mer
Tél. : 02 33 47 85 68
Fax : 02 33 45 16 17
Site : www.bons-plans-tourisme.com
Email : c.j.heribel@wanadoo.fr

Le Château des Forges, se situe à proximité de la mer et du bourg de Gouville-sur-Mer. Face aux îles anglo-normandes, Gouville-sur-Mer offre une magnifique plage de sable fin, bordée de dunes. Le château propose un environnement tout à fait remarquable, propice à la découverte du milieu naturel et de la vie rurale. Dans le cadre tranquile d'un parc de1,5 hectare, le centre accueille tout type de groupe: classes, centres de vacances, camps sous tentes, formations, récollections, familles. Il propose des animations pédagogiques et ludiques.
Capacité d'accueil maximale : 75 pers. - Ch. simple(s) : OUI - Ch. double(s) : OUI - Ch. familiale(s) : oui - Appartement(s) : oui - Camping : oui - Autres : gîte
Langue(s) parlée(s) : Français, Anglais

Pour connaître les prestations complètes et les tarifs, veuillez vous renseigner auprès de la maison d'accueil.

Paiements acceptés : Espèces, Chèques, Chèques vacances

Sanitaire : Individuel et Collectif

Equipement audio-visuel - Agréments : Jeunesse et sports

15 km 1 km 5 km 3 et 7 km
Autres activités : - Voile : 9 km - Char à voile : 9 km - Cerf-volant

Office de Tourisme - 1, rue du Nord
50560 Gouville-sur-Mer
Tél : 02 33 47 84 33
Email : gouville.ot@wanadoo.fr

Saint-Germain des Vaux

Etape vacances

A13 - Sortie : Caen - N13, D205
Carte Michelin : 303
SNCF : Cherbourg

Fort Saint-Martin
50440 Saint-Germain des Vaux
Tél. : 02 33 52 88 02
Site : www.fortsaintmartin.free.fr
Email : fortsaintmartin@free.fr
Contact : Mme Brigitte Mony

Site exceptionnel au bord de la Manche, en pleine nature, pour réunions de famille avec hébergement ou accueil de groupes et hébergement confort simple mais suffisant. Chauffage.
Capacité d'accueil maximale : 54 pers. - Ch. double(s) : 7 - Dortoir : 5 de 8 lits
Langue(s) parlée(s) : Français

Pour connaître les prestations complètes et les tarifs, veuillez vous renseigner auprès de la maison d'accueil.

Paiements acceptés : Espèces, Chèques

Sanitaire : Collectif

Agréments : Jeunesse et sports - Education nationale

20 km
Autres activités : - Aire de Jeux - Char à voile : 25 km - Randonnée : 0,5 km - Voile : 6 km

Office de Tourisme de la Hagne - 45 rue Jallot
50440 Beaumont-Hagne

Saint-James

Accueil spirituel

N78
Carte Michelin : 303
SNCF : Pontorson à 15 km - Taxi

Prieuré Saint-Jacques
Bénédictines de Jésus Crucifié
50240 Saint-James
Tél. : 02 33 48 31 39
Fax : 02 33 48 67 23
Contact : Sœur Myriam

Bénédictines de Jésus Crucifié (Maison mère : Brou-sur-Chantereine). Prêtres, religieuses, jeunes filles , couples pour retraites privées. Offices chantés en français. Climat de prière. Jardin.
- Ch. simple(s) : 7 à 20

Langue(s) parlée(s) : Français, Anglais, Espagnol

Pour connaître les prestations complètes et les tarifs, veuillez vous renseigner auprès de la maison d'accueil.

Paiements acceptés : Espèces, Chèques

Sanitaire : Collectif

Office de tourisme - 21, rue de la Libération
50240 Saint-James
Tél : 02 33 89 62 12
Email : contact@cdc-saintjames.org

Soligny la Trappe

Accueil spirituel

A28 - Sortie : Alençon - N12, D930
SNCF : L'Aigle
TGV : Le Mans - Taxi
Aéroport :

Abbaye de la Trappe
61380 Soligny la Trappe
Tél. : 02 33 84 17 00
Fax : 02 33 34 98 57
Email : la.trappe@wanadoo.fr
Contact : Frère Hôtelier

Les Moines accueillent pour des retraites les prêtres, adultes et jeunes gens. Repas en silence. Dans un local voisin, des groupes constitués de jeunes se chargeant de leur repas et activités sont accueillis dans le respect du calme du lieu.
Capacité d'accueil maximale : 35 pers. - Ch. simple(s) : 21 - Ch. double(s) : 7 - Linge de maison fourni
Langue(s) parlée(s) : Français, Anglais, Allemand, Espagnol, Italien, Japonnais
Dates de fermeture : Janvier

Pour connaître les prestations complètes et les tarifs, veuillez vous renseigner auprès de la maison d'accueil.

Paiements acceptés : Espèces, Cartes bancaires, Chèques

Sanitaire : Individuel et Collectif

Equipement audio-visuel

Office de Tourisme - Place Falbert de Beina
61302 L'Aigle
Tél : 02 33 24 12 40
Email : otaigle@wanadoo.fr

Sées

Accueil spirituel

A28 - Sortie : Sées - N138 et N158
Carte Michelin : 310
SNCF : Sées - Taxi

Centre d'accueil "La Source"
25, rue Loutreuil
61500 Sées
Tél. : 02 33 27 96 90
Fax : 02 33 28 86 18
Site : htt://perso.wanadoo.r/la.source.accueil/
Email : la.source.accueil@wanadoo.fr
Contact : Mme Desaunay

La Congrégation des Sœurs de la Providence accueille toute l'année, des groupes pour l'organisation de rencontres, séminaires destinés à la formation, à la réflexion, à la recherche, ainsi que des groupes d'enfants accompagnés. Situé en ville, le centre dispose d'un parc et d'un jardin. Forêt et campagne.
Capacité d'accueil maximale : 79 pers. - Ch. simple(s) : 48 - Studio(s) : oui - Linge de maison fourni
Langue(s) parlée(s) : Français, Anglais

Pour connaître les prestations complètes et les tarifs, veuillez vous renseigner auprès de la maison d'accueil.

Paiements acceptés : Espèces, Chèques

Sanitaire : Collectif

Equipement audio-visuel - Agréments : Jeunesse et sports

22 km — Sur place — Sur place

Autres activités : - Promenades

Office de Tourisme - Place Général de Gaulle
61500 Sées
Tél : 02 33 28 74 79

Argentan cedex

Accueil spirituel

Etape vacances

A11 - A28 - N26 - N924 - N158
Carte Michelin : 310
SNCF : Argentan
TGV : Le Mans - Taxi - Taxi : prendre direction "Camping Municipal"
Aéroport : Caen- Carpiquet - Taxi

Clos Sainte-Opportune
2, rue de l'Abbaye
61201 Argentan cedex
Tél. : 02 33 67 12 01
Fax : 02 33 35 67 55
Contact : Soeur Marie-Véronique

Maison familiale a la campagne, au bord de l'orne. Calme, tranquillité. Les sœurs bénédictines accueillent personnes seules , jeunes, familles. Pour des moments de repos, détente, prière, réflexion. Accompagnement, innitiation chrétienne (pour les personnes qui le souhaitent). Messe et offices en Grégorien. Promenades, forêts, circuits pédestres. Lisieux 56 km. Produits monastiques, dentelle.
Capacité d'accueil maximale : 15 pers. - Ch. simple(s) : 1 - Ch. double(s) : 4 - Ch. familiale(s) : 1
Langue(s) parlée(s) : Français
Dates de fermeture : 11/11 au 31/03

Pour connaître les prestations complètes et les tarifs, veuillez vous renseigner auprès de la maison d'accueil.

Paiements acceptés : Espèces, Chèques

Sanitaire : Individuel

0,5 km — 3 km — 13 km — 13 km — 3 km

Office de Tourisme - Chapelle Saint-Nicolas
place du Marché - 61202 Argentan
Tél : 02 33 67 12 48
Email : tourisme.argentan@wanadoo.fr

La Chapelle-Montligeon

Accueil spirituel

Etape vacances

Maison de repos

N12, D938
Carte Michelin : 310
SNCF : Nogent-le-Rotrou, 31
TGV : Condé-sur-Huisne, 22 - Car STAO (demander les horaires au sanctuaire)
Aéroport :

Ermitage de la Basilique
61400 La Chapelle-Montligeon
Tél. : 02 33 85 17 00
Fax : 02 33 85 17 15
Site : www.sanctuaire-montligeon.com
Email : montligeon@wanadoo.fr
Contact : Mme Annick Jolivat

Le Sanctuaire Notre-Dame-de-Montligeon apporte à chacun le calme par sa situation en campagne et proche de la forêt. Un authentique lieu de repos, de détente et de spiritualité. L'ensemble des bâtiments et de la basilique forme un lieu superbe.
Capacité d'accueil maximale : 200 pers. - Ch. simple(s) : 24 - Ch. double(s) : 34 - Ch. familiale(s) : 29
Langue(s) parlée(s) : Français, Anglais, Allemand, Espagnol, Italien

		Adultes	Enfants	Groupes
Hébergement	*Nuit*	15 à 29€	10 à 15€	14 à 29€
Demi-pension	*Jour*	27 à 44€	19 à 26€	26 à 44€
Pension complète	*Jour*	38 à 53€	26 à 31,50€	35 à 49€

Paiements acceptés : Espèces, Cartes bancaires, Chèques
Tarifs communiqués à titre indicatif. Pour plus de précisions, contacter directement la maison d'accueil.

Sanitaire : Individuel et Collectif

Equipement audio-visuel - Agréments : - MSM - CAMAC

10 km Sur Place 10 km 0,5 km Sur place

Autres activités : - Randonnées Pédestre : Sur place - Pêche à la ligne : Sur place - Boules Pétanques : Sur place

Office de Tourisme - Halles aux Grains
61400 Mortagne-au-Perche
Tél : 02 33 85 11 18

La Chapelle Viel

Accueil spirituel

A28 - Sortie : Argentan - RN26 - D930
SNCF : L'Aigle - Taxi
Aéroport : Roissy

Fraternité Notre-Dame
La Brardière
61270 La Chapelle Viel
Tél. : 02 33 34 34 90
Fax : 02 33 84 87 56
Email : fr.brardiere@wanadoo.fr
Contact : Sœur Annie

Pleine campagne très silencieuse, communauté religieuse, prêtre à demeure, spiritualité eucharistique et mariale, vie de famille avec les soeurs ou possibilité d'ermitage, séjours individuels ou en groupe.
Capacité d'accueil maximale : 15 à 18 pers. - Ch. simple(s) : 10 - Ch. double(s) : 4 - Autres : bungalows - Linge de maison fourni
Langue(s) parlée(s) : Français
Dates de fermeture : Septembre

Pour connaître les prestations complètes et les tarifs, veuillez vous renseigner auprès de la maison d'accueil.

Paiements acceptés : Espèces, Chèques

Sanitaire : Individuel et Collectif

Equipement audio-visuel

7 5

Office de Tourisme - Place Fulbert de Beina - BP 79
61302 L'Aigle cedex

Bourgogne

Index des départements de la Région Bourgogne

Château d'ANCY-LE-FRANC

Ce superbe palais est le premier modèle de la Renaissance classique en France. Somptueuse décoration murale intérieure.

Renseignements : 03 86 75 14 63.

AUTUN

Cathédrale St-Lazare

Le tympan du portail central, réalisé entre 1130 et 1135, compte parmi les chefs-d'œuvre de la sculpture romane.

AUXERRE

Cathédrale St-Etienne

Ce bel édifice gothique a été construit du 13e au 16e s. Tout autour du déambulatoire se déroulent de magnifiques vitraux à médaillons.

Renseignements : 03 86 52 23 29.

BEAUNE

Hôtel-Dieu

Merveille de l'art burgondo-flamand. À l'intérieur de cet écrin médiéval, fondé en 1443 et parvenu intact jusqu'à nous, a fonctionné jusqu'en 1971 un service hospitalier moderne.

Renseignements : 03 80 24 45 00.

Mont BEUVRAY

Les 200 hectares enclos de ce vaste oppidum, site historique national, regorgent de vestiges mis en valeur par les fouilles, un musée et des reconstitutions récentes.

Renseignements : 03 85 86 52 39.

CHÂLONS-SUR-SAONE

Musée Nicéphore-Niepce

Situé dans un hôtel du 18e s., ce musée contient une très riche collection d'images et matériels anciens permettant de suivre la découverte et les évolutions de la photographie.

Renseignements : 03 85 48 41 98.

LA CHARITÉ-SUR-LOIRE

Église prieurale Notre-Dame

Malgré ses blessures, l'édifice reste l'un des plus dignes représentants de l'architecture romane en Bourgogne.

CHATEAU-CHINON

Panorama du calvaire

Au sommet du calvaire (609 m), trois croix de pierre érigées sur les vestiges d'un ancien château fort, le panorama - Château-Chinon et ses toits d'ardoise et, au loin, le Morvan - est admirable.

CLUNY

Ancienne abbaye

Les maigres fragments qui nous sont parvenus de celle qui fut longtemps la plus grande église de la chrétienté donnent pourtant une idée de l'influence considérable qu'elle exerça en Occident.

Renseignements : 03 85 59 15 93.

Château de CORMATIN

La splendeur des décors d'époque Louis XIII nous plonge dans l'univers raffiné et peuplé de symboles des Précieuses.

Renseignements : 03 85 50 16 55.

La CÔTE

De Dijon à Santenay, sur 65 km, se déploie l'un des plus célèbres vignobles du monde. C'est la région des grands crus de Bourgogne.

DIJON

Musée des Beaux-Arts

Le célèbre et immense musée des Beaux-Arts, créé en 1799, est installé dans l'ancien logis des ducs de Bourgogne et dans l'aile orientale du palais des États. La salle des Gardes est la plus renommée : elle abrite les trésors d'art provenant de

la nécropole des ducs Valois.
Renseignements : 03 80 74 52 70.

Abbaye de FONTENAY

Parfaitement restaurée, Fontenay donne une vision exacte et magnifique de ce qu'était un monastère cistercien au 12ᵉ s. : un ensemble tout en équilibre et en harmonie.
Renseignements : 03 80 92 15 00.

PARAY-LE-MONIAL

Basilique du Sacré-Cœur

Ce lieu de pèlerinage, berceau de la dévotion au Sacré-Cœur de Jésus, est le plus bel exemple conservé d'architecture clunisienne.

ST-FARGEAU

Le château

Un beau château où plane le souvenir de Mlle de Montpensier, incorrigible frondeuse et touchante amoureuse. Un fantastique spectacle fait revivre cette histoire.
Renseignements : 03 86 74 05 67.

SENS

Trésor de la cathédrale Saint-Étienne

C'est un des plus riches de France : étoffes précieuses, vêtements liturgiques, tapisseries de haute lisse du 15ᵉ s., ivoires, pièces d'orfèvrerie...
Renseignements : 03 86 64 46 22.

Roche de SOLUTRÉ

Ce superbe escarpement calcaire est un des hauts lieux de la préhistoire en France. Au sommet (493 m), vue étendue sur la vallée de la Saône, la Bresse et le Jura.

Château de TANLAY

Cet élégant château séduit autant par la richesse architecturale de son extérieur que par la qualité de la décoration des appartements.
Renseignements : 03 86 75 70 61.

VÉZELAY

Basilique Ste-Marie-Madeleine

Fondé au 9ᵉ s., le monastère conserve les reliques de sainte Marie-Madeleine. Sur le tympan du portail central, un Christ, immense, trône dans une mandorle (amande) : une œuvre magistrale de l'art roman bourguignon.
Renseignements : 03 86 33 39 50.

Comité Régional du Tourisme
de Bourgogne • Conseil Régional
B.P. 1602 • 21035 DIJON CEDEX
Tél. : 03.80.28.02.80
Fax : 03.80.28.03.00
E-Mail : documentation@crt-bourgogne.fr
http://www.bourgogne-tourisme.com

Léry

Etape vacances

A6 - Sortie : Sombernon - N71
Carte Michelin : 320
SNCF : Dijon
TGV : Dijon - Taxi - Autocar à 50 km
Aéroport : Dijon-Longvic - 55 km - Taxi

Le Prieuré
21440 Léry
Tél. : 03 80 35 11 96 / 03 80 66 21 52 (hors été)
Fax : 03 80 67 50 02
Contact : Soeur Marie-Colette

Les Franciscaines vous accueillent dans une belle propriété du XVIIème siècle. Pension de famille uniquement en juillet et août. Réseau de lignes permettant de découvrir les richesses de la Bourgogne : Château de Bussy-Rabutin, Alise-Sainte-Reine, les sources de la Seine, Dijon...
Capacité d'accueil maximale : 25 pers. - Ch. simple(s) : 10 - Ch. double(s) : 6 - Ch. familiale(s) : 3 - Camping : oui - Linge de maison fourni
Langue(s) parlée(s) : Français
Dates de fermeture : 01/01 au 31/06, 01/09 au 31/12

		Adultes	Enfants	Groupes
Hébergement	*Nuit*	17€	-	-
Demi-pension	*Jour*	26€	-	-
Pension complète	*Jour*	32€	Selon l'âge	-

Paiements acceptés : Espèces, Chèques
Tarifs communiqués à titre indicatif. Pour plus de précisions, contacter directement la maison d'accueil.

Sanitaire : Individuel

Equipement audio-visuel

15 km 30 km 40 km

Office de Tourisme - rue Charbonnel
21120 Is-sur-Tille
Tél : 03 80 95 24 03

Nevers

Accueil spirituel

A77 - Sortie : Nevers Centre - N7, D40
Carte Michelin : 319
SNCF : Nevers - Taxi

Espace Bernadette Soubirous Nevers
34, rue Saint-Gildard
58000 Nevers
Tél. : 03 86 71 99 50
Fax : 03 86 71 99 51
Site : www.sainte-bernadette-nevers.com
Email : ebsn@wanadoo.fr

La maison, où Sainte-Bernadette a vécu les 13 années de sa vie religieuse dans la discrétion, accueille des personnes seules ou en groupes, organisant leurs propres sessions ou pèlerinages. Elle est aussi centre de ressourcement pour les membres de l'action humanitaire. Frais forfaitaires d'entrée : 2€.
Capacité d'accueil maximale : 165 pers. - Ch. simple(s) : 27 - Ch. double(s) : 55 - Autres : gîte - Linge de maison fourni
Langue(s) parlée(s) : Français, Anglais, Allemand, Espagnol

Pour connaître les prestations complètes et les tarifs, veuillez vous renseigner auprès de la maison d'accueil.

Paiements acceptés : Espèces, Cartes bancaires, Chèques

Sanitaire : Collectif

Equipement audio-visuel

1 km 1 km

Autres activités : - Canoë - Randonnée

Office de Tourisme - Palais Ducal - Entrée rue Sabatier
58008 Nevers
Tél : 03 86 68 46 00
Email : ot.nevers@wanadoo.fr

3

Nevers

Accueil spirituel

A77 - Sortie : Nevers Centre - N7 - Panorama du Bec d'Allier
Carte Michelin : 319
SNCF : Nevers - Taxi

Monastère de la Visitation
49, route des Saulaies
58000 Nevers
Tél. : 03 86 57 37 40
Fax : 03 86 57 25 98
Email : visit58@wanadoo.fr
Contact : Soeur Marie-Josèphe

Les Sœurs de la Visitation vous accueillent toute l'année dans un espace champêtre situé aux portes de Nevers, en bord de Loire, à proximité du Bec d'Allier. La richesse de la faune et de la flore invite à louer le Créateur. Demander 10 jours à l'avance.
Capacité d'accueil maximale : 11 pers. - Ch. simple(s) : 5 - Ch. double(s) : 3 - Camping : oui - Linge de maison fourni
Langue(s) parlée(s) : Français, Anglais, Italien, Portugais

Pour connaître les prestations complètes et les tarifs, veuillez vous renseigner auprès de la maison d'accueil.

Paiements acceptés : Espèces, Chèques

Sanitaire : Collectif

Agréments : - CAMAC - CAVIMAC

5 km 5 km

Autres activités : - Canoë : 0,5 km - Sentier pédestre

Office de Tourisme - Palais Ducal - Entrée rue Sabatier
58008 Nevers
Tél : 03 86 68 46 00
Email : ot.nevers@wanadoo.fr

1 2 3
2 km 2 km 4 km

St-Martin-Belle-Roche

Accueil spirituel

A6 - Sortie : N° 28 Mâcon Nord - Pont de Vaux - N6
Carte Michelin : 320
SNCF : Mâcon Ville, 10 km
TGV : Mâcon Loché, 15 km - Taxi
Aéroport :

Carmel Saint-Joseph
71118 St-Martin-Belle-Roche
Tél. : 03 85 36 01 43
Fax : 03 85 37 54 93

Les carmélites de St-Joseph reçoivent prêtres, religieuses, laïcs, seuls ou en groupes pour 10 jours maximum. Le centre permet des retraites individuelles ou organisées par les groupes eux-même, ainsi que des séjours en ermitage pour une solitude plus grande. Si possible apporter les draps.
Capacité d'accueil maximale : 35 pers. - Ch. simple(s) : 8 - Ch. double(s) : 7 - Dortoir : oui
Langue(s) parlée(s) : Français
Dates de fermeture : 01/08 au 31/08

		Adultes	Enfants	Groupes
Hébergement	*Nuit*	11€	8€	-
Demi-pension	*Jour*	21€	15€	-
Pension complète	*Jour*	32€	23€	-

Paiements acceptés : Espèces, Chèques
Tarifs communiqués à titre indicatif. Pour plus de précisions, contacter directement la maison d'accueil.

Sanitaire : Collectif

Office de Tourisme - 1, place Saint-Pierre
71000 Macon
Tél : 03 85 21 07 07

Taizé

Accueil spirituel

A6 - Sortie : Chalon-sur-Saône - Mâcon Sud - N6, D981
Carte Michelin : 320
SNCF : Mâcon Ville
TGV : Mâcon Loché - Taxi - Bus SNCF
Aéroport : Lyon-St-Exupéry - Taxi

Communauté de Taizé
71250 Taizé
Tél. : 03 85 50 30 01
Fax : 03 85 50 30 16
Site : http://www.taize.fr
Email : rencontres@taize.fr

Taizé accueille des dizaines de milliers de jeunes du monde entier pour des rencontres d'une semaine ou d'un week-end. Toute l'année, garçons et filles de 17 à 30 ans y viennent pour prier, découvrir un sens à leur vie, approfondir les sources de la foi… Par périodes : rencontres d'adultes ou de familles avec enfants.
- Dortoir : oui - Camping : oui

Langue(s) parlée(s) : Français, Anglais, Allemand, Espagnol, Italien, Russe, Hongrois, Polonais, Portugais
Dates de fermeture : 26/12 au 02/01

Pour connaître les prestations complètes et les tarifs, veuillez vous renseigner auprès de la maison d'accueil.

Paiements acceptés : Espèces, Cartes bancaires, Chèques

Sanitaire : Individuel et Collectif

Equipement audio-visuel - Agréments : - CAMAC

Office de Tourisme - 6, rue Mercière
71250 Cluny
Tél : 03 85 59 05 34

Paray-le-Monial

Accueil spirituel

Etape vacances

A6 - Sortie : Châlon Sud / Mâcon - N79 - N70, D982
Carte Michelin : 320
SNCF : Paray-le-Monial
TGV : Le Creudot - Navette
Aéroport : Lyon-St-Exupéry - Taxi

Foyer du Sacré-Cœur
14, rue de la Visitation
71600 Paray-le-Monial
Tél. : 03 85 81 11 01
Fax : 03 85 81 26 83
Site : www.chez.com/fsc
Email : foyersc@club-internet.fr

Situé face à la Chapelle des Apparitions, le Foyer du Sacré-Cœur accueille toute personne seule ou en groupe pour retraite spirituelle, session, repos… Les familles sont les bienvenues ! Possibilité d'accompagnement spirituel.
Capacité d'accueil maximale : 80 pers. - Ch. simple(s) : 31 - Ch. double(s) : 14 - Ch. familiale(s) : 7 - Dortoir : oui - Linge de maison fourni
Langue(s) parlée(s) : Français, Allemand, Italien
Dates de fermeture : 01/01 au 10/02

		Adultes	Enfants	Groupes
Hébergement	*(basse saison)*	13,50€ à 26€	-	-
Demi-pension	*Jour*	29€ à 42,50€	24 à 39€	-
Pension complète	*Jour*	39€ à 54€	34 à 50€	-

Paiements acceptés : Espèces, Cartes bancaires, Chèques, Chèques vacances
Tarifs communiqués à titre indicatif. Pour plus de précisions, contacter directement la maison d'accueil.

Sanitaire : Individuel et Collectif

Equipement audio-visuel

1,5 km 2 km 10 km

Autres activités : - Hippodrome

Office de Tourisme - 25, avenue Jean-Paul II
71600 Paray-le-Monial
Tél : 03 85 81 10 92
Email : ot.paray@wanadoo.fr

3: 150 km 4: 200 km

Paray-le-Monial

Accueil spirituel
Etape vacances
Maison de repos

A6 - Sortie : Mâcon/ Châlon Sud - N79 - N70, D982
Carte Michelin : 320
SNCF : Paray-le-Monial, 2
TGV : Le Creusot - Taxi - Navette
Aéroport : Lyon St Exupéry - Taxi - Navette

Foyer Nazareth
10, avenue de Charolles
71600 Paray-le-Monial
Tél. : 03 85 81 11 88
Fax : 03 85 81 56 19
Contact : Sœur Y Lecourieux

Le Foyer Nazareth est situé à quelques pas des principaux santuaires. Les Sœurs de Ste Marie y accueillent des personnes et groupes pour séjours de vacances, pèlerinages, étapes, retraites, personnes agées valides pour l'hiver… dans un climat chaleureux et familial.
Capacité d'accueil maximale : 52 pers. - Ch. simple(s) : 17 - Ch. double(s) : 11 - Ch. familiale(s) : 3
Langue(s) parlée(s) : Français, Anglais, Espagnol

		Adultes	Enfants	Groupes
Hébergement	*Nuit*	13 à 21€	9 à 15€	-
Demi-pension	*Jour*	23 à 31€	15 à 21€	-
Pension complète	*Jour*	33 à 41€	21 à 27€	-

Paiements acceptés : Espèces, Chèques
Tarifs communiqués à titre indicatif. Pour plus de précisions, contacter directement la maison d'accueil.

Sanitaire : Individuel et Collectif

1 km 1,5 km 35 km 10 km

Office de Tourisme - 25, avenue Jean-Paul II
71600 Paray-le-Monial
Tél : 03 85 81 10 92
Email : ot.paray@wanadoo.fr

Paray-le-Monial

Accueil spirituel

Etape vacances

A6 - Sortie : Mâcon Sud - Châlon Sud - N79, D982
Carte Michelin : 320
SNCF : Paray-le-Monial, 1,5 km
TGV : Le Creusot, 35 km - Taxi - Navette
Aéroport : Lyon-St-Exupéry - 150 km

Maison du Sacré-Cœur
3 ter, rue de la Paix
71600 Paray-le-Monial
Tél. : 03 85 81 05 43
Fax : 03 85 81 68 08
Site : http://perso.wanadoo.fr/maison.sacrecoeur
Email : maison.sacrecoeur@wanadoo.fr

Pèlerins et chercheurs de Dieu sont accueillis toute l'année par la Communauté des Petites Servantes du Cœur de Jésus dans un cadre agréable, proche de la Chapelle des Apparitions et de la Basilique. Programme des activités sur demande.
Capacité d'accueil maximale : 68 pers. - Ch. simple(s) : 12 - Ch. double(s) : 22 - Ch. familiale(s) : 3 - Linge de maison fourni
Langue(s) parlée(s) : Français, Anglais

		Adultes	Enfants	Groupes
Hébergement	*Nuit*	16 à 26€	Gratuit - 4 ans	-
Demi-pension	*Jour*	22 à 29€	1/2 tarif - 10 ans	-
Pension complète	*Jour*	28 à 35€	1/2 tarif - 10 ans	-

Paiements acceptés : Espèces, Chèques, Chèques vacances
Tarifs communiqués à titre indicatif. Pour plus de précisions, contacter directement la maison d'accueil.

Sanitaire : Individuel et Collectif

Equipement audio-visuel

1 km 1,5 km 35 km 10 km

Autres activités : - Tourisme Fluvial

Office de Tourisme - 25, avenue Jean-Paul II
71600 Paray-le-Monial
Tél : 03 85 81 10 92
Email : ot.paray@wanadoo.fr

3 35 km
4 30 km

Brandon

Etape vacances

Maison de repos

Résidence retraités

A6 - Sortie : Mâcon Sud - N79 - Charolles - Brandon
Carte Michelin : 320
SNCF : Mâcon Ville
TGV : Mâcon Loché - Navette
Aéroport :

Maison Saint-Joseph
Le Bourg
71520 Brandon
Tél. : 03 85 50 35 05
Fax : 03 85 50 35 24
Email : maison.st.joseph71@cegetel.net
Contact : Mr Langlet

En Sud-Bourgogne, entre Maconnais, Beaujolais, Charolais, près de lieux spirituels (Cluny, Paray-le-Monial, Taizé) et de nombreux circuits d'églises romanes, Mr et Mme LANGLET vous accueillent au calme, au milieu d'une campagne verdoyante. Ambiance familiale. Grand parc et jardin d'hiver.
Capacité d'accueil maximale : 10 pers. - Ch. simple(s) : 2 - Ch. double(s) : 4 - Linge de maison fourni
Langue(s) parlée(s) : Français

Pour connaître les prestations complètes et les tarifs, veuillez vous renseigner auprès de la maison d'accueil.

Paiements acceptés : Espèces, Chèques, Chèques vacances

Sanitaire : Individuel et Collectif

8 km 1 km 20 km 1 km

Autres activités : - Pêche - Circuit de randonnées - Jeux de Société

Office de Tourisme - place de la Poste
71520 Tramayes
Tél : 03 85 50 57 04

Joigny

Accueil spirituel

Etape vacances

A6 - Sortie : Joigny - N6
Carte Michelin : 319
SNCF : Joigny
TGV : Laroche-Migennes - Taxi

Centre Sophie Barat
11 rue Davier
89300 Joigny
Tél. : 03 86 92 16 40
Fax : 03 86 92 16 49
Site : http://centre.barat.free.fr
Email : centre-sophie-barat@wanadoo.fr
Contact : Mme Deprecq

Sur les côteaux de Bourgogne, les religieuses du Sacré-Cœur accueillent, dans la maison natale de Madeleine-Sophie Barat, qui fut la fondatrice de leur ordre, des personnes seules ou en groupes pour prier, réfléchir, se ressourcer. Animation et accompagnement sur demande ; programme spécifique.
Capacité d'accueil maximale : 35 pers. - Ch. simple(s) : 14 - Ch. double(s) : 9 - Ch. familiale(s) : 1 - Linge de maison fourni
Langue(s) parlée(s) : Français, Anglais, Espagnol

		Adultes	Enfants	Groupes
Hébergement	*Nuit*	26€	15€	-
Demi-pension	*Jour*	36€	18€	-
Pension complète	*Jour*	46€	25€	-

Paiements acceptés : Espèces, Chèques
Tarifs communiqués à titre indicatif. Pour plus de précisions, contacter directement la maison d'accueil.

Sanitaire : Individuel et Collectif

Equipement audio-visuel

3 km

Office de Tourisme - 4, quai Henri Ragobert
89300 Joigny
Tél : 03 86 62 11 05

60 km

Vézelay

Accueil spirituel

Maison de repos

A6 - Sortie : Avallon ou Nitry - D951
Carte Michelin : 319
SNCF : Sermizelles-Vézelay
TGV : Montbard - Taxi - Car
Aéroport :

Fraternités Monastiques de Jérusalem

Maison Saint-Bernard - Rue des Ecoles
89450 Vézelay
Tél. : 03 86 32 36 12
Fax : 03 86 32 37 94
Site : http://vezelay.cef.fr
Email : hotellerie.monastique@vezelay.cef.fr
Contact : Soeur Hôtelière

Les Fraternités Monastiques de Jérusalem accueillent des personnes seules ou en groupe, pour un temps de prière, de pèlerinage ou de retraite. Possibilité de visiter avec la Communauté la Basilique Sainte-Madeleine (classée au Patrimoine Mondial de l'UNESCO). Tarif préférentiel pour les groupes. Possibilité de location de draps.
Capacité d'accueil maximale : 65 pers. - Ch. simple(s) : 4 - Ch. double(s) : 12 - Ch. familiale(s) : 7
Langue(s) parlée(s) : Français, Anglais, Allemand

		Adultes	Enfants	Groupes
Hébergement	*Nuit*	15 à 18€	8€	-
Demi-pension	*Jour*	23 à 27€	15€	-
Pension complète	*Jour*	30 à 34€	20€	-

Paiements acceptés : Espèces, Chèques
Tarifs communiqués à titre indicatif. Pour plus de précisions, contacter directement la maison d'accueil.

Sanitaire : Individuel et Collectif

Equipement audio-visuel

1 km 5 km 2 km
Autres activités : - Aviron - Pêche - Randonnées pédestres

Office de Tourisme - rue Saint-Pierre
89450 Vezelay
Tél : 03 86 33 23 69

3
1 km

Soucy

Accueil spirituel

A5-A6 sortie Sens - D939 direction Nogent
Carte Michelin : 319
SNCF : Sens - Taxi
TGV : Sens

Maison Galilée
Association du Senonais - 1, rue Jean Cousin
89100 Soucy
Tél. : 03 86 86 54 57
Fax : 03 86 86 65 30
Site : www.

Lieu d'église, d'accueil, de rencontre, de partage, la maison reçoit des séminaires, des formations, des récollections, des journées de détente et d'amitié. Le cadre et le calme sont très appréciés. Région très vallonnée et verdoyante. Possibilité 80 pers. pour repas.
Capacité d'accueil maximale : 28/ 80 pour repas pers. - Camping : 1
Langue(s) parlée(s) :

Pour connaître les prestations complètes et les tarifs, veuillez vous renseigner auprès de la maison d'accueil.

Paiements acceptés : Espèces, Cartes bancaires, Chèques

Sanitaire : Individuel et Collectif

6 km 4 km

Autres activités : - Randonnée

Office de Tourisme - place Jean Jaurès
89100 Sens
Tél : 03 86 65 19 49

Armeau

Etape vacances

A6 - Sortie : Courtenay - N6
Carte Michelin : 319
SNCF : Villeneuve sur Yonne, 5 km
TGV : Sens, 18 km - Taxi
Aéroport :

Relais Cap France
La Vallée de l'Yonne - 1, rue de l'Orme
89500 Armeau
Tél. : 03 86 87 30 19
Fax : 03 86 96 51 70
Site : www.valleedelyonne.com
Email : valledelyonne@free.fr
Contact : Mlle Guérin

En Bourgogne, aux confins de la Champagne et de l'Ile-de-France, à 130 km de Paris, ce relais des bords de l'Yonne, proche de la forêt d'Othe, permet de pratiquer un ensemble d'activités nature. A découvrir aussi : un patrimoine architectural très riche (Sens et sa cathédrale, Joigny aux vieux quartiers...), un vignoble réputé.
Capacité d'accueil maximale : 87 pers. - Ch. simple(s) : 4 - Ch. double(s) : 18 - Ch. familiale(s) : 12 - Linge de maison fourni
Langue(s) parlée(s) : Français, Anglais

		Adultes	Enfants	Groupes
Hébergement	*Nuit*	30€	-	-
Demi-pension	*Jour*	35 à 41€	23 à 38€	-
Pension complète	*Jour*	40,75 à 48,90€	0 à 51€	-

Paiements acceptés : Espèces, Chèques, Chèques vacances
Tarifs communiqués à titre indicatif. Pour plus de précisions, contacter directement la maison d'accueil.

Sanitaire : Individuel

Equipement audio-visuel - Agréments : Jeunesse et sports - Minsitère de la Santé

5 km 20 km 12 km

Autres activités : - Ping-Pong - Pédalo - Barque - Volley - Pétanque - Billard

Office de Tourisme - avenue Roland Bonnion
89500 Villeneuve-sur-Yonne
Tél : 03 86 87 12 52

80 km

Brienon-sur-Armançon

Résidence retraités

A6 - Sortie : Auxerre Nord/Monéteau - N6, D943
Carte Michelin : 319
SNCF : Laroche-Migennes
TGV : Laroche-Migennes - Taxi
Aéroport : -

Résidence Saint-Loup
7, place Emile Blondeau
89210 Brienon-sur-Armançon
Tél. : 03 86 56 13 72
Fax : 03 86 43 03 56
Email : residence.saintloup@wanadoo.fr
Contact : Mr Pierre Kucharski

Du calme, du repos en plein centre ville. Un grand parc. Une assistance médicale extérieure 24h/24. Tourisme champêtre et culturel.
Capacité d'accueil maximale : 66 pers. - Ch. simple(s) : 48 - Ch. double(s) : 12
Langue(s) parlée(s) : Français

Pour connaître les prestations complètes et les tarifs, veuillez vous renseigner auprès de la maison d'accueil.

Paiements acceptés : Espèces, Chèques

Sanitaire : Individuel et Collectif

Equipement audio-visuel

21 km 21 km 30 km

Syndicat d'Initiative - 9 place Emile Blandeau
89210 Brienon-sur-Armançon
Tél : 03 86 43 00 77

3
95 km

Notes

Bretagne

Index des départements de la Région Bretagne

Les ABERS

La côte Nord-Ouest du Finistère, basse et rocheuse, offre le spectacle magnifique d'un littoral particulièrement sauvage, souvent rude, entaillé par les abers.

BREST

Océanopolis

Une superbe vitrine de la vie dans les océans : 10 000 animaux de 1 000 espèces différentes dans des aquariums géants reconstituent de façon spectaculaire la diversité propre à chaque milieu naturel.

Renseignements : 02 98 34 40 40

CORNOUAILLE

Pointe du Raz

À l'extrémité ouest d'une belle région dont la côte rocheuse abrite de nombreux ports et de larges baies, la pointe du Raz occupe un site d'exception.

Presquîle de CROZON

Pointe de Penhir

Nulle part ailleurs, si ce n'est à la pointe du Raz, la côte et la mer n'atteignent à plus de sévère beauté. On y contemple l'à-pic vertigineux des falaises, la coloration des rochers et la violence des lames qui se brisent sur les récifs.

DINAN

Dinan possède un petit bijou : sa vieille ville ceinturée de remparts que son imposant château semble toujours vouloir défendre.

Côte d'ÉMERAUDE

Succession de sites majestueux, de villes historiques, de plages célèbres, de stations paisibles ! La Côte d'Émeraude a tout pour plaire...

Château de FOUGÈRES

Sur une éminence rocheuse en contrebas de la ville haute, presque entièrement entourée par la rivière, se dresse un magnifique château féodal dont l'enceinte compte parmi les plus considérables d'Europe.

Renseignements : 02 99 99 79 59.

Cap FRÉHEL

Ses falaises rouge, gris et noir dominant à pic la mer font de ce site l'un des plus grandioses de la côte bretonne. Le panorama est immense par temps clair : les îles Anglo-Normandes sont parfois visibles ; à droite du cap se dresse l'illustre silhouette du fort la Latte.

Cairn de GAVRINIS

Construit au néolithique sur l'île de Gavrinis, c'est l'un des plus intéressants monuments mégalithiques de Bretagne.

Renseignements : 02 97 57 19 38.

Côte de GRANIT ROSE

La couleur bien sûr, mais surtout la forme érodée, surprenante, multiple, des rochers de granit qui émergent le long des grèves, des criques et des îlots, composent un rivage inoubliable.

Lac de GUERLÉDAN

À l'ouest de Mur-de-Bretagne.

Au cœur de la région très pittoresque de l'Argoat, ce magnifique plan d'eau étend ses rives sinueuses et boisées. C'est l'un des plus beaux sites de la Bretagne intérieure.

Château de JOSSELIN

Nulle part, en Bretagne, on n'a poussé plus loin l'art de sculpter ce dur matériau qu'est le granit : accolades, fleurons, pinacles, gâbles, couronnes, feuilles frisées décorent à profusion hautes lucarnes et balustrades.

Renseignements : 02 97 22 36 45.

LOCRONAN

La belle place centrale, avec ses maisons Renaissance de granit, son vieux puits et sa vaste église, incarne la ville, classée Monument historique.

LOHÉAC

Manoir de l'Automobile

Installée dans l'ancien manoir de La Courneuve, cette collection réunit plus de 230 voitures de tous types, de tous âges et de toutes nationalités, mais plus particulièrement des modèles grand tourisme et sport.

MÉNEZ-HOM

Sommet des Montagnes Noires dont il prolonge l'extrémité occidentale, c'est, avec ses 330 m, l'un des plus hauts reliefs bretons. Il offre un panorama exceptionnel sur la presqu'île de Crozon.

Golfe du MORBIHAN

Cette petite mer intérieure parsemée de soixante îles ou îlots est une destination recherchée pour la beauté de ses paysages.

Baie de MORLAIX

Cette baie est l'une des plus magnifiques de France, un site enchanteur qu'il faut découvrir lorsque le crépuscule d'été y jette ses dernières lueurs.

QUIMPER

Cathédrale St-Corentin

Superbement restaurée, jusqu'à ses orgues et ses vitraux, la cathédrale a retrouvé la luminosité du style gothique flamboyant.

RENNES

La vieille ville de Rennes conserve de nombreuses maisons des 15ᵉ et 16ᵉ s. aux étages en encorbellement, et des hôtels aristocratiques aux façades sculptées.

ST-MALO

Remparts

La promenade sur les remparts, bordant les maisons des riches armateurs malouins, offre des vues magnifiques sur l'avant-port, le Petit et le Grand Bé, l'estuaire de la Rance et Dinard.

ST-THÉGONNEC

Cet enclos paroissial est un fleuron du patrimoine breton par son caractère monumental. La chapelle-ossuaire et l'église sont les pièces maîtresses de ce riche ensemble Renaissance des 16ᵉ et 17ᵉ s., la chaire l'un des chefs-d'œuvre de la sculpture bretonne.

TRÉGUIER

Cathédrale St-Tugdual

C'est l'une des plus belles cathédrales bretonnes (14ᵉ-15ᵉ s.). Remarquez les 46 stalles Renaissance aux miséricordes sculptées et la Grande Verrière.

Renseignements : 02 96 92 30 51.

Château de VITRÉ

Ce beau château fort, fièrement campé à la pointe d'un promontoire, est un parfait exemple d'architecture militaire médiévale.

Renseignements : 02 99 75 04 54.

Comité Régional du Tourisme de Bretagne
1, rue Raoul Ponchon • 35069 RENNES CEDEX
Tél : 02.99.28.44.30 • Fax : 02.99.28.44.40
E-Mail : tourism-crtb@tourismebretagne.com
http://www.tourismebretagne.com

Tréguier

Accueil spirituel

Etape vacances

D786 - Lannion - Tréguier
Carte Michelin : 309
SNCF : Lannion - Guingamp - Paimpol
TGV : Lannion - Guingamp - Taxi - Quelques Cars TIV
Aéroport : Lannion - Taxi

Centre Saint-Augustin
30, rue de la Chalotais
22220 Tréguier
Tél. : 02 96 92 32 20
Fax : 02 96 92 13 90
Email : st-augustin@wanadoo.fr
Contact : Mme Catherine Dreux

Une belle expérience de repos dans le cadre inoubliable d'un ancien monastère du 17ème siècle, habité par une petite communauté priante, au cœur du pays de Saint-Yves, prêtre, défenseur et ami des pauvres et des petits. Location de linge de maison possible.
Capacité d'accueil maximale : 10 pers. - Autres : studios 1-2 personnes
Langue(s) parlée(s) : Français, Anglais

Pour connaître les prestations complètes et les tarifs, veuillez vous renseigner auprès de la maison d'accueil.

Paiements acceptés : Espèces, Chèques, Chèques vacances

Sanitaire : Individuel

Equipement audio-visuel

0,7 km 0,7 km 2 km

Autres activités : - Randonnées

Office de Tourisme - 67, rue Ernest Renan
22220 Tréguier
Tél : 02 96 92 22 23

Saint-Jacut-de-la-mer

Accueil spirituel
Etape vacances
Maison de repos

A12 - Sortie : Rennes - St Malo
Carte Michelin : 309
SNCF : St Malo ou Plancoët
TGV : Rennes - Taxi - Car Scolaire
Aéroport : Rennes - Taxi

L'Abbaye
B.P. 1
22750 Saint-Jacut-de-la-mer
Tél. : 02 96 27 71 19
Fax : 02 96 27 79 45
Site : www.abbaye-st-jacut.com
Email : abbaye.st.jacut@wanadoo.fr
Contact : Mme Legallais

Au cœur d'une presqu'île en bordure de mer, l'Abbaye accueille toute personne individuellement, en groupe ou en famille. Cadre propice au silence et à la reflexion. Organisation de sessions culturelles et de retraites spirituelles (demander le programme). Pension de famille en juillet et en août. Plage, aire de jeux, tennis.
Capacité d'accueil maximale : 155 pers. - Ch. simple(s) : 45 - Ch. double(s) : 44 - Ch. familiale(s) : 6 - Linge de maison fourni
Langue(s) parlée(s) : Français, Anglais, Allemand
Dates de fermeture : 22/06 au 30/06

		Adultes	Enfants	Groupes
Hébergement	-	34€	14 à 26€	-
Demi-pension	*Jour*	38 à 40€	16 à 29€	-
Pension complète	*Jour*	47 à 55€	26 à 40€	-

Paiements acceptés : Espèces, Cartes bancaires, Chèques, Chèques vacances

Sanitaire : Individuel

Equipement audio-visuel - Agréments : Jeunesse et sports - MSM - CAMAC

Sur place 16 km 36 km

Office de Tourisme - Lotissement du Chatelet
22750 Saint-Jacut-de-la-Mer
Tél : 02 96 27 71 91

Landévennec

Accueil spirituel

N165 Quimper - Brest
Carte Michelin : 308
SNCF : Brest - Taxi - Navette
Aéroport : Brest - Guipavas - Taxi -Navette

Abbaye Saint-Guénolé
29560 Landévennec
Tél. : 02 98 27 73 34
Fax : 02 98 27 79 57
Site : www.abbaye-landevennec.cef.fr
Email : accueil.landevennec@wanadoo.fr
Contact : Frère Hôtelier

Les moines bénédictins (Congrégation de Subiaco) proposent à toute personne seule ou en groupe (30 pers. maximum) une retraite spirituelle, un temps de réflexion dans un espace de paix et de silence.
Capacité d'accueil maximale : 60 pers. - Ch. simple(s) : 22 - Ch. double(s) : 18 - Ch. familiale(s) : 4 - Camping : oui - Linge de maison fourni
Langue(s) parlée(s) : Français, Anglais, Italien, Breton

Pour connaître les prestations complètes et les tarifs, veuillez vous renseigner auprès de la maison d'accueil.

Paiements acceptés : Espèces, Chèques

Sanitaire : Collectif

Office de Tourisme - 6, rue Menez Horn
29560 Telgruc-sur-Mer
Tél : 02 98 27 78 06

Brest

Accueil spirituel

Etape vacances

N12
Carte Michelin : 308
SNCF : Brest, 5 km
TGV : Brest, 5 km - Taxi
Aéroport : Brest-Guipavas - Taxi

Centre de Keraudren
Rue Ernestine de Tremaudan
29200 Brest
Tél. : 02 98 34 66 34
Fax : 02 98 34 66 14
Site : www.centrekeraudren.com
Email : centre.de.keraudren@wanadoo.fr
Contact : Mr Carro

Située dans un cadre boisé et à l'entrée de la ville de Brest, cette ancienne propriété de la Comtesse de Tremaudan a été transformée en maison d'accueil où vous trouverez le calme et le repos. Hébergement et restauration sont ouverts à tous, midi et soir. (supplément 1ère nuit/semaine : draps, ménage : 4€). Location serviettes de toilette.
Capacité d'accueil maximale : 130 pers. - Ch. simple(s) : 12 - Ch. double(s) : 13 - Ch. familiale(s) : 27 - Linge de maison fourni
Langue(s) parlée(s) : Français, Anglais

		Adultes	Enfants	Groupes
Hébergement	*Nuit*	10,30 à 20,90€	10,30 à 20,90€	-
Demi-pension	*Jour*	20,30 à 30,90€	20,30 à 30,90€	-
Pension complète	*Jour*	30,30 à 40,90€	30,30 à 40,90€	-

Paiements acceptés : Espèces, Cartes bancaires, Chèques, Tickets restaurant
Tarifs communiqués à titre indicatif. Pour plus de précisions, contacter directement la maison d'accueil.

Sanitaire : Individuel et Collectif

Equipement audio-visuel - Agréments : Jeunesse et sports

Office de Tourisme - 8, avenue Georges Clémenceau
29266 Brest cedex
Tél : 02 98 44 24 96

Landivisiau cedex

Accueil spirituel
Etape vacances
Maison de repos

RN 12 - sortie : Kermat, D 764
Carte Michelin : 308
SNCF : Landivisiau
TGV : Morlaix - Taxi
Aéroport : Brest - Guipavas - Taxi

Centre Missionnaire Saint Jacques
BP 40319
29403 Landivisiau cedex
Tél. : 02 98 68 72 76
Fax : 02 98 68 64 34
Site : http://www.missionnaires-st-jacques.org
Email : pretrestjacques@wanadoo.fr
Contact : Père Robert Le Goff

Le Centre Missionnaire Saint Jacques, témoin, dans le diocèse, du dynamisme de l'Eglise universelle. Un lieu pour réfléchir, pour prier, pour se reposer. Situé dans le pays des "Enclos Paroissiaux" (architecture du XVII e siècle), à la rencontre du Trégor, du Léon et de la Cornouaille. Proche des côtes, avec un parc boisé de 17 hectares.
Capacité d'accueil maximale : 39 pers. - Ch. simple(s) : 7 - Ch. double(s) : 16 - Linge de maison fourni
Langue(s) parlée(s) : Français, Anglais, Portugais

		Adultes	Enfants	Groupes
Hébergement	*Nuit*	14,45 à 18,55€	9,85 à 13,65€	-
Demi-pension	*Journée*	29,50 à 33,80€	19,75 à 23,70€	-
Pension complète	*Journée*	40,80 à 45,00€	27,10 à 31,00€	-

Paiements acceptés : Espèces, Chèques
Tarifs communiqués à titre indicatif. Pour plus de précisions, contacter directement la maison d'accueil.

Sanitaire : Individuel et Collectif

Equipement audio-visuel - Agréments : Jeunesse et sports

6 km 6 km 20 km 6 km 6 km

Office du Tourisme - 14, av. du Maréchal Foch
29400 Landivisiau
Tél : 02 98 68 33 33

Saint-Urbain

Accueil spirituel
Etape vacances

N165 / N12, D770
Carte Michelin : 308
SNCF : Landerneau, 8 km
TGV : Brest, 25 km - Taxi
Aéroport : Brest-Guipavas - 15 km - Taxi

Centre spirituel diocésain Créac'h Balbé
Créac'h Balbé
29800 Saint-Urbain
Tél. : 02 98 25 00 43
Fax : 02 98 25 07 11
Email : creach.balbe@wanadoo.fr
Contact : Mme La Directrice

La maison est située au pays des "enclos paroissiaux" (architecture du XVII e siècle), dans un espace de solitude et de verdure, ouvert sur les Monts d'Arrée. Le Centre accueille des groupes, même restreints, pour des formations ou des ressourcements spirituels (sessions, retraites...). Certaines activités sont proposées tout au long de l'année et animées par une communauté de Filles du Saint-Esprit.
Capacité d'accueil maximale : 56 à 90 pers. - Ch. simple(s) : 26 - Ch. double(s) : 15 - Studio(s) : oui - Linge de maison fourni
Langue(s) parlée(s) : Français, Anglais, Breton
Dates de fermeture : 24/12 au 02/01, 01/09 au 15/09

Pour connaître les prestations complètes et les tarifs, veuillez vous renseigner auprès de la maison d'accueil.

Paiements acceptés : Espèces, Chèques

Sanitaire : Individuel et Collectif

Equipement audio-visuel

6 km 6 km 4 km 10 km
Autres activités : - Randonnées GR 34 : 5 km

Office de Tourisme - Pont-de-Rohan
29800 Landerneau
Tél : 02 98 85 13 09

Morlaix

Accueil spirituel

Etape vacances

N12 Morlaix Est
Carte Michelin : 308
SNCF : Morlaix, 2 km
TGV : Morlaix, 2 km - Taxi
Aéroport : Brest-Guipavas - 50 km - Taxi

Foyer des Ursulines
3, rue des Ursulines
29600 Morlaix
Tél. : 02 98 88 04 24
Fax : 02 98 63 92 31
Email : ursumlx@club-internet.fr

Situé dans un grand parc, à 5 mn du centre ville, ce foyer est un beau bâtiment classé du 17ème, relais sur le chemin de Compostelle ou le pèlerinage du Tro-Breiz. Animé par les ursulines de l'Union Romaine, il offre ressourcement spirituel, repos, détente. Ambiance familiale et joyeuse garantie. Randonnées possibles sur GR 380-34-37. Foyer ouvert toute l'année aux jeunes (étudiants,stagiaires), familles, personnes seules, classes de découverte.
Capacité d'accueil maximale : 110 pers. - Ch. simple(s) : 35 - Ch. double(s) : 23 - Ch. familiale(s) : 5 - Dortoir : oui
Langue(s) parlée(s) : Français, Anglais

Pour connaître les prestations complètes et les tarifs, veuillez vous renseigner auprès de la maison d'accueil.

Paiements acceptés : Espèces, Chèques

Sanitaire : Collectif

Equipement audio-visuel - Agréments : Jeunesse et sports - Education nationale

Office de Tourisme - place des Otages
29203 Morlaix
Tél : 02 98 62 14 94

Chateaulin

Etape vacances

A82 - Sortie : Chateaulin-Pouilot
Carte Michelin : 308
SNCF : Chateaulin à 3 km - Taxi
TGV : Quimper à 30 km - Taxi
Aéroport : Brest-Guipavas à 45 km - ou Quimper-Pluguffan à 35 km - Taxi

Juvenat Notre-Dame Penfeunteun
BP 79
29150 Chateaulin
Tél. : 02 98 86 11 56
Fax : 02 98 86 01 36
Site : www.
Email : juvenat-notre-dame@wanadoo.fr
Contact : Mme Cadoret

Au centre du finistère, à moins de 20 km de la mer, le Juvenat accueille des groupes : séminaires, sports, pélerinages... des familles : détente, tourisme... Une communauté de religieux et un aumonier y séjournent. Le juvénat n'accueille pas de particulier.
Capacité d'accueil maximale : 120 pers. - Ch. simple(s) : 1 - Ch. double(s) : 44 - Ch. familiale(s) : 10
Langue(s) parlée(s) : Français

Pour connaître les prestations complètes et les tarifs, veuillez vous renseigner auprès de la maison d'accueil.

Paiements acceptés : Espèces, Chèques

Sanitaire : Collectif

Equipement audio-visuel - Agréments : Jeunesse et sports

2 km 2 km

Autres activités : - Aviron : 3 km

Office de tourisme de l'Aulne - Quai Cosmao
29150 Chateaulin

9

Locquirec

Accueil spirituel
Etape vacances
Maison de repos
Résidence retraités

N12 Morlaix, D786 - D64
Carte Michelin : 308
SNCF : Morlaix, 20 km
TGV : Morlaix - Taxi - Navette
Aéroport : Lannion ou Brest - Taxi - Navette - Cars

Maison d'Accueil de l'Ile Blanche
1, impasse de l'Ile Blanche - BP 13
29241 Locquirec
Tél. : 02 98 67 43 72
Fax : 02 98 67 41 58
Email : ileblanchelocquirece@wanadoo.fr
Contact : Mlle Jeanne Le Roux

Maison entièrement rénovée en bord de mer, dans une propriété de 13 hectares avec parc. Direction et animation assurées par une communauté de 7 religieuses et un aumônier résidant. Simplicité, convivialité, rencontres… sont les mots forts du projet de cette maison.
Capacité d'accueil maximale : 80 pers. - Ch. simple(s) : 45 - Ch. double(s) : 18 - Linge de maison fourni
Langue(s) parlée(s) : Français

Pour connaître les prestations complètes et les tarifs, veuillez vous renseigner auprès de la maison d'accueil.

Paiements acceptés : Espèces, Chèques, Chèques vacances

Sanitaire : Individuel

Equipement audio-visuel - Agréments : - MSM - CAMAC

0,2 km

Office de Tourisme - place du Pont
29241 Locquirec
Tél : 02 98 67 40 83

Quimperlé cedex

Maison de repos

N165
Carte Michelin : 308
SNCF : Quimperlé, 1 km
TGV : Lorient, 20 km - Taxi
Aéroport : Lorient Lann-Bihoué - 20 km - Taxi

Maison Saint-Joseph
Soins de Suite et de Réadaptation - 28, rue du Bourgneuf - BP41
29393 Quimperlé cedex
Tél. : 02 98 96 41 50
Fax : 02 98 96 41 88
Email : maison-st-joseph@wanadoo.fr

Etablissement sanitaire de soins de suite et de réadaptation, accueillant des personnes pour des séjours de convalescence médicale ou chirurgicale, avec accord des Caisses de Sécurité Sociale. Ambiance conviviale. Calme. Proximité de la ville. Parc agréable.
Capacité d'accueil maximale : 50 pers. - Ch. simple(s) : 42 - Ch. double(s) : 4 - Linge de maison fourni
Langue(s) parlée(s) : Français

Pour connaître les prestations complètes et les tarifs, veuillez vous renseigner auprès de la maison d'accueil.

Paiements acceptés : Espèces, Chèques

Sanitaire : Individuel et Collectif

Equipement audio-visuel - Agréments : - MSM - CAVIMAC Sécurité SocialeSécurité Sociale

Office de Tourisme - place Saint-Michel
29300 Quimperlé
Tél : 02 98 96 04 32

Morlaix cedex

Etape vacances

N12 - Morlaix
Carte Michelin : 308
SNCF : Morlaix
TGV : Morlaix - Taxi
Aéroport : Brest-Guipavas - Taxi

Monastère des Augustines
St-François - BP 87147
29671 Morlaix cedex
Tél. : 02 98 88 56 36
Fax : 02 98 63 92 55

Le Monastère accueille toute l'année prêtres et religieuses, à l'hôtellerie, en pension-complète. Couples et familles, à la semaine, de mai à septembre en gîtes (hébergement seul). Parc de 13 ha avec un arboretum et un sanctuaire dédié à Notre Dame de la Salette. Possibilité de partager la prière liturgique de la Communauté. Musée d'Arts Sacrés.
Capacité d'accueil maximale : 16 pers. - Ch. simple(s) : 6 - Ch. familiale(s) : 5 - Appartement(s) : oui
Langue(s) parlée(s) : Français

Pour connaître les prestations complètes et les tarifs, veuillez vous renseigner auprès de la maison d'accueil.

Paiements acceptés : Espèces, Chèques

Sanitaire : Individuel et Collectif

Office de Tourisme - place des Otages
29203 Morlaix
Tél : 02 98 62 14 94

Cesson Sévigné

Accueil spirituel

Etape vacances

N157 - Cesson Sévigné Ouest
Carte Michelin : 309/230
SNCF : Rennes
TGV : Rennes - Taxi - Métro (République) + Bus (n° 6 et 67)
Aéroport : Rennes / St Jacques - Taxi
Autres moyens de transfert : MétroBus

Centre d'accueil Diocésain La Hublais
avenue de La Hublais
35510 Cesson Sévigné
Tél. : 02 99 83 11 02
Fax : 02 99 83 62 20
Email : Hublais@wanadoo.fr
Contact : Mr Fontaine

Au cœur du Grand-Ouest (Rennes), ce centre verdoyant (5 ha) reçoit les groupes confessionnels, associatifs et professionnels pour des séminaires, réunions, stages. Outre sa vocation d'accueil, il propose un programme annuel d'environ 40 animations et 10 retraites spirituelles.
Capacité d'accueil maximale : 105 pers. - Ch. simple(s) : 49 - Ch. double(s) : 28 - Linge de maison fourni
Langue(s) parlée(s) : Français, Anglais
Dates de fermeture : Fêtes de fin d'année (2 semaines)

		Adultes	Enfants	Groupes
Hébergement	*Nuit*	16 à 20€	-	-
Demi-pension	*Jour*	27 à 32€	-	-
Pension complète	*Jour*	36 à 41€	-	-

Paiements acceptés : Espèces, Chèques
Tarifs communiqués à titre indicatif. Pour plus de précisions, contacter directement la maison d'accueil.

Sanitaire : Individuel et Collectif

Equipement audio-visuel

2 km 1 km 3 km 5 km

Office de Tourisme - 11, rue Saint-Yves
35064 Rennes
Tél : 02 99 67 11 11

100 km

Redon cedex

Accueil spirituel

A81 - D177
Carte Michelin : 309
SNCF : Redon
TGV : Redon - Navette
Aéroport : Rennes - Taxi

Centre spirituel
La Roche du Theil - BP 30328
35603 Redon cedex
Tél. : 02 99 71 11 46
Fax : 02 99 71 65 12
Site : www.eudistes-france-afrique.org
Email : cjmlaroche@wanadoo.fr
Contact : Père J-Michel Amouriaux

Le centre spirituel de la Roche du Theil accueille des personnes seules, des groupes d'adultes ou de jeunes pour des récollections, retraites, sessions, dans un parc et un domaine de bois et de landes de 60 herctares. Animation par une équipe de laïcs, de pères eudistes et de sœurs de congrégations liées à St-Jean Eudes.
Capacité d'accueil maximale : 110 pers. - Ch. double(s) : 61 - Linge de maison fourni
Langue(s) parlée(s) : Français, Anglais, Espagnol

Pour connaître les prestations complètes et les tarifs, veuillez vous renseigner auprès de la maison d'accueil.

Paiements acceptés : Espèces, Chèques

Sanitaire : Individuel et Collectif

Equipement audio-visuel

Office de Tourisme - place de la République
35600 Redon
Tél : 02 99 71 06 04

Parigné

Maison de repos

N12 - Fougères
Carte Michelin : 309
SNCF : Rennes, 60 km
TGV : Rennes, 60 km - Taxi
Aéroport : Rennes - 60 km - Taxi

Communauté des Augustines
de Notre-Dame d'Espérance - 12, rue de la Forêt
35133 Parigné
Tél. : 02 99 97 32 69
Fax : 02 99 97 39 19
Contact : Soeur Hôtelière

Maison située dans un lieu calme propice au repos. Proche de la forêt domaniale de Fougères. En fonction des disponibilités, la maison accueille des personnes valides notamment l'hiver. Contacter la Sœur Hôtelière assez tôt.
Capacité d'accueil maximale : 15 pers. - Ch. simple(s) : 15 - Linge de maison fourni
Langue(s) parlée(s) : Français

Pour connaître les prestations complètes et les tarifs, veuillez vous renseigner auprès de la maison d'accueil.

Paiements acceptés : Espèces, Chèques

Sanitaire : Individuel

Agréments : - MSM - CAVIMAC

Office de Tourisme - 1, place Aristide Briand
35300 Fougères
Tél : 02 99 94 12 20

St-Malo cedex

Etape vacances

N137 - St-Malo
Carte Michelin : 309
SNCF : St-Malo
TGV : Rennes - Taxi - Bus N°2 et 5
Aéroport : Dinard Pleurtuit St-Malo - Taxi

Ethic étapes
Patrick Varangot - 37, avenue du R.P. Umbricht-BP 108
35407 St-Malo cedex
Tél. : 02 99 40 29 80
Fax : 02 99 40 29 02
Site : www.centrevarangot.com
Email : info@centrevarangot.com
Contact : Mme Bourcier

Situé dans un cadre exceptionnel à 150 m de la mer, l'éthic étapes Patrick Varangot vous reçoit dans un esprit d'accueil et de tolérance, seul ou en groupe, pour des séjours d'1 à 15 jours. Vous pourrez profiter des installations de ce lieu de détente et pourrez vous promener dans les rues de la vieille ville sur les traces des hommes illustres de St-Malo (Chateaubriand, Lammenais, Surcouf, Cartier...)
Capacité d'accueil maximale : 242 pers. - Ch. simple(s) : 1 - Ch. double(s) : 36 - Ch. familiale(s) : 33 - Linge de maison fourni
Langue(s) parlée(s) : Français, Anglais, Allemand, Espagnol

		Adultes	Enfants	Groupes
Hébergement	*Nuit + pdj*	15,40€	12,40€	14,10€
Demi-pension	*Jour*	22,10€	19,10€	21,30€
Pension complète	*Jour*	28,80€	25,80€	29,10€

Paiements acceptés : Espèces, Cartes bancaires, Chèques, Chèques vacances, Chèques Voyages
Tarifs communiqués à titre indicatif. Pour plus de précisions, contacter directement la maison d'accueil.

Sanitaire : Individuel et Collectif

Equipement audio-visuel - Agréments : Jeunesse et sports - Education nationale - Tourisme

3 km Sur place 12 km 4 km 2 km
Autres activités : - Terrains de Volley, de Basket : Sur place - Ping-pong - Billard - Salle de musculation

Office de Toruisme - esplanade Saint-Vincent
35400 Saint-Malo
Tél : 02 99 56 64 48

40 km

Dinard cedex

Etape vacances
Maison de repos
Résidence retraités

A11 - Sortie : Rennes - N137, D114
Carte Michelin : 309
SNCF : St-Malo
TGV : St-Malo - Taxi - Navette
Aéroport : Dinard Pleurtuit St-Malo - Taxi

Maison Saint-François
1, avenue des Acacias - La Vicomté - BP 80260
35802 Dinard cedex
Tél. : 02 99 88 25 25
Fax : 02 99 88 24 15
Site : www.maison-saint-francois.com
Email : st.francois@wanadoo.fr

Située face à St-Malo, proche de la mer, la maison St-François (Communauté du Foyer de Charité de Tressaint) accueille des personnes seules, des familles, des groupes. Agrément MSM pour prêtres, religieux(ses). Criques et sentiers pédestres tout près. Draps fournis (nous ne fournissons pas le linge de toilette).
Capacité d'accueil maximale : 100 pers. - Ch. simple(s) : 30 - Ch. double(s) : 15 - Ch. familiale(s) : 13
Langue(s) parlée(s) : Français, Anglais, Allemand, Espagnol

Pour connaître les prestations complètes et les tarifs, veuillez vous renseigner auprès de la maison d'accueil.

Paiements acceptés : Espèces, Chèques, Chèques vacances

Sanitaire : Individuel et Collectif

Equipement audio-visuel - Agréments : - MSM - Cavimac

3 km — 2 km — 8 km — 2 km

Office de Tourisme - 2, boulevard Feart
35802 Dinard
Tél : 02 99 46 94 12

63 km

St-Gildas-de-Rhuys

Accueil spirituel

Maison de repos

N165, D20 - D780
Carte Michelin : 308
SNCF : Vannes
TGV : Vannes - Taxi - Navette
Aéroport : Lorient Lann-Bihoué - Nantes - Taxi

Abbaye de Rhuys
Centre culturel et spirituel - Place Monseigneur Ropert
56730 St-Gildas-de-Rhuys
Tél. : 02 97 45 23 10
Site : www.ce.fr/vannes/rhuys.
Email : abbaye.de.rhuys@wanadoo.fr
Contact : Mme Camenen

L'Abbaye de Rhuys accueille des personnes seules ou en groupe, toute l'année, pour des séjours culturels et spirituels. Elle est entourée d'un jardin, d'une prairie et située à 200 m. de la mer : accès par sentier privé, possibilité de promenades sur la côte sauvage et les plages, chemin et espaces naturels préservés tout au long de cette presqu'île de Rhuys. A proximité de l'Abbaye: commerces, PTT, médecins, Pharmacies...
Capacité d'accueil maximale : 140 pers. - Ch. simple(s) : OUI - Ch. double(s) : OUI - Linge de maison fourni
Langue(s) parlée(s) : Français

Pour connaître les prestations complètes et les tarifs, veuillez vous renseigner auprès de la maison d'accueil.

Paiements acceptés : Espèces, Cartes bancaires, Chèques

Sanitaire : Individuel et Collectif

Equipement audio-visuel - Agréments : - MSM

Autres activités : - Activités sportives au village - Voile

Office de Tourisme - rue du Général de Gaulle
56370 Sarzeau
Tél : 02 97 41 82 37

Bieuzy-Lanvaux

Etape vacances

N24 - Baud, D768 - D1
Carte Michelin : 308
SNCF : Vannes / Auray, 25 km
TGV : Vannes / Auray, 23 km - Taxi
Aéroport : Lorient Lann-Bihoué - Taxi
Autres moyens de transfert : Car

Abbaye Notre-Dame de Lanvaux
Brandivy
56330 Bieuzy-Lanvaux
Tél./Fax : 02 97 56 00 23 / 06 84 59 22 68
Fax : 02 97 56 00 23
Email : cites-de-france.morbihan@wanadoo.fr
Contact : Mme Thirion

Le gîte, situé aux abords d'un village en bordure de la forêt de Floranges et entouré d'un parc boisé de 3 hectares, vous reçoit dans un logis abbatial du XVIIème siècle. Vous pourrez pêcher, jouer au ping-pong, pratiquer de l'équitation et faire du tourisme dans le pays de Baud. Groupe de prière, une fois par mois : communauté "Rejouis-toi".
Capacité d'accueil maximale : 15 pers. - Ch. double(s) : 2 - Ch. familiale(s) : 2 - Studio(s) : oui - Appartement(s) : maison ind.
Langue(s) parlée(s) : Français, Italien
Dates de fermeture : 01/01 au 05/04, 02/11 au 31/12

Pour connaître les prestations complètes et les tarifs, veuillez vous renseigner auprès de la maison d'accueil.

Paiements acceptés : Espèces, Chèques, Chèques vacances

Sanitaire : Individuel

7 km 3 km 7 km
Autres activités : - Ping-Pong - Théâtre marionnette - Pédalos : 3 km - Salles de jeux - Pêche : sur place

Office de Tourisme - place Saint-Michel
56330 Pluvigner Grand Champs
Tél : 02 97 24 79 18

Saint-Pierre-Quiberon

Etape vacances

N165 - Quiberon, D768
Carte Michelin : 308
SNCF : Auray, 20 km
TGV : Auray - Taxi - Navette
Aéroport : Lorient Lann-Bihoué - 60 km - Taxi

Association Saint-Joseph de l'Océan
7, avenue de Groix - Kerhostin-BP 18
56510 Saint-Pierre-Quiberon
Tél. : 02 97 30 91 29
Fax : 02 97 30 80 18
Site : www.relaisdelocean.com
Email : stjo56@free.fr

Entre baie et océan, toute l'équipe du relais Saint-Joseph, vous accueille de février à novembre. Situé dans un village de caractère, à proximité d'une école de voile, de kayak, de plongée; il offre un décor exceptionnel grâce à sa construction face à l'atlantique.
Capacité d'accueil maximale : 100 pers. - Ch. simple(s) : 5 - Ch. double(s) : 35 - Ch. familiale(s) : 10 - Camping : oui - Linge de maison fourni
Langue(s) parlée(s) : Français, Anglais, Allemand, Espagnol
Dates de fermeture : 15/11 au 15/02

		Adultes	Enfants	Groupes
Hébergement	*Nuit*	20€	4€	Sur devis
Demi-pension	*Jour*	28 à 39€	4 à 22€	-
Pension complète	*Jour*	35 à 54€	4 à 35€	-

Paiements acceptés : Espèces, Cartes bancaires, Chèques, Chèques vacances, Bons CAF
Tarifs communiqués à titre indicatif. Pour plus de précisions, contacter directement la maison d'accueil.

Sanitaire : Individuel

Equipement audio-visuel - Agréments : Jeunesse et sports - Education nationale

10 km 3 km 10 km 10 km

Autres activités : - Mini-golf - Aire de jeu - Pétanque

Office de Tourisme - 14, rue de Verdun
56174 Quiberon
Tél : 02 97 50 07 84
Email : quiberon@quiberon.com

Cléguérec

Accueil spirituel

N164, D15 - D764
Carte Michelin : 308
SNCF : Pontivy dir. Rostrenen ou Guémené, 8 km
TGV : Rennes, 120 km - Taxi - Navette
Aéroport : Lorient Lann-Bihoué - 60 km - Navette

Centre spirituel Ti Mamm Doué
Beauregard
56480 Cléguérec
Tél. : 02 97 38 06 84
Fax : 02 97 38 10 16
Site : www.timammdoue.org
Email : ti.mammdoue@wanadoo.fr
Contact : Soeur Jean-Gaud

Maison animée par une communauté religieuse située au cœur de la Bretagne, dans un parc de 15 ha, à 8 km de Pontivy. Espace de silence et de paix pour ressourcement, repos, formation permanente et réflexion. Ambiance conviviale. Annexes pour accueil en autonomie.
Capacité d'accueil maximale : 137 pers. - Ch. simple(s) : 56 - Ch. double(s) : 33 - Dortoir : oui (6 lits) - Autres : 4 chambres (pour personnes handicapées)
Langue(s) parlée(s) : Français

		Adultes	Enfants	Groupes
Hébergement	*Nuit*	10 à 13€	Tarif	-
Demi-pension	*Jour*	21 à 25€	réduit de	-
Pension complète	*Jour*	28 à 35€	3 à 10 ans	-

Paiements acceptés : Espèces, Chèques
Tarifs communiqués à titre indicatif. Pour plus de précisions, contacter directement la maison d'accueil.

Sanitaire : Individuel et Collectif

Equipement audio-visuel

8 km 14 km 8 km
Autres activités : - Randonnées - Canoë-Kayak : 8 km - Art dans les chapelles environnantes

Office de Tourisme - 61, rue Général de Gaulle
56300 Pontivy
Tél : 02 97 25 04 10

Bréhan

Accueil spirituel

N24, D778 - D12
Carte Michelin : 308
SNCF : Vannes, 50 km
TGV : Vannes, 50 km - Taxi
Aéroport : Rennes - Taxi
Autres moyens de transfert : Car

Communauté des Cisterciens
Abbaye Notre-Dame de Timadeuc
56580 Bréhan
Tél. : 02 97 51 50 29
Fax : 02 97 51 59 20
Email : timadeuc.abbaye@wanadoo.fr
Contact : Mr Gwenaël

L'Abbaye de Timadeuc a été fondée en 1841 par les moines cisterciens de La Trappe en Normandie. Les moines, dit aussi Trappistes, vivent en communauté fraternelle, mettent en commun leurs biens et le produit de leur travail et consacrent beaucoup de temps à la prière. Vous êtes invités à assister au diaporama qui relate l'histoire et la vie quotidienne de l'abbaye. Séjour dans le silence et la prière.
- Ch. simple(s) : 41 - Dortoir : 2

Langue(s) parlée(s) : Français
Dates de fermeture : 15 jours en janvier

Pour connaître les prestations complètes et les tarifs, veuillez vous renseigner auprès de la maison d'accueil.

Paiements acceptés : Espèces, Chèques

Sanitaire : Individuel et Collectif

Office de Tourisme - 61, rue Général de Gaulle
56300 Pontivy
Tél : 02 97 25 04 10

Campénéac

Accueil spirituel

N24 - Campénéac
Carte Michelin : 308
SNCF : Vannes - Rennes, 60 km
TGV : Vannes - Rennes - Taxi - Navette
Aéroport : Rennes, 60 km - Taxi

Diocèse de Vannes
Abbaye La Joie Notre-Dame
56800 Campénéac
Tél. : 02 97 93 42 07
Fax : 02 97 93 13 27
Email : abbaye.joie.nd@wanadoo.fr

A l'orée de la forêt de Brocéliande, des moniales Cisterciennes accueillent des personnes de tout âge qui aspirent à une halte de silence et de recueillement en s'associant à leur prière. Accueille groupes et personnes seules.
Capacité d'accueil maximale : 35 pers. - Ch. simple(s) : 12 - Ch. double(s) : 11 - Ch. familiale(s) : 1 - Dortoir : oui
Langue(s) parlée(s) : Français
Dates de fermeture : 15/01 au 31/01, 01/12 au 15/12

Pour connaître les prestations complètes et les tarifs, veuillez vous renseigner auprès de la maison d'accueil.

Paiements acceptés : Espèces, Chèques

Sanitaire : Individuel et Collectif

Equipement audio-visuel - Agréments : Jeunesse et sports

Office de Tourisme - Mairie de Campénéac - 5 rue Val
56800 Campénéac
Tél : 02 97 93 40 39

St-Pierre-Quiberon

Accueil spirituel

Etape vacances

Maison de repos

N165 Quiberon, D768
Carte Michelin : 308
SNCF : Auray (St Pierre en Juillet-Août)
TGV : Auray - Taxi - Cars
Aéroport : Lorient Lann-Bihoué - Taxi

Diocèse de Vannes
Dominicaines de la Présentation - Accueil Saint-Joseph - 9, rue Pasteur
56510 St-Pierre-Quiberon
Tél. : 02 97 30 94 89
Fax : 02 97 30 82 12
Contact : Soeur Marie Hubert

Les Dominicaines de la Présentation accueillent couples, religieuses, prêtres, personnes seules et groupes organisés pour des séjours de vacances, des sessions, des séminaires, des retraites collectives. Climat de convivialité et de partage. La maison est située dans un village qui fait face à Carnac et à La Trinité-sur-Mer, en bordure de plage sur la baie de Quiberon. Linge de maison loué.
Capacité d'accueil maximale : 39 pers. - Ch. simple(s) : 9 - Ch. double(s) : 15
Langue(s) parlée(s) : Français
Dates de fermeture : Mois d'octobre seulement

Pour connaître les prestations complètes et les tarifs, veuillez vous renseigner auprès de la maison d'accueil.

Paiements acceptés : Espèces, Chèques

Sanitaire : Individuel et Collectif

Equipement audio-visuel

4 km

Autres activités : - Randonnée

Office de Tourisme - 14, rue de Verdun
56174 Quiberon
Tél : 02 97 50 07 84
Email : quiberon@quiberon.com

Centre

Index des départements de la Région Centre

Château d'AZAY-LE-RIDEAU

L'harmonie des proportions, la richesse de la décoration et la beauté du site donnent à ce joyau de la première Renaissance, petit palais posé comme en équilibre sur son miroir liquide, un pouvoir de séduction sans pareil.

Renseignements : 02 47 45 42 04.

Château de BLOIS

Gothique flamboyant, avec ses arcades et ses lucarnes richement sculptées ; marqué par la Renaissance italienne, avec son impressionnante façade des Loges et son fastueux escalier ; et pour finir, imprégné de la rigoureuse ordonnance classique de Mansart.

Renseignements : 02 54 90 33 33.

BOURGES

Vitraux de la cathédrale St-Étienne

Couvrant tout l'art du vitrail du 12e au 17e s., ils constituent l'un des ensembles les plus célèbres de France.

Château de CHAMBORD

Grandiose folie de François Ier, ce château, avec son immense nef blanche délicatement ciselée, ses innombrables cheminées, tours et clochetons, est unique.

Renseignements : 0 825 826 088

Cathédrale de CHARTRES

Son portail Royal est l'une des merveilles de l'art roman parvenu à son terme, et ses vitraux des 12e et 13[e]s., qui couvrent 2 700 m² et comptent 5 000 personnages, constituent un des sommets de cet art.

Château de CHATEAUDUN

Sa haute et impressionnante forteresse ménage quelques surprises : à l'intérieur, étonnant mélange de gothique et de Renaissance et une chapelle aux superbes statues polychromes.

Renseignements : 02 54 81 03 01

Château de CHAUMONT-SUR-LOIRE

Puissant, trapu, encore très féodal d'inspiration, avec ses grands balcons sculptés, son élégante tour d'escalier et sa somptueuse salle du Conseil, Chaumont annonce déjà Blois et Chenonceau.

Renseignements : 02 54 51 26 26

Château de CHENONCEAU

Cette féerique passerelle de pierre blanche campée sur les deux piles d'un ancien moulin déploie son image en miroir dans le Cher.

Renseignements : 0 820 209 090.

Château de CHEVERNY

Remarquable exemple de classicisme 17e s., celui que la Grande Mademoiselle surnommait « le palais enchanté » émerveille par son intérieur somptueusement meublé.

Renseignements : 02 54 79 96 29.

CHINON

Grand Carroi

C'était au Moyen Âge le centre de la ville. Les plus jolies maisons du quartier s'y côtoient.

GIEN

Musée international de la Chasse

Le château accueille un passionnant musée dédié à la chasse, présentant un immense panorama des arts et techniques cynégétiques.

Renseignements : 02 38 67 69 69.

Château de LANGEAIS

Forteresse massive et austère, Langeais a traversé les siècles sans une ride... Son intérieur réunit de véritables trésors qui vous replongent dans l'atmosphère de la vie seigneuriale au 15e s. et à la Renaissance.

Renseignements : 02 47 96 72 60.

Château de LOCHES

Puissante forteresse militaire, puis séjour royal et palais Renaissance, Loches est d'abord le château d'une femme, Agnès Sorel, dont vous retrouverez les traits gravés dans l'albâtre de son gracieux gisant.

Renseignements : 02 47 59 01 32.

Abbaye de NOIRLAC

Bâtie à partir de 1150, l'abbaye cistercienne construite en belle pierre blanche du pays constitue l'un des ensembles monastiques les mieux conservés de France.

Renseignements : 02 48 62 01 01.

ORLEANS

Parc floral de la Source

Cette magnifique promenade, agencée sur une superficie de 35 ha, constitue une véritable vitrine de l'horticulture orléanaise.

Renseignements : 02 38 49 30 00.

Abbaye de ST-BENOÎT-SUR-LOIRE

Éblouissant témoignage d'art et de spiritualité, l'abbaye Saint-Benoît subjugue par la simple grandeur de ses proportions et la délicate richesse de ses sculptures.

Renseignements : 02 38 35 72 43.

TOURS

Le vieux Tours

Avec sa place Plumereau bordée de belles maisons Renaissance et médiévales et ses rues étroites, cet ancien quartier parfaitement préservé est un des principaux centres d'animation de la ville.

Château d'USSÉ

On dit que cette impressionnante masse blanche, hérissée de tours et de clochetons, appuyée à une sombre muraille d'arbres, inspira Charles Perrault pour sa « Belle au bois dormant ».

Renseignements : 02 47 95 54 05.

Château de VALENCAY

Un lieu magique et prestigieux que ce château inspiré de celui de Chambord, avec son architecture aux superbes proportions et son parc aux tracés harmonieux.

Renseignements : 02 54 00 10 66.

Château de VILLANDRY

Jardins

À Villandry, toute l'atmosphère de la Renaissance se retrouve... en plein air, déployée parmi les plus beaux jardins de France.

Renseignements : 02 47 50 02 09.

Comité Régional du Tourisme
du Centre Val de Loire
37, Avenue de Paris
45000 ORLEANS CEDEX
Tél : 02.38.79.95.00
Fax : 02.38.79.95.10
E-Mail : crtl.centre@crtlcentre.com
http://www.loirevalleytourism.com

Chartres

Accueil spirituel

Etape vacances

A10 - Sortie : Thivars / Chartres Nord - N10
Carte Michelin : 311
SNCF : Chartres
TGV : Paris-Montparnasse - Taxi
Aéroport : Paris-Orly - Taxi

Maison Saint-Yves
1, rue Saint-Eman
28000 Chartres
Tél. : 02 37 88 37 40
Fax : 02 37 88 37 49
Site : www.maison-st-yves.com
Email : hotellerie@maison-st-yves.com
Contact : Mlle Garance Astolfi

Située à proximité immédiate de la cathédrale gothique Notre-Dame, dans l'ancien Grand Séminaire, l'Hôtellerie Saint-Yves accueille toute l'année des familles, des groupes, pour un pèlerinage, un ressourcement spirituel, ainsi que pour des vacances ou un séjour touristique.
Capacité d'accueil maximale : 80 pers. - Linge de maison fourni
Langue(s) parlée(s) : Français, Anglais, Allemand

Pour connaître les prestations complètes et les tarifs, veuillez vous renseigner auprès de la maison d'accueil.

Paiements acceptés : Espèces, Cartes bancaires, Chèques

Sanitaire : Individuel

Equipement audio-visuel

1 km 1,5 km 1,5 km

Office de Tourisme - place de la Cathédrale - BP 289
28005 Chartres cedex
Tél : 02 37 18 26 26

1 2 9

Epernon

Accueil spirituel

Etape vacances

A10 / A11 - Sortie : St-Arnoult-en-Yvelines / Ablis - N10, D906
Carte Michelin : 311
SNCF : Epernon
TGV : Paris-Montparnasse, 60 km - Taxi
Aéroport : Paris-Orly - 60 km - Taxi

Prieuré Saint-Thomas
29, rue du Prieuré
28230 Epernon
Tél. : 02 37 83 60 01
Fax : 02 37 83 44 00
Email : prieure-epernon@wanadoo.fr
Contact : Sœur Hôtelière

Au cœur de la petite ville d'Epernon entre la Beauce et l'Ile-de-France, les Sœurs du Christ vous accueillent et mettent à votre disposition leur maison et leur parc pour organiser vos rencontres, sessions, retraites ou tout simplement pour souffler un peu. Les sœurs proposent également des temps d'animation spirituelle (retraites, récollection, accompagnement).
Capacité d'accueil maximale : 60 pers. - Ch. simple(s) : 33 - Ch. double(s) : 10 - Ch. familiale(s) : 2 - Linge de maison fourni
Langue(s) parlée(s) : Français

Pour connaître les prestations complètes et les tarifs, veuillez vous renseigner auprès de la maison d'accueil.

Paiements acceptés : Espèces, Chèques

Sanitaire : Individuel et Collectif

Equipement audio visuel

0,3 km   0,3 km

Office de Tourisme - 7, place Aristide Briand
28130 Maintenon
Tél : 02 37 23 05 04

1 km   2 km

Pouligny-Notre-Dame

Accueil spirituel

Etape vacances

Carte Michelin : 323
SNCF : Chateauroux ou Guéret - Taxi - Car

Association Re-Source
Le Beau
36160 Pouligny-Notre-Dame
Tél. : 02 54 30 15 14
Fax : 02 54 30 17 22
Email : re-source@liberysurf.fr
Contact : Sœur ou Nicole Le Coënt Ruzard Jacqueline

Deux religieuses accueillent pour un temps de ressourcement, de repos, de vacances, de partage, d'écoute, en pleine campagne dans une ambiance conviviale. Proximité des sites G. Sand et J. Tati. Possibilité de randonnées et activités culturelles en été.
Capacité d'accueil maximale : 8 pers. - Ch. simple(s) : 2 - Ch. double(s) : 1 - Ch. familiale(s) : 1 - Camping : possibilité - Linge de maison fourni
Langue(s) parlée(s) : Français
Dates de fermeture : 01/09 au 07/09

Pour connaître les prestations complètes et les tarifs, veuillez vous renseigner auprès de la maison d'accueil.

Paiements acceptés : Espèces, Chèques

Sanitaire : Individuel et Collectif

Equipement audio-visuel

15 km   5 km   5 km   5 km

Autres activités : - Plan d'eau : 5 km - Lacs avec activité nautiques : 30 km

Office de Tourisme - avenue Georges Sand
36400 La Chatre
Tél : 02 54 48 22 64

15 km   15 km

Issoudun

Accueil spirituel

A20 / A71 - Sortie : Vierzon - N151
Carte Michelin : 323
SNCF : Issoudun - Taxi
Aéroport : Châteauroux, 30 km - Taxi

Centre international Jules Chevalier
38, place du Sacré-Cœur
36100 Issoudun
Tél. : 02 54 03 33 83
Fax : 02 54 03 33 80
Contact : Mme Chauvin

Dans la ville chère à Balzac, au cœur du Berry, le Centre International Jules Chevalier vous accueillle pour vos congrès, séminaires, rencontres d'affaires et met à votre disposition de nombreuses chambres, un restaurant panoramique, de nombreuses salles de réunion, une salle de traduction simultanée. Paix et quiétude sont au rendez-vous afin de permettre aux visiteurs de vivre au mieux leur séjour.
Capacité d'accueil maximale : 170 pers. - Ch. simple(s) : 45 - Ch. double(s) : 53 - Ch. familiale(s) : 8 - Linge de maison fourni
Langue(s) parlée(s) : Français, Anglais

		Adultes	Enfants	Groupes
Hébergement	*Nuit*	32€	17€	-
Demi-pension	*Jour*	43€	22€	-
Pension complète	*Jour*	51€	27€	-

Paiements acceptés : Espèces, Cartes bancaires, Chèques
Tarifs communiqués à titre indicatif. Pour plus de précisions, contacter directement la maison d'accueil.

Sanitaire : Individuel et Collectif

Equipement audio-visuel

Sur place
Sur place
3 km
2 km

Office de Tourisme - place Saint-Cyr
36100 Issoudun
Tél : 02 54 21 74 02

3

Pellevoisin

Accueil spirituel

A20 - Sortie : Tours - N143
Carte Michelin : 323
SNCF : Châteauroux - Taxi - Navette - Car

Fraternité Marie-Estelle
2, rue des Combattants en A.F.N.
36180 Pellevoisin
Tél./Fax : 02 54 39 03 02
Fax : 02 54 39 03 02
Contact : Mr Jacques Ponnelle

La Fraternité accueille, dans ce lieu de recueillement, des personnes seules ou en groupe (40 pers. maximum). Au cœur d'un village de l'Indre, la maison vous apportera un calme propice à la prière et à la réflexion. Vous vous promènerez dans le Parc Naturel de la Brenne, à 20 km de l'établissement.
Capacité d'accueil maximale : 32 pers. - Linge de maison fourni
Langue(s) parlée(s) : Français

Pour connaître les prestations complètes et les tarifs, veuillez vous renseigner auprès de la maison d'accueil.

Paiements acceptés : Espèces, Chèques

Sanitaire : Individuel et Collectif

12 km Sur place 12 km 20 km
Autres activités : - Pêche - Randonnées pédestres

Office de Tourisme - Mairie de Pellevoisin
3, avenue de la République
36180 Pellevoisin
Tél : 02 54 39 00 68

Chinon

Etape vacances

A10 - Sortie : N° 24 - Joué les Tours - D751
Carte Michelin : 317
SNCF : Chinon, 3 km
TGV : Tours, 45 km - Taxi
Aéroport :

Gîte rural Clos-de-Cément
37500 Chinon
Tél. : 02 47 93 11 86
Contact : Mr Etienne de Graeve

Etienne de Graeve loue, au calme, un bâtiment de ferme du XVème siècle, restauré en gîtes ruraux modernes : gîte duplex 4 ou 8 pers. Très grand, cuisine équipée, lave-vaisselle, lave-linge... 2 salles d'eau, 2 escaliers, salon de jardin. Tarifs pour W.E. nous consulter. Chambre d'hôte : 1 pers 24€, 2 pers 39€, 3 pers 54€.
Capacité d'accueil maximale : 4 à 8 pers. - Ch. double(s) : 2 - Autres : 1 gîte
Langue(s) parlée(s) : Français

Pour connaître les prestations complètes et les tarifs, veuillez vous renseigner auprès de la maison d'accueil.

Paiements acceptés : Espèces, Chèques

Sanitaire : Individuel

2 et 6 km 2 et 6 km 20 km 5 km

Autres activités : - Ping-Pong - Portique - Kart à pédales

Office de Tourisme - place Hofheim - BP 141
37501 Chinon cedex
Tél : 02 47 93 17 85

30 et 45 km

Nouan-le-Fuzelie

Etape vacances
Maison de repos
Résidence retraités

A71 - Sortie : Salbris / Lamotte-Beuvron - N20
Carte Michelin : 318
SNCF : Nouan-le-Fuzelier
TGV : Orléans - Taxi
Aéroport : Paris-Orly - Taxi

Centre de Rencontre des Générations
Domaine de Mont-Evray
41600 Nouan-le-Fuzelier
Tél. : 02 54 95 66 00
Fax : 02 54 88 68 16
Email : crg@petitsfreres.asso.f
Contact : Mr Hervieux

Le Centre de Rencontre des Générations est un lieu original, à la fois de vie, de vacances, d'hébergement ou de formation pour tous les âges. Il est implanté sur un magnifique domaine en Sologne, avec un étang de 30 hectares (promenade accessible aux personnes à mobilité réduite).
Capacité d'accueil maximale : 100 pers. - Ch. double(s) : 32 - Ch. familiale(s) : 8 - Autres : boxes - Linge de maison fourni
Langue(s) parlée(s) : Français, Anglais

		Adultes	Enfants	Groupes
Hébergement	*Nuit + pdj*	37,10 à 47.20€	-	-
Demi-pension	*Journée*	48 à 69.10€	-	-
Pension complète	*Journée*	57,20 à 87.50€	-	-

Paiements acceptés : Espèces, Cartes bancaires, Chèques, Chèques vacances
Tarifs communiqués à titre indicatif. Pour plus de précisions, contacter directement la maison d'accueil.

Sanitaire : Individuel

Equipement audio-visuel - Agréments : Jeunesse et sports - Education nationale - Formateur

3 km 10 km
Autres activités : - Randonnée pédestre

Office de Tourisme - place de la Gare
41600 Nouan-le-Fuzelier
Tél : 02 54 88 76 75

Blois cedex

Accueil spirituel

Etape vacances

A10 - Sortie : Blois Centre - N152, D957
Carte Michelin : 318
SNCF : Blois
TGV : Blois - Taxi
Aéroport : Tours - Taxi

Foyer-Hôtellerie Notre-Dame
15, rue Vauquois CS 2910
41029 Blois cedex
Tél. : 02 54 56 77 74 / 06 03 53 33 35
Fax : 02 54 56 77 73
Email : foyer.ndt@wanadoo.fr
Contact : Mme Jacqueline Izzi

Situé à 10 mn du centre de Blois, au cœur d'un grand parc privé ombragé, notre Foyer-Hôtellerie accueille toute personne seule ou en groupe pour une halte ou un séjour. Ce foyer offre toutes les conditions de calme, de détente et de recueillement. Cuisine chaleureuse, chambres calmes, simples et confortables. (Réduction pour les groupes d'adultes et scolaires).
Capacité d'accueil maximale : 88 pers. - Ch. simple(s) : 5 - Ch. double(s) : 34 - Ch. familiale(s) : 4
Langue(s) parlée(s) : Français
Dates de fermeture : 31/11 au 15/02

Pour connaître les prestations complètes et les tarifs, veuillez vous renseigner auprès de la maison d'accueil.

Paiements acceptés : Espèces, Cartes bancaires, Chèques, Chèques vacances

Sanitaire : Collectif

Equipement audio-visuel - Agréments : Jeunesse et sports

1 km 1 km 13 km 4 km

Autres activités : - Parcours de Santé

Office de Tourisme - 3, avenue Jean Laigret
41000 Blois
Tél : 02 54 90 41 41

1 km 1 km

Meung-sur-Loire

Accueil spirituel

A10 - Sortie : N° 15 Meung - N152
Carte Michelin : 318
SNCF : Meung-sur-Loire
TGV : Saint-Pierre-des-Corps/ Paris Austerlitz - Navette
Aéroport : Roissy ou Orly - Train et RER

Maison La Ruche
32, rue des Marais
45130 Meung-sur-Loire
Tél./Fax : 02 38 44 30 57
Fax : 02 38 44 30 57
Email : laruche.saintlaurent@wanadoo.fr

A 1h10 mn de Paris, entre Blois et Orléans dans un magnifique domaine arboré de 2,5 ha, La Ruche vous accueille pour des stages, des retraites, des fêtes de famille, des colonies de vacances et classes découverte nature, théâtre et/ou patrimoine pour les enfants.
Capacité d'accueil maximale : 49 pers. - Ch. simple(s) : 2 - Ch. double(s) : 10 - Ch. familiale(s) : 5 - Dortoir : oui - Camping : oui
Langue(s) parlée(s) : Français, Espagnol

		Adultes	Enfants	Groupes
Hébergement	*Nuit*	11€	10€	-
Demi-pension	*Jour*	20€	16€	-
Pension complète	*Jour*	30€	22€	-

Paiements acceptés : Espèces, Chèques
Tarifs communiqués à titre indicatif. Pour plus de précisions, contacter directement la maison d'accueil.

Sanitaire : Collectif

Equipement audio-visuel - Agréments : Jeunesse et sports

2 km 1,5 km 10 km

Autres activités : - Canoë-Kayac - Randonnées

Office de Tourisme - rue Jehan de Meung
45130 Meung-sur-Loire
Tél : 02 38 44 32 28

0,5 km 0,5 km

Bouzy-la-Forêt

Accueil spirituel

A10 - Sortie : Orléans Nord ou - A6 puis A77 - Sortie : Orléans Montargis Sully/Loire - N60, D948
Carte Michelin : 318
SNCF : Orléans-les-Aubrais
TGV : Tours - Taxi - Navette
Aéroport : Paris-Orly - Taxi - Navette
Autres moyens de transfert : Car ligne 3 vers Gien - Gare routière d'Orléans

Monastère Notre-Dame
73, route de Mi-Feuillage
45460 Bouzy-la-Forêt
Tél. : 02 38 46 88 96
Fax : 02 38 46 88 97
Site : www.benedictines-bouzy.com
Email : accueil.bouzy@wanadoo.fr
Contact : Soeur Hôtelière

Le monastère construit récemment à l'orée de la forêt d'Orléans offre aux hôtes en retraite spirituelle, silence, calme et prière avec la communauté pour se ressourcer. Il est situé à 10 km de l'abbaye de Fleury à Saint-Benoît-sur-Loire.
Capacité d'accueil maximale : 12 à 24 pers. - Ch. simple(s) : 5 - Ch. double(s) : 5 - Ch. familiale(s) : 2 - Dortoir : oui
Langue(s) parlée(s) : Français, Anglais, Espagnol

Pour connaître les prestations complètes et les tarifs, veuillez vous renseigner auprès de la maison d'accueil.

Paiements acceptés : Espèces, Chèques

Sanitaire : Individuel

10 km 12 km 0,5 km

Office de Tourisme - place de Gaulle - BP 12
45600 Sully-sur-Loire
Tél : 02 38 86 23 70
Email : sully-sur-loire@wanadoo.fr

Champagne-Ardenne

Index des départements de la Région Champagne-Ardenne

CHÂLONS-EN-CHAMPAGNE

Cathédrale St-Étienne

Entrepris vers 1235, l'édifice, qui appartient encore au gothique lancéolé créé à Chartres 40 ans plus tôt, en impose de par ses dimensions. La cathédrale est célèbre pour ses vitraux.

CHARLEVILLE-MÉZIERES

Place Ducale

Entourée d'une galerie d'arcades et bordée de pavillons en brique rose et pierre ocre de Dom, c'est l'une des plus belles places de France dans le style Louis XIII.

Lac du DER-CHANTECOQ

Ce lac artificiel est le plus vaste d'Europe. Il offre le grand spectacle de la nature avec l'entrée en scène, de l'automne au printemps, de milliers d'oiseaux migrateurs.

ÉPERNAY

Les caves de champagne

De prestigieuses maisons - certaines remontent au 18e s. - s'alignent avenue de Champagne. Leurs caves sont ouvertes à la visite : cent kilomètres de galeries creusées dans le sous-sol de craie abritent des millions de bouteilles !

Parc naturel régional de la FORÊT d'ORIENT

À la limite de la Champagne crayeuse et de la Champagne humide, ce parc préserve l'équilibre de la Forêt d'Orient et de ses trois lacs, vastes plans d'eau artificiels offrant de nombreuses possibilités de loisirs.

LANGRES

Les remparts

Au sommet d'un éperon rocheux, la ville déploie ses rues sinueuses et ses quatre kilomètres de remparts, comportant six tours et sept portes. Le chemin de ronde constitue une agréable promenade et ménage de jolies vues.

MONTAGNE DE REIMS

Routes du champagne

Avant de parcourir cette petite montagne couverte de vigne et couronnée de bois, entre Reims et Épernay, entrez dans le phare de Verzenay pour « lire » ce paysage bien ordonné dont les bourgs sont entretenus avec un soin méticuleux ... tout comme les rangées de vignes ! Ce bâtiment insolite abrite un très vivant musée de la Vigne.

Renseignements : 03 26 07 87 87.

MONTHERMÉ

Roc-La-Tour

De gigantesques blocs de quartzite fracturés occupent un site impressionnant, dominant à 407 m d'altitude l'étroite vallée de la Semoy. Vue étendue sur l'Ardenne.

REIMS

Cathédrale Notre-Dame

L'Ange au sourire veille sur la cathédrale, l'une des plus grandes du monde chrétien par son unité de style, sa statuaire et les souvenirs qui la lient à l'histoire des rois de France.

Renseignements : 03 26 47 81 79.

Palais du Tau

L'ancien palais des archevêques de Reims, classé au patrimoine mondial de l'Unesco, abrite le trésor de la cathédrale et une partie de la statuaire originale.

Renseignements : 03 26 47 81 79.

Musée-abbaye St-Remi

Ce très bel ensemble de bâtiments (17e et 18e s.) qui jouxte la basilique

abrite un musée consacré à l'art rémois des origines à la fin du Moyen Âge. Le superbe escalier d'honneur mène à la galerie où se trouve la série des dix tapisseries de St-Remi.
Renseignements : 03 26 85 23 36.

Caves de champagne
Les grands établissements se groupent dans le quartier du Champ de Mars et sur les pentes crayeuses de la butte St-Nicaise, trouée de galeries dites « crayères », souvent gallo-romaines.

SEDAN
Château fort
Ce puissant château - aucune ville d'Europe n'en possède de plus vaste - bâti sur un éperon rocheux est l'un des premiers exemples d'architecture bastionnée en France.
Renseignements : 03 24 27 73 73.

TROYES
Cathédrale St-Pierre-et-St-Paul
Construite du 13e au 17e s., c'est un édifice remarquable par ses dimensions, la richesse de sa décoration et la beauté de sa nef.

Hôtel de Mauroy
Cet hôtel qui a été restauré par les compagnons du Devoir qui y ont installé un musée original, la maison de l'Outil et de la Pensée ouvrière (renseignements : 03 25 73 28 26), offre un magnifique exemple de l'architecture troyenne du 16e s.

Musée d'Art moderne
Importante collection d'art français donnée à l'État par des industriels troyens, exposée dans les bâtiments de l'ancien évêché. Elle est particulièrement riche en œuvres des peintres fauves.
Renseignements : 03 25 76 26 80.

Comité Régional du Tourisme
de Champagne-Ardenne
15, avenue du Maréchal Leclerc B.P. 319
51013 CHÂLONS-EN-CHAMPAGNE CEDEX
Tél : 03.26.21.85.80
Fax : 03.26.21.85.90
E-Mail :
contact@tourisme-champagne-ardenne.com
http://www.tourisme-champagne-ardenne.com

Saint-Walfroy

Accueil spirituel

A203 - Sortie : Carignan - N43
Carte Michelin : 306
SNCF : Carignan - Taxi - Navette
Aéroport : Roissy-Charles-de-Gaulle - Taxi

Ermitage de Saint-Walfroy
Margut
08370 Saint-Walfroy
Tél. : 03 24 22 67 31
Fax : 03 24 22 15 94
Site : www.catholique-reims-ardennes.cef.fr
Email : saint.walfroy@wanadoo.fr
Contact : Mr et Mme Cécile et Jean-François Klos

Un site de pèlerinage, depuis le VI ème siècle, dont chacun apprécie le calme et la beauté. Nous accueillons des groupes et des individuels pour des temps de retraite et de récollection. Lieu de repos idéal pour prêtres et religieux.
Capacité d'accueil maximale : 72 pers. - Ch. simple(s) : 15 - Ch. double(s) : 17 - Ch. familiale(s) : 7 - Camping : oui - Linge de maison fourni
Langue(s) parlée(s) : Français, Anglais, Allemand
Dates de fermeture : 20/12/03 au 04/01/04

		Adultes	Enfants	Groupes
Hébergement	*Nuit*	22€	12€	-
Demi-pension	*Jour*	32€	19€	-
Pension complète	*Jour*	42€	26€	-

Paiements acceptés : Espèces, Cartes bancaires, Chèques
Tarifs communiqués à titre indicatif. Pour plus de précisions, contacter directement la maison d'accueil.

Sanitaire : Individuel et Collectif

Equipement audio-visuel

12 km 20 km 5 km 15 km

Office de Tourisme - route de Florenville
08000 Mogues
Tél : 03 24 54 46 73

15 km

Saulces-Monclin

Etape vacances

Maison de repos

E 34 - Sortie : N°14 Faissault-Saulces Monclin - N51
Carte Michelin : 306
SNCF : Rethel, 12 km - Taxi - Navette
Aéroport : Reims, 50 km

Les Sources
Route de Saulces aux Tournelles
08270 Saulces-Monclin
Tél. : 03 24 38 59 71
Fax : 03 24 72 74 60
Site : www.les-sources.info
Email : contact@les-sources.info
Contact : Sylvie et Régis Goulden

Sur les crêtes préardennaises, Les Sources vous accueillent seul ou en famille dans un magnifique écrin de verdure, de calme, qui invite au repos, à la détente. Pêche privée, promenades dans la nature alentour. Venez partager la convivialité de la table d'hôtes ou du feu de cheminée. Réduction à partir de 3 nuits.
Capacité d'accueil maximale : 23 pers. - Ch. double(s) : 8 - Ch. familiale(s) : 2 - Linge de maison fourni
Langue(s) parlée(s) : Français, Anglais

Pour connaître les prestations complètes et les tarifs, veuillez vous renseigner auprès de la maison d'accueil.

Paiements acceptés : Espèces, Chèques, Chèques vacances

Sanitaire : Individuel

12 km 12 km 20 km 12 km 12 km

Autres activités : - Pêche

Office de Tourisme - rue Roger Ponsart
08430 Launois-sur-Vence
Tél : 03 24 35 02 69
Email : information@paysdescretes.com

65 km 71 km

Troyes

Accueil spirituel

A5 - Troyes Est / A26 - Troyes Centre - N19
Carte Michelin : 313
SNCF : Troyes
TGV : Laroche Migennes - Taxi
Aéroport : Paris-Orly - Navette

Maison Diocésaine Notre-Dame-en-l'Isle

10, rue de l'Isle
10000 Troyes
Tél. : 03 25 71 68 00
Fax : 03 25 71 68 09
Site : http://catholique-troyes.cef.fr/ndi/parc.html
Email : maison.ndi@wanadoo.fr
Contact : Mme Marlier

La maison diocésaine est un lieu d'accueil, de rencontre, de formation, de prière, situé dans le centre historique de Troyes dans un parc boisé, avec parking intérieur. La maison accueille en individuel des prêtres, religieux(ses) et des groupes d'adultes ou d'enfants de minimum 15 personnes. Pensez-y pour vos retraites, vos sessions, vos itinéraires de passage.
Capacité d'accueil maximale : 63 pers. - Ch. simple(s) : 2 - Ch. double(s) : 26 - Ch. familiale(s) : 3 - Linge de maison fourni
Langue(s) parlée(s) : Français, Anglais, Allemand

Pour connaître les prestations complètes et les tarifs, veuillez vous renseigner auprès de la maison d'accueil.

Paiements acceptés : Espèces, Chèques

Sanitaire : Individuel et Collectif

Equipement audio-visuel - Agréments : Jeunesse et sports

0,5 km · 3 km · 10 km · 5 km

Office de Tourisme - 16, boulevard Carnot
10000 Troyes
Tél : 03 25 82 62 70

Baye

Accueil spirituel

A4 - Sortie : N°18 La Ferté-sous-Jouarre - N4, D951
Carte Michelin : 306
SNCF : Epernay
TGV : Marne-la-Vallée-Chessy - Taxi
Aéroport : Roissy-Charles-de-Gaulle - Taxi

Foyer de Charité
4, grande Rue
51270 Baye
Tél. : 03 26 52 80 80
Fax : 03 26 52 72 15
Email : foyer.de.charité.baye@wanadoo.fr

Retraites de 5 jours pleins, en général du lundi 18h au dimanche 15h. Aussi récollections de 1 ou 2 jours. Garderie pour les enfants autant que possible. Une communauté de laïcs consacrés vous accueille dans un vaste château avec parc.
Capacité d'accueil maximale : 75 pers. - Ch. simple(s) : 31 - Ch. double(s) : 22
Langue(s) parlée(s) : Français, Anglais
Dates de fermeture : 01/01 au 31/01, 01/06 au 31/06

Pour connaître les prestations complètes et les tarifs, veuillez vous renseigner auprès de la maison d'accueil.

Paiements acceptés : Espèces, Chèques

Sanitaire : Individuel et Collectif

Equipement audio-visuel

Office de Tourisme - 7, avenue Champagne
51200 Epernay
Tél : 03 26 53 33 00

Montmirail

Maison de repos
Résidence retraités

A4 - Sortie : Château-Thierry - N14, D977
Carte Michelin : 306
SNCF : Château-Thierry
TGV : Marne La Vallée - Taxi - Autocars
Aéroport : Orly - Navette

Maison d'Accueil Nazareth
17, rue de Montléan
51210 Montmirail
Tél. : 03 26 81 21 31
Fax : 03 26 81 51 24
Email : nazareth-montlean@wanadoo.fr
Contact : Mr Popineau

Dans une ambiance familiale, une équipe de laïcs accueille les personnes âgées (valides ou semi-valides) pour des séjours temporaires ou permanents. Les hôtes profiteront d'un parc et d'un jardin près du centre ville, d'animations et des soins d'une infirmière.
Capacité d'accueil maximale : 38 pers. - Ch. simple(s) : 38 - Linge de maison fourni
Langue(s) parlée(s) : Français, Espagnol

Pour connaître les prestations complètes et les tarifs, veuillez vous renseigner auprès de la maison d'accueil.

Paiements acceptés : Espèces, Chèques

Sanitaire : Individuel

Agréments : - MSM - CAMAC

15 km

Office de Tourisme - 12, rue Jeanne d'Arc
51210 Montmirail
Tél : 03 26 81 11 46

Reims

Accueil spirituel

A4 - Sortie : N°24 (Reims Cathédrale)
Carte Michelin : 306
SNCF : Reims - Taxi - Réseau transport urbain

Maison Diocésaine Saint-Sixte

6, rue du Lieutenant Herduin
51100 Reims
Tél. : 03 26 82 72 50
Fax : 03 26 82 94 99
Site : www.catholique-reims.cef.fr
Email : maison.st-sixte@wanadoo.fr
Contact : Mr Vossaert

Située au centre de Reims, entre la Cathédrale et la Basilique Saint-Rémi, la Maison Saint-Sixte propose ses équipements pour des formations, des récollections et colloques organisés par les groupes eux-mêmes.
Capacité d'accueil maximale : 58 pers. - Ch. simple(s) : 15 - Ch. double(s) : 17 - Ch. familiale(s) : 3 - Linge de maison fourni
Langue(s) parlée(s) : Français
Dates de fermeture : 3 semaines en Juillet/Août

		Adultes	Enfants	Groupes
Hébergement	*Nuit*	24€	24€	-
Demi-pension	*Jour*	32,80€	30,20€	-
Pension complète	*Jour*	41,60€	36,40€	-

Paiements acceptés : Espèces, Chèques
Tarifs communiqués à titre indicatif. Pour plus de précisions, contacter directement la maison d'accueil.

Sanitaire : Individuel et Collectif

1 km

Office de Tourisme de Reims - 12, bd Général Leclerc
51100 Reims
Tél : 03 26 77 45 00

Notes

Corse

**Index des départements
de la Région Corse**

AJACCIO

Musée Fesh

Ce musée présente une remarquable collection de tableaux des écoles italiennes du 14e au 18e siècle - la plus importante en France après celle du Louvre -, léguée à la ville par le cardinal Fesh, oncle de Napoléon.

Renseignements : 04 95 21 48 17.

BASTIA

Vieux Port

Au pied de la citadelle, le charmant port de pêche et de plaisance de Bastia, veillé par la silhouette de l'église St-Jean-Baptiste, voit s'ordonner en amphithéâtre autour de son anse de vieux immeubles aux hautes façades usées par les ans.

Aiguilles de BAVELLA

Les célèbres aiguilles, curieusement découpées, composent un somptueux décor. Du col de Bavella, marqué par la statue N.-D.-des-Neiges, se déploie un splendide panorama sur le massif de Bavella.

BONIFACIO

La ville haute

Enfermée dans ses fortifications, la vieille ville, à l'ambiance moyenâgeuse, est juchée sur un étroit et haut promontoire de calcaire modelé par la mer et le vent, ses vieilles maisons étant comme agglutinées à l'extrémité de la falaise. Un lieu incontournable.

Les CALANCHE

Dominant le golfe de Porto, les Calanche constituent de singulières formations, d'une beauté à couper le souffle. Le bleu intense de la mer, la lumière qui baigne la côte, la palette de rose et orange du granit et les étonnantes sculptures granitiques formées par l'érosion en font un site exceptionnel.

CALVI

La citadelle

Plantée sur son promontoire rocheux, la citadelle représente six siècles de présence génoise. Composée de ruelles étroites, en pente ou en escaliers, elle dresse les murailles ocre de son enceinte puissamment bastionnée au-dessus du port.

CAP CORSE

Centuri

Dans une belle baie au nord-ouest du Cap corse, ce tranquille petit port, avec ses bateaux de pêche colorés, offre une atmosphère délicieuse.

CORTE

Musée de la Corse

Ce passionnant musée s'articule autour de deux espaces : l'un présente une exceptionnelle collection d'objets qui font revivre la Corse traditionnelle, agricole et pastorale ; l'autre, le « Musée en train de se faire » analyse les interactions entre cette vie traditionnelle et la modernité (l'industrialisation, la naissance du tourisme, le retour actuel de la jeunesse vers certaines formes de traditions, comme les confréries religieuses…).

Renseignements : 04 95 45 25 45.

FILITOSA

Site archéologique

Le site archéologique de Filitosa, l'un des ensembles de statues-menhirs les plus spectaculaires de corse, offre, à travers ses précieux vestiges, une synthèse des origines de l'histoire en Corse : périodes néo-

lithique, mégalithique, romaine…
Renseignements : 04 95 74 00 91.

PORTO

La réserve naturelle de Scandola
Magnifique joyau du littoral ouest de la Corse, ces paysages, alternance de grottes, de pitons et de murailles rocheuses, figurent sur la liste du Patrimoine mondial de l'Unesco.

SAN MICHELE DE MURATO

L'harmonie exceptionnelle de cette église, édifiée en 1280, est rehaussée par le cadre montagnard et sauvage d'une grande beauté dans lequel elle se détache.
Renseignements : 04 95 37 60 10.

SANT'ANTONINO

Culminant à 500 m d'altitude, sur les dernières pentes de la Balagne, ce village en nid d'aigle est un harmonieux dédale de ruelles pavées et de passages voûtés.

Agence de Tourisme de Corse
17, Boulevard Roi Jérôme B.P. 19
20176 AJACCIO CEDEX
Tél : 04.95.51.77.77
Fax : 04.95.51.14.40
http://www.visit-corsica.com

Santa Maria di Lota

Accueil spirituel
Etape vacances
Maison de repos

Carte Michelin : 345
SNCF : Bastia
TGV : Nice - Taxi - Navette
Aéroport : Poretta/Bastia - Taxi - Navette

Association Concorde
Maison Saint-Hyacinthe - Lieu-dit Miomo Bastia
20200 Santa Maria di Lota
Tél. : 04 95 33 28 29 / 06 23 20 00 66
Fax : 04 95 35 28 29
Site : www.mission-catholique-polonaise.net
Email : mshcorse@aol.com

Situé à 8 km de Bastia au Cap Corse, près de la mer dans un magnifique parc de palmiers et d'oliviers centenaires, c'est un lieu calme et spirituel, animé par une équipe de religieuses. Si séjour de plus de 2 semaines -10% de réduction. Prix dortoir : nuit 12€, 1/2 pension à 25.50€ et pension complète à 35.50€.
Capacité d'accueil maximale : 100 pers. - Ch. simple(s) : 14 - Ch. double(s) : 19 - Ch. familiale(s) : 9 - Dortoir : oui - Linge de maison fourni
Langue(s) parlée(s) : Français, Polonais

		Adultes	Enfants	Groupes
Hébergement	*Nuit*	22 à 28€	7 à 12€	-
Demi-pension	*Jour/Pers.*	32.50 à 41€	-	-
Pension complète	*Jour/Pers.*	45.50 à 61€	-	-

Paiements acceptés : Espèces, Chèques
Tarifs communiqués à titre indicatif. Pour plus de précisions, contacter directement la maison d'accueil.

Sanitaire : Individuel et Collectif

Equipement audio-visuel

2 km
Autres activités : - Marche

Office du Tourisme - Place Saint Nicolas - BP 203
20410 Bastia
Tél : 04 95 54 20 40
Email : OT-bastia@wanadoo.fr

Vico

Accueil spirituel

Etape vacances

D81 - D70
Carte Michelin : 345
SNCF : Ajaccio - Taxi - Navette
Aéroport : Ajaccio- Campo dell'Orto - Taxi - Navette

Couvent Saint-François
20160 Vico
Tél. : 04 95 26 83 83
Fax : 04 95 26 64 09
Contact : Anne Bodeux

A 14 km de la mer, à 30 minutes de voiture de la montagne corse, accueillis par une communauté religieuse appartenant aux oblats de Marie Immaculée avec la possibilité de vivre à la fois rencontres et totale liberté.
Capacité d'accueil maximale : 60 pers. - Ch. simple(s) : 3 - Ch. double(s) : 8 - Ch. familiale(s) : 6 - Linge de maison fourni
Langue(s) parlée(s) : Français, Anglais, Italien

Pour connaître les prestations complètes et les tarifs, veuillez vous renseigner auprès de la maison d'accueil.

Paiements acceptés : Espèces, Chèques

Sanitaire : Collectif

Equipement audio-visuel

12 km

Office de Tourisme - Vico Sejour
20150 Porto
Tél : 04 95 28 03 46

Bastia

Accueil spirituel

N193
Carte Michelin : 345
SNCF : Bastia - Taxi
Aéroport : Bastia- Poretta - Taxi -Navette
Autres moyens de transfert : Par bateau depuis la France et l'Italie

Monastère Sainte-Claire
Montée Sainte-Claire
20200 Bastia
Tél. : 04 95 31 59 03
Fax : 04 95 31 93 61
Contact : Sœur Claire François

Les Clarisses fondent en 1851 un petit monastère situé sur les hauteurs de Bastia avec vue sur la mer et la montagne. Offices en français tous les jours, artisanat reliure, confiture, ornements liturgiques. Accès facile : 20 minutes à pied du port. Bus : arrêt Palais de Justice. De l'aéroport : 30 minutes en car.
Capacité d'accueil maximale : 15 pers. - Ch. simple(s) : 6 - Ch. double(s) : 3 - Linge de maison fourni
Langue(s) parlée(s) : Français, Anglais, Allemand, Corse Philippin

Pour connaître les prestations complètes et les tarifs, veuillez vous renseigner auprès de la maison d'accueil.

Paiements acceptés : Espèces, Chèques

Sanitaire : Individuel et Collectif

Equipement audio-visuel

Office du Tourisme - Place Saint Nicolas - BP 203
20410 Bastia
Tél : 04 95 54 20 40
Email : OT-bastia@wanadoo.fr

Cateri

Accueil spirituel

N197, N71
Carte Michelin : 345
SNCF : Algajola
Aéroport : Calvi - Taxi

Prieuré du Saint-Esprit
Marcassu
20225 Cateri
Tél. : 04 95 61 70 21
Fax : 04 95 61 71 15
Email : marcassu@wanadoo.fr
Contact : Frère Hôtelier

Les bénédictins de Notre-Dame d'Espérance accueillent toute l'année, dans un beau cadre, hommes et femmes voulant se ressourcer. Le monastère, situé entre Calvi et Ile-Rousse, est proche de la mer et des montagnes. Le parc et la nature en font un havre de paix.
Capacité d'accueil maximale : 15 pers. - Ch. simple(s) : 8 - Ch. double(s) : 7 - Linge de maison fourni
Langue(s) parlée(s) : Français, Anglais, Italien

Pour connaître les prestations complètes et les tarifs, veuillez vous renseigner auprès de la maison d'accueil.

Paiements acceptés : Espèces, Chèques

Sanitaire : Collectif

10 km

Office de Tourisme - place Paoli
20220 Ile-Rousse
Tél : 04 95 60 04 35

Franche-Comté

Index des départements
de la Région Franche-Comté

ARC-ET-SENANS

Saline royale

Entre Loue et forêt de Chaux se dressent les bâtiments de l'ancienne saline royale, l'un des plus curieux ensembles monumentaux français de style classique et un rare témoignage de l'architecture industrielle du 18 e s., inscrit au Patrimoine mondial de l'Unesco.

Renseignements : 03 81 54 45 45.

Massif du BALLON D'ALSACE

Cette succession de ballons formant une belle ligne de crête à l'extrémité Sud de la chaîne des Vosges est constituée de belles forêts de sapins, de charmants sous-bois, de fonds de ravins très frais et de grands pâturages émaillés de fleurs alpestres. Du point culminant, le panorama est superbe.

BAUME-LES-MESSIEURS

Site naturel exceptionnel formé par la rencontre de trois vallées, dont la magnifique reculée du cirque de Baume, occupé depuis le 9e s. par une illustre abbaye. Du belvédère des roches de Baume, la contemplation des hautes falaises rocheuses qui forment le cirque donne une impression écrasante.

BELFORT

Le Lion

Cette œuvre pharaonique en grès rouge des Vosges adossée à la paroi rocheuse, au pied de la citadelle, a été exécutée par Bartholdi. Elle symbolise la force et la résistance des défenseurs de la ville en 1870.

Renseignements : 03 84 54 25 51.

Camp retranché

Il enserre la ville dans un système de fortifications pentagonal ancré à l'escarpement rocheux et permet la surveillance de la trouée qui s'ouvre entre le Jura et les Vosges. De la terrasse du fort, le panorama porte jusqu'au Jura.

BESANCON

Citadelle

Inébranlable sur son éperon rocheux, la citadelle érigée par Vauban constitue un site naturel et historique d'un grand intérêt. Ses murs accueillent aujourd'hui le Musée comtois, le musée d'Histoire naturelle et le musée de la Résistance et de la Déportation.

Renseignements : 03 81 87 83 33.

Musée des Beaux-Arts et d'Archéologie

Il abrite entre autres une belle collection d'antiquités égyptiennes et des collections archéologiques très riches pour la période gallo-romaine. Mais sa principale richesse est la très éclectique collection de peinture comprenant des œuvres majeures des écoles étrangères du 14 e au 17 e s.

Renseignements : 03 81 87 80 49.

Lac de CHALAIN

Ce vaste lac est sans doute le plus beau et le plus impressionnant des lacs jurassiens.

Cirque de CONSOLATION

Le célèbre belvédère de la roche du Prêtre, sur le rebord de la falaise, audessus de l'abîme, offre sur ce cirque sauvage et ce site exceptionnel une vue d'ensemble inoubliable.

DOLE

Le vieux Dole

La vieille ville est blottie autour de Notre-Dame. Ses rues sont étroites et tortueuses, ses maisons, du 15ᵉ au 18ᵉ s., serrées les unes contre les autres, présentent des détails intéressants.

Cascades du HÉRISSON

Un des plus beaux ensembles de chutes du massif jurassien. Dans les célèbres gorges le Hérisson multiplie les chutes et les cascades, offrant en période humide un spectacle grandiose.

Source de la LOUE

Rejoignez Ouhans et gagnez la source par la D443. L'hémicycle impressionnant où se produit la résurgence de la Loue est l'un des plus beaux sites du Jura.

MONTBÉLIARD

Musée de l'Aventure Peugeot

Musée consacré à la production de la marque (moulins à café, bicyclettes, outillage, automobiles) ; on y remarque en particulier un double phaéton de 1906, une torpédo Bébé de 1913 et un coupé 404 Diesel Records de 1965.

Renseignements : 03 81 99 42 03.

RONCHAMP

Chapelle Notre-Dame-du-Haut

Réalisation de Le Corbusier, cette « sculpture architecturale » tout en béton domine le bourg dont le nom est désormais associé à cette œuvre essentielle de l'architecture religieuse moderne.

Renseignements : 03 84 20 65 13.

SAINT-CLAUDE

Saint-Claude est avant tout un site magnifique au confluent de la Bienne et du Tacon, dans la montagne jurassienne. Depuis la place Louis-XI, la vue, au-dessus des vieux remparts, est très belle.

Route des SAPINS

Forêt de la Joux

La route des Sapins constitue, entre Champagnole et Levier, une admirable voie de traversée des forêts du Jura, la section la plus intéressante étant l'immense forêt de la Joux, une des plus belles sapinières de France.

VILLERS-LE-LAC

Saut du Doubs

Abandonnant le niveau surélevé du lac, le Doubs regagne son niveau naturel par une chute magnifique, une des curiosités naturelles les plus fameuses de Franche-Comté.

Comité Régional du Tourisme
de Franche-Comté
La City - 4, rue Gabriel Plançon
25044 BESANCON Cedex
Tél : 03.81.25.08.08
Fax : 03.81.83.35.82
E-Mail : crt@franche-comte.org
http://www.franche-comte.org

Chaux-les-Passavant

Accueil spirituel

A36 - Sortie : Baume-les-Dames - N83, D464
SNCF : Baume-les-Dames
TGV : Besançon -

Abbaye Notre-Dame de la Grâce-Dieu
25530 Chaux-les-Passavant
Tél./Fax : 03 81 60 44 45
Fax : 03 81 60 44 45
Site : http://www.la-grace-dieu.org
Email : ndgracedieu@wanadoo.fr

L'abbaye est située dans un vallon boisé, à 437 m. d'altitude et à 30 km de Besançon. L'église rénovée récemment (lignes sobres de l'architecture cistercienne) est ouverte de 4h30 à 20h15. L'environnement calme favorise la prière, la réflexion et les promenades.
Capacité d'accueil maximale : 25 pers. - Ch. simple(s) : 18 - Ch. double(s) : 7 - Linge de maison fourni
Langue(s) parlée(s) : Français

Pour connaître les prestations complètes et les tarifs, veuillez vous renseigner auprès de la maison d'accueil.

Paiements acceptés : Espèces, Chèques

Sanitaire : Individuel et Collectif

Office de Tourisme - 2, place 1ère Armée Française
25000 Besançon
Tél : 03 81 80 92 55

Consolation-Maisonnettes

Accueil spirituel

Etape vacances

A36 - Sortie : Besançon - N57, D461
Carte Michelin : 321
SNCF : Besançon
TGV : Besançon -
Aéroport : Bâle-Mulhouse -

Fondation du Val de Consolation
Centre d'accueil Notre-Dame de Consolation
25390 Consolation-Maisonnettes
Tél. : 03 81 43 67 67
Fax : 03 81 43 67 68
Email : fondation.consolation@wanadoo.fr

Fondation d'utilité publique, le Val de Consolation est un grand site d'accueil spirituel, culturel, touristique. Un cadre choisi pour les rencontres inter-culturelles, le ressourcement personnel, la découverte de l'autre, de la nature, de nos environnements.
Capacité d'accueil maximale : 120 pers. - Ch. double(s) : 12 - Ch. familiale(s) : 15 - Dortoir : oui - Camping : oui - Linge de maison fourni
Langue(s) parlée(s) : Français, Anglais

Pour connaître les prestations complètes et les tarifs, veuillez vous renseigner auprès de la maison d'accueil.

Paiements acceptés : Espèces, Chèques

Sanitaire : Individuel et Collectif

Equipement audio-visuel - Agréments : Jeunesse et sports

10 km 10 km 30 km 10 km

Office de Tourisme - 2, place 1ère Armée Française
25000 Besançon
Tél : 03 81 80 92 55

Montferrand-le-Château

Accueil spirituel

A36 - Sortie : N°3 Besançon - Planoise - N83
Carte Michelin : 321
SNCF : Besançon
TGV : Besançon - Taxi
Aéroport :

Foyer Sainte-Anne

Centre Spirituel et Culturel - 16, rue d'Avanne
25320 Montferrand-le-Château
Tél. : 03 81 56 51 38
Fax : 03 81 56 58 33
Site : www.catholique.besancon.cef.fr
Email : foyersteanne@wanadoo.fr

La maison diocésaine reçoit des groupes pour des retraites, sessions, stages, séminaires, etc... La maison est située à 230 m. d'altitude, aux abords d'un village. La campagne et les bois environnants favorisent le calme et les promenades.
Capacité d'accueil maximale : 90 pers. - Ch. simple(s) : 2 - Ch. double(s) : 30 - Ch. familiale(s) : 7 - Linge de maison fourni
Langue(s) parlée(s) : Français

Pour connaître les prestations complètes et les tarifs, veuillez vous renseigner auprès de la maison d'accueil.

Paiements acceptés : Espèces, Chèques

Sanitaire : Individuel et Collectif

Equipement audio-visuel - Agréments : Jeunesse et sports

Office de Tourisme - 2, place 1ère Armée Française
25000 Besançon
Tél : 03 81 80 92 55

Sancey-le-Long

Accueil spirituel

A36 - Sortie : L'Isle sur le Doubs - N83, D464
Carte Michelin : 321
SNCF : L'Isle sur le Doubs
TGV : Besançon - Taxi
Aéroport : Mulhouse Bâle, Genève - Taxi

Maison d'accueil Sainte-Jeanne Antide
25430 Sancey-le-Long
Tél. : 03 81 86 82 41
Fax : 03 81 86 88 79
Contact : Sœur Hélène

Maison vaste dont la remise aux normes offre: sécurité, confort et silence. Située dans le village natal de Sainte-Jeanne Antide, lieu de pélerinage, orné d'une basilique, au sein d'un environnement touristique calme. La Communauté religieuse a un rôle d'accueil et de services. Montage audiovisuel sur la vie de la Sainte et du site.
Capacité d'accueil maximale : 86 pers. - Ch. simple(s) : 74 - Ch. double(s) : 6
Langue(s) parlée(s) : Français

		Adultes	Enfants	Groupes
Hébergement	*Nuit*	15€	8€	-
Demi-pension	*Jour*	25€	14€	-
Pension complète	*Jour*	35€	20€	-

Paiements acceptés : Espèces, Chèques
Tarifs communiqués à titre indicatif. Pour plus de précisions, contacter directement la maison d'accueil.

Sanitaire : Individuel et Collectif

Equipement audio-visuel

Office du Tourisme - 1, rue Henri Mouhot
25200 Montbéliard
Tél : 03 81 94 16 05

Les Fontenelles

Accueil spirituel

Etape vacances

Maison de repos

A36 - Sortie : Besançon - Voujeaucourt - D437 - D41
Carte Michelin : 321
SNCF : Morteau
TGV : Besançon - Navette
Aéroport : Bâle-Mulhouse - Taxi

Maison d'Accueil des Sœurs
de la Retraite Chrétienne - 17, rue du Couvent
25210 Les Fontenelles
Tél. : 03 81 43 71 79
Fax : 03 81 43 79 96

Accueil toute l'année, individuels ou groupes. Altitude 900 m. Milieu rural. Belles forêts de sapins, pâturages du Haut-Doubs. Verdure, calme, grands espaces, air pur. Randonnées pédestres, tourismes, accessibles à tous, proximité de la Suisse. Prière possible en communauté.
Proposition de retraites: consultez la communauté.
Capacité d'accueil maximale : 30 pers. - Ch. simple(s) : 22 - Ch. double(s) : 8 - Dortoir : oui
Langue(s) parlée(s) : Français, Anglais
Dates de fermeture : 15/08 au 31/08

Pour connaître les prestations complètes et les tarifs, veuillez vous renseigner auprès de la maison d'accueil.

Paiements acceptés : Espèces, Chèques

Sanitaire : Collectif

Equipement audio-visuel

7 km 7 km 7 km 7 km

Autres activités : Ski alpin / fond : 7 km

Office de Tourisme - Mairie - 13, rue Principale
25210 Les Fontenelles
Tél : 03 81 43 70 32

Gizia/ Chevreaux

Accueil spirituel
Etape vacances
Maison de repos

A39 - Sortie : N°9 Cousance-Cuiseaux - N83 - Sortie : Cousance-Digna
Carte Michelin : 321
SNCF : Cousance (5 km) / Lons-le-Saunier (25 km)
TGV : Bourg-en-Bresse, 42 km - Taxi
Aéroport : Lyon-Saint-Exupéry - 90 km - Taxi

Chatel-Accueil
Maison Sainte-Marie - et Maison Sainte-Anne
39190 Gizia/ Chevreaux
Tél. : 03 84 48 92 22
Fax : 03 84 85 95 39

La maison Sainte-Marie accueille des particuliers non dépendants, des familles, en séjours de vacances. La maison Sainte-Anne accueille des groupes organisant eux-mêmes toutes formes de séjours, vacances, retraites, sessions... Les maisons sont situées au cœur du Revermont, à 450 m. alt., entourées d'un grand parc ombragé. Diverses excursions aux alentours.
Capacité d'accueil maximale : 110 pers. - Ch. simple(s) : 50 - Ch. double(s) : 25 - Linge de maison fourni
Langue(s) parlée(s) : Français

Pour connaître les prestations complètes et les tarifs, veuillez vous renseigner auprès de la maison d'accueil.

Paiements acceptés : Espèces, Chèques, Chèques vacances

Sanitaire : Individuel et Collectif

Equipement audio-visuel - Agréments : Jeunesse et sports - MSM - CAMAC

4 km 2 km

Syndicat d'Initiative de Carcom - place du 11 Novembre
39000 Lons-le-Saunier
Tél : 03 84 24 65 01

Saint-Maur

Accueil spirituel

A39 - Sortie : Bersaillin ou Lons-le-Saunier - N78, D52
Carte Michelin : 321
SNCF : Lons-le-Saunier, 7 km
TGV : Dole ou Bourg-en-Bresse - Taxi - Taxi (depuis Lons-le-Saunier)
Aéroport :

Monastère du Carmel de Lons-Le-Saunier
39570 Saint-Maur
Tél. : 03 84 44 29 10
Fax : 03 84 44 29 11
Email : carmel.lons.st-maur@wanadoo.fr
Contact : Sœur Hôtelière

Les Carmélites accueillent toute l'année des personnes seules ou petits groupes pour une halte spirituelle en silence et solitude (1 à 8 j.), dans un cadre de beauté naturelle paisible, ouvert sur les chaînes du Jura. Chacun fait sa cuisine ou peut se faire livrer des repas sur place. La Chapelle offre à tous son espace de recueillement où vous pouvez participer à la prière de la Communauté. Accueil possible de groupes de 30 pers. pour la journée. Réserver un mois à l'avance.
Capacité d'accueil maximale : 10 pers. - Linge de maison fourni
Langue(s) parlée(s) : Français, Anglais, Italien, Tagalog

Pour connaître les prestations complètes et les tarifs, veuillez vous renseigner auprès de la maison d'accueil.

Paiements acceptés : Espèces, Chèques

Sanitaire : Individuel et Collectif

Equipement audio-visuel

Syndicat d'initiative de Carcom - place du 11 Novembre
39000 Lons-le-Saunier
Tél : 03 84 24 65 01

Luxeuil-les-Bains

Accueil spirituel

A36 - Sortie : N°4 - Vesoul - Epinal - N57
Carte Michelin : 314
SNCF : Vesoul ou Lure, 30 km
TGV : Besançon, 80 km - Taxi
Aéroport : Bâle-Mulhouse - 100 km - Taxi

Abbaye Saint-Colomban
14, rue Victor Genoux - BP 61
70300 Luxeuil-les-Bains
Tél. : 03 84 40 13 38
Fax : 03 84 93 81 32
Email : ascluxeuil@club-internet.fr
Contact : Mr Gérard Rigallaud

Ancienne abbaye, aujourd'hui maison diocésaine, elle offre un cadre idéal pour la réflexion, le silence, le ressourcement. Située au centre de Luxeuil-les-Bains, petite ville thermale riche de tout un passé, l'abbaye est facile d'accès et possède un vaste parc. Elle accueille uniquement des groupes d'adultes et de jeunes pour des rencontres, sessions, stages, retraites spirituelles...
Capacité d'accueil maximale : 50 pers. - Ch. simple(s) : 6 - Ch. double(s) : 18 - Ch. familiale(s) : 5
Langue(s) parlée(s) : Français
Dates de fermeture : 20/12 au 10/01

Pour connaître les prestations complètes et les tarifs, veuillez vous renseigner auprès de la maison d'accueil.

Paiements acceptés : Espèces, Chèques

Sanitaire : Individuel et Collectif

Equipement audio-visuel

15 km

Autres activités : - PiscineThermale

Office du Tourisme - Maison du Cardinal Jouffroy
70300 Luxeuil-les-Bains
Tél : 03 84 40 06 41

Valdoie

Accueil spirituel

Résidence retraités

A36 - Sortie : Belfort - N83, D465
Carte Michelin : 315
SNCF : Belfort, 2,5 km - Taxi - Bus
Aéroport : Mulhouse, 70 km - Taxi

Maison Sainte-Jeanne de Chantal
Résidence Familiale Catholique - 46 bis, rue de Turvenne
90300 Valdoie
Tél./Fax : 03 84 26 56 24
Fax : 03 84 26 56 24
Email : ch.gras@ppfamille.org
Contact : Mr Christian Gras

La Maison Sainte-Jeanne de Chantal, résidence familiale catholique, accueille toute personne qui souhaite donner un sens à sa vie ou à sa retraite. Lieu de vie, d'amour, de paix, de prière. Ventes ou location de studios et d'appartements.
Capacité d'accueil maximale : 30 pers. - Studio(s) : oui - Appartement(s) : oui
Langue(s) parlée(s) : Français, Anglais, Allemand

Pour connaître les prestations complètes et les tarifs, veuillez vous renseigner auprès de la maison d'accueil.

Paiements acceptés : Espèces, Chèques

Sanitaire : Individuel

Equipement audio-visuel

1 km 1 km 3 km 3 km

Autres activités : Ski alpin / fond

Office de Tourisme - 2 bis, rue Clémenceau
90000 Belfort
Tél : 03 84 55 90 90

Haute-Normandie

Index des départements de la Région Haute-Normandie

Les ANDELYS

Château-Gaillard

Planté sur une falaise surplombant la Seine, Château-Gaillard ressemble à un nid d'aigle inaccessible. Panorama grandiose depuis le point de vue battu par les vents qui domine la vallée et les vestiges de la forteresse médiévale.

Le BEC-HELLOUIN

L'abbaye

Malgré les mutilations qu'elle a subies, l'abbaye du Bec témoigne de son importance au Moyen Âge en tant que foyer de culture et centre religieux. La tour St-Nicolas, du 15e s., reste le vestige le plus important de l'ancienne église abbatiale.

Renseignements : 02 32 43 72 60.

BONSECOURS

La basilique néogothique (1840) de Bonsecours, but de pèlerinage, couronne l'éperon du mont Thuringe. Du monument à Jeanne d'Arc, sur une terrasse, la vue embrasse Rouen et la vallée de la Seine.

DIEPPE

Forêt d'Eawy

C'est avec la forêt de Lyons la plus belle futaie de hêtres de Normandie. Une magnifique percée rectiligne, l'allée des Limousins, et de profonds vallons rafraîchissants rehaussent l'intérêt touristique du site.

ÉTRETAT

Falaise d'Aval

Depuis la crête de la porte d'Aval, arcade rocheuse étonnamment découpée, la vue est magnifique, à gauche sur l'arche massive de la Manneporte à l'architecture monumentale façonnée par la nature, en face sur l'Aiguille et de l'autre côté sur la falaise d'Amont.

ÉVREUX

Cathédrale Notre-Dame

Aérienne et gracile, la cathédrale d'Évreux déploie toute la richesse et le faste de l'art flamboyant.

Musée

Installé dans l'ancien évêché (15e s.), le musée ne manque pas de points forts : la section archéologique, les collections médiévales et de la Renaissance, la peinture moderne et contemporaine...

Renseignements : 02 32 31 81 90.

FÉCAMP

Palais Bénédictine

Cet étonnant bâtiment baroque abrite une importante collection d'objets d'art (pièces d'or et d'argent, ivoires, ferronneries, sculptures, émaux) et de nombreux manuscrits anciens.

Renseignements : 02 35 10 26 10.

GISORS

Château fort

Ce magnifique ensemble d'architecture militaire normande des 11e et 12e s. domine la ville.

Renseignements : 02 32 55 59 36.

LE HAVRE

Le port

Gigantesque port maritime en eau profonde situé à l'entrée de l'estuaire de la Seine, il fait du Havre le premier port pour le commerce extérieur de la France.

Abbaye de JUMIÈGES

Les majestueuses ruines de l'abbaye bénédictine s'élèvent dans le paysage enchanteur de la vallée de la Seine.

Renseignements : 02 35 37 24 02.

Forêt de LYONS

Ce massif forestier reste « l'un des chefs-d'œuvre de la nature en France et la gloire du hêtre ». Autour de ses frondaisons, on découvrira, entre autres, une ancienne abbaye et deux châteaux intéressants.

ROUEN

Cathédrale Notre-Dame

L'une des plus somptueuses cathédrales gothiques de France. Le portail central de la cathédrale est une merveille de finesse.

Musée des Beaux-Arts

Les collections, du 15 ᵉ s. à nos jours, se succèdent dans leur simultanéité - on suit l'évolution de la peinture, de la sculpture, de l'orfèvrerie, du mobilier ou du dessin -, le clou du musée étant le 19ᵉ s., tant par l'abondance que par la qualité des œuvres : toutes les tendances se déploient, du néoclassicisme à l'impressionnisme et au symbolisme.

Renseignements : 02 35 71 28 40.

La corniche et la côte Ste-Catherine

La route qui s'élève sur l'éperon crayeux de la côte Ste-Catherine réserve, dans un virage aménagé en terrasse, un saisissant panorama sur la courbe du fleuve, la ville et ses clochers.

ST-MARTIN-DE-BOSCHERVILLE

Ancienne abbaye St-Georges

L'un des fleurons monumentaux de la vallée de la Seine : un édifice de pur style roman normand, aux lignes sobres et harmonieuses, dont les jardins sont replantés comme au 17 ᵉ s.

Comité Régional du Tourisme de Normandie
14, rue Charles Corbeaux • Le Doyenné
27000 EVREUX
Tél : 02.32.33.79.00
Fax : 02.32.31.19.04
E-Mail : normandy@imaginet.fr
http://www.normandy-tourism.org

Etrepagny

Accueil spirituel

Etape vacances

N14
Carte Michelin : 304
SNCF : Gisors, 14 km - Taxi - Car
Aéroport : Beauvais, 40 km - Taxi

Accueil Dominique
1, rue Maison de Vatimesnil
27150 Etrepagny
Tél. : 02 32 55 79 38
Fax : 02 32 55 79 35
Contact : Sœur Hôtelière

Les Sœurs Dominicaines reçoivent familles, individuels et groupes pour des retraites, sessions et des séjours de durée variable. En ville, l'établissement, agrémenté d'un jardin, est situé dans un parc où l'on peut camper. Aux alentours, vous pourrez remonter le cours de la Seine, visiter Gisors et son château fort à 12 tours, Château-Gaillard, Les Andelys, Giverny et Rouen ou encore le Monastère de Notre Dame de Lesua à Provemont.
- Ch. simple(s) : 50

Langue(s) parlée(s) : Français, Anglais, Allemand

Pour connaître les prestations complètes et les tarifs, veuillez vous renseigner auprès de la maison d'accueil.

Paiements acceptés :

Sanitaire : Collectif

Equipement audio-visuel

Comité départemental de Tourisme
3, rue du Commandant Letellier
27000 Evreux
Tél : 02 32 62 04 67

Pont-Audemer

Accueil spirituel

Etape vacances

A13 - Sortie : N°26 Bourneville - D810 - D180 - D139
Carte Michelin : 304
SNCF : Lisieux ou Bernay, 35 km - Navette
Aéroport : Rouen- Boos et Deauville/ St-Gatien- Le Havre/ Octeville - Taxi

Diocèse d'Evreux
Lycée Agricole Privé - Tourville sur Pont-Audemer
27500 Pont-Audemer
Tél. : 02 32 41 11 15
Fax : 02 32 41 48 27
Email : pont-audemer@cneap.scolanet.org
Contact : Mr Jean Legrix

Situé dans un village, à 30 km de la mer, et entouré d'un parc de 12 ha propice à la méditation, cet établissement scolaire est aussi un centre spirituel où vous pourrez, seul, en famille ou en groupe, faire une retraite dans la chapelle, pendant les vacances scolaires.
Capacité d'accueil maximale : 200 pers. - Dortoir : oui - Camping : oui - Linge de maison fourni
Langue(s) parlée(s) : Français, Anglais, Allemand, Espagnol

Pour connaître les prestations complètes et les tarifs, veuillez vous renseigner auprès de la maison d'accueil.

Paiements acceptés :

Sanitaire : Collectif

Equipement audio-visuel - Agréments : Jeunesse et sports - Education nationale - Ministère de l'Agriculture

3 km 1 km 3 km

Autres activités : - Canoë Kayak - Voile - Sports collectifs

Office de Tourisme - place Maubert
27500 Pont-Audemer
Tél : 02 32 41 08 21

Illiers-L'Evêque

Accueil spirituel

Résidence retraités

A13 - Sortie : Dreux - N12
Carte Michelin : 304
SNCF : Dreux - Navette
Aéroport : Paris- Orly

Le Bremien Notre-Dame
Maison de Retraite pour Personnes Agées - 2, rue de l'Orée du Bois
27770 Illiers-L'Evêque
Tél. : 02 37 62 81 00
Fax : 02 37 48 17 26
Email : lebremien.nd@free.fr
Contact : Mr Sivignon

La maison reçoit les personnes retraités (valides, semi-valides ou invalides). Située au carrefour des Yvelines et l'Eure-et-Loire, dans un parc de 8 ha, elle offre à ses hôtes une retraite agréable dans un cadre privilégié. Animation et ateliers de couture, de peinture sur soie, promenades.
Capacité d'accueil maximale : 65 pers. - Ch. simple(s) : 40 - Ch. double(s) : 20 - Linge de maison fourni
Langue(s) parlée(s) : Français, Anglais, Espagnol, Portugais

Pour connaître les prestations complètes et les tarifs, veuillez vous renseigner auprès de la maison d'accueil.

Paiements acceptés : , Chèques

Sanitaire : Individuel

Equipement audio-visuel

Office de Toursime - 6, rue des Embûches
28100 Dreux
Tél : 02 37 46 01 73
Email : contact@ot-dreux.fr

Valmont

Accueil spirituel

A29 - Sortie : Fauville - Fécamp - D926
Carte Michelin : 304
SNCF : Fécamp, 9 km - Taxi - Car
Autres moyens de transfert : Car depuis Fécamp

Abbaye Notre-Dame du Pré
12, rue Raoul Auvray
76540 Valmont
Tél. : 02 35 27 34 92
Fax : 02 35 27 86 21
Email : abbatia.ndp@free.fr
Contact : Soeur Hôtelière

Les Moniales Bénédictines de Notre-Dame du Pré accueillent toute personne (sauf messieurs seuls) seule ou en groupe (25 personnes) pour des séjours de calme et de ressourcement spirituel dans ce lieu de paix, ou pour des sessions, séminaires… Possibilité de participer aux offices liturgiqes en grégorien, avec les psaumes en français.
Capacité d'accueil maximale : 25 pers. - Ch. simple(s) : 10 - Ch. double(s) : 7 - Ch. familiale(s) : 1
Langue(s) parlée(s) : Français, Anglais
Dates de fermeture : 01/01 au 31/01

Pour connaître les prestations complètes et les tarifs, veuillez vous renseigner auprès de la maison d'accueil.

Paiements acceptés : Espèces, Chèques

Sanitaire : Individuel et Collectif

Syndicat d'Initiative - Mairie
76540 Valmont
Tél : 02 35 28 06 97

Saint-Jacques-sur-Darnétal

Accueil spirituel

Maison de repos

A28 - Darnétal / A13 - N°22 - N31, D43
Carte Michelin : 304
SNCF : Rouen
TGV : Rouen - Taxi - Navette
Aéroport : Rouen-Boos - Taxi

Centre spirituel Mambré
2, rue du Parc
76160 Saint-Jacques-sur-Darnétal
Tél. : 02 35 23 42 24
Fax : 02 35 23 15 32
Email : compassion.mambre@wanadoo.fr
Contact : Soeur Hôtelière

Dans un cadre de verdure calme et reposant, les Sœurs de la Compassion de Rouen vous accueillent pour un temps de prière, de réflexion ou de repos. Proche du monde souffrant, elles veulent offrir à leur hôtes écoute, réconfort et disponibilité. Possibilité d'apporter ses draps ou location de draps.
Capacité d'accueil maximale : 45 pers. - Ch. simple(s) : 23 - Ch. double(s) : 5
Langue(s) parlée(s) : Français
Dates de fermeture : 01/09 au 10/09

		Adultes	Enfants	Groupes
Hébergement	*Nuit*	12 à 14€	10€	-
Demi-pension	*Jour*	20 à 22€	15€	-
Pension complète	*Jour*	30 à 32€	22€	-

Paiements acceptés : Espèces, Chèques
Tarifs communiqués à titre indicatif. Pour plus de précisions, contacter directement la maison d'accueil.

Sanitaire : Individuel et Collectif

Equipement audio-visuel - Agréments : - MSM - CAMAC

10 km

1 km

Office de Tourisme - 25, place de la Cathédrale
76008 Rouen
Tél : 02 32 08 32 40
Email : tourisme@rouen.fr

Martin-Eglise

Accueil spirituel

Maison de repos

Résidence retraités

A13 Rouen-Le Have - Sortie : Dieppe
Carte Michelin : 304
SNCF : Dieppe
TGV : Rouen - Taxi - Créabus : 02 32 14 09 09
Aéroport :

Monastère Sainte-Marie
Thibermont - 22, chemin des Meuniers
76370 Martin-Eglise
Tél. : 02 35 04 66 91
Fax : 02 35 04 66 99
Email : augustines.thibermont@wanadoo.fr
Contact : Soeur Marie-André

A 5 km de la mer, de la forêt, et de Dieppe avec ses ferries pour l'Angleterre., l'hôtellerie des Sœurs Augustines est installée à proximité du monastère. Elle offre à ses hôtes la possibilité de partager la liturgie. Dans un climat de cordialité propre à l'ordre de Saint-Augustin, chacun est accueilli comme un frère.
Capacité d'accueil maximale : 36 pers. - Ch. simple(s) : 20 - Ch. double(s) : 7 - Linge de maison fourni
Langue(s) parlée(s) : Français, Anglais

Pour connaître les prestations complètes et les tarifs, veuillez vous renseigner auprès de la maison d'accueil.

Paiements acceptés : Espèces, Chèques

Sanitaire : Individuel et Collectif

Equipement audio-visuel - Agréments : - MSM - CAMAC

6 km 6 km 6 km 6 km

Office de Tourisme - Pont-Ango
76200 Dieppe
Tél : 02 32 14 40 60

Notes

Ile-de-France

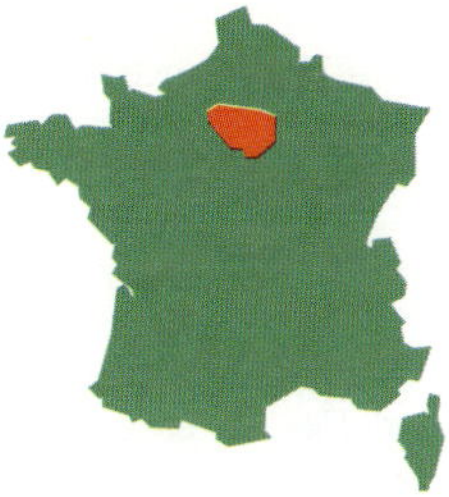

Index des départements
de la Région Ile-de-France

AUVERS-SUR-OISE

Ce bourg, qui s'étire le long de l'Oise, accueillit de nombreux impressionnistes à la fin du 19e s. Sur le chemin qui ondule à flanc de coteau, de Valhermeil à Cordeville, des panneaux rappellent les sources d'inspiration des peintres.

BARBIZON

Lieu de prédilection des peintres paysagistes dans les années 1830-1860. Leur école s'inspira des paysages forestiers de Fontainebleau et de la plaine de Bière.

Château de BRETEUIL

Breteuil compte parmi ces châteaux qui font l'intérêt et le charme de l'Île-de-France. Il présente une architecture et un mobilier de qualité et, pour la grande joie des enfants, les célèbres personnages des contes de Perrault.

Renseignements : 01 30 52 05 02.

Château de DAMPIERRE

L'ensemble constitué par le parc de Le Nôtre et le château de Jules Hardouin-Mansart constitue un rare exemple de domaine préservé à proximité de la capitale.

Renseignements : 01 30 52 53 24.

Parc DISNEYLAND

À Marne-la-Vallée. De la bonne humeur, du rêve, des spectacles, Mickey vous invite à retrouvez votre âme d'enfant l'espace d'une visite. Disney Village recrée la vie américaine par ses boutiques, ses restaurants et ses animations variées.

Renseignements : 0 825 306 030

FONTAINEBLEAU

Palais

Il doit son origine à la passion des rois pour la chasse, son développement et sa décoration au plaisir qu'ils éprouvaient à réunir des œuvres d'art dans leur « maison de famille ». La façade centrale est aisément reconnaissable à son fameux escalier en fer à cheval, souvent copié mais jamais égalé.

Renseignements : 01 60 71 50 60.

Forêt de FONTAINEBLEAU

Cette splendide forêt étend sur 25 000 ha ses chênes et ses pins, son sable gris et ses rochers de grès.

PARIS

Notre-Dame

L'église métropolitaine de Paris est un des sommets de l'architecture française et, en quelque sorte, la cathédrale de la France.

Renseignements : 01 42 34 56 10

Tour Eiffel

Vigie de la capitale, c'est le monument parisien le plus universellement connu. En dépit d'une charpente de 7 000 tonnes, d'une hauteur de 320,75 m, de 2 500 000 rivets... c'est un chef-d'œuvre de légèreté.

Renseignements : 01 44 11 23 23.

Musée du Louvre

Le Louvre fut à travers huit siècles la demeure des rois et des empereurs. Des agrandissements successifs, qui résument aussi l'histoire de l'architecture, en ont fait le plus grand palais du monde. Mais sa renommée universelle, il la doit à son musée, écrin séculaire de chefs-d'œuvre absolus comme la Joconde ou la Vénus de Milo.

Renseignements : 01 40 20 52 63.

Butte Montmartre

Des boulevards anonymes y avoisi-

nent des coins pittoresques du village campagnard d'antan avec leurs ruelles escarpées et leurs escaliers abrupts.
Au sommet, la basilique du Sacré-Cœur est un lieu de pèlerinage perpétuel ; sa terrasse et surtout son dôme offrent un panorama exceptionnel sur Paris.

PROVINS

Remparts

Ils constituent un très bel exemple d'architecture militaire médiévale.La partie la plus intéressante s'étend entre la porte St-Jean et la porte de Jouy.

Abbaye de ROYAUMONT

Fondée par Saint Louis en 1228, elle donne une idée de la prospérité à laquelle atteignaient les grandes abbayes du Moyen Âge.
Contrairement au plan cistercien traditionnel, l'église est particulièrement spectaculaire de par ses dimensions de cathédrale.

Renseignements : 01 30 35 59 70

Parc de SAINT-CLOUD

Ce beau parc qui a conservé l'essentiel de son ancien tracé témoigne du grand art ordonnateur de Le Nôtre, qui a modelé un site à la symétrie impeccable.

Renseignements : 01 41 12 02 90.

Basilique de SAINT-DENIS

Premier manifeste de l'art gothique pour le chevet, modèle pour les cathédrales de la fin du 12e s., c'est aussi et surtout la nécropole des rois de France depuis les Capétiens : elle abrite une collection, unique en Europe, de gisants et tombeaux du 12e s. au 16e s.

Renseignements : 01 48 09 83 54.

SAINT-GERMAIN-EN-LAYE

Musée des Antiquités nationales

Le château royal abrite des collections archéologiques de première importance témoignant des activités humaines depuis la préhistoire jusqu'à Charlemagne. Un point fort du musée : d'inestimables collections de gravures et sculptures préhistoriques sur os et pierre.

Renseignements : 01 39 10 13 00.

Château et jardins de VAUX-LE-VICOMTE

Jalousé par Louis XIV, le château de Vaux préfigure la splendeur du palais de Versailles et demeure l'un des chefs-d'œuvre du 17e s. La promenade dans ses jardins imaginés par Le Nôtre est inoubliable.

Renseignements : 01 64 14 41 90.

VERSAILLES

Château et parc

Symbole de perfection classique, l'ensemble composé par le château, ses jardins et Trianon forme un rendez-vous unique avec la royauté française à son apogée. Privilégiez la visite les jours des Grandes Eaux.
Le parc - un entrelacs de jardins, de fontaines et de bassins, une myriade de statues et de grottes - est alors à l'unisson du château : royal... et inoubliable !

Renseignements : 01 30 83 77 88/76 20

Comité Régional du Tourisme Paris
Ile-de-France
91, avenue des Champs-Elysées
75008 Paris
Tél : 01.56.89.38.00
Fax : 01.56.89.38.39
E-Mail : crt@paris-ile-de-france.com
http://www.paris-ile-de-france.com

Paris

Accueil spirituel

Carte Michelin : 312
SNCF : Paris-Saint-Lazare - Taxi
Aéroport : Roissy-Charles-de-Gaulle - Taxi

Maison d'accueil
Ephrem - 33-35, rue du Chevalier-de-la-Barre
75018 Paris
Tél. : 01 53 41 89 09
Fax : 01 53 41 89 19
Site : www.sacre-cœur-montmartre.fr
Email : adoremus@sacre-cœur-montmartre.fr
Contact : Soeur Hôtelière

L'Hôtellerie de la Basilique du Sacré-Cœur-de-Montmartre accueille toute personne seule ou en groupe, pour une démarche de prière ou de pèlerinage, ou qui souhaite participer à l'adoration eucharistique perpétuelle ou aux célébrations liturgiques.
Capacité d'accueil maximale : 100 pers. - Ch. simple(s) : 21 - Ch. double(s) : 31 - Ch. familiale(s) : 3 - Dortoir : oui - Linge de maison fourni
Langue(s) parlée(s) : Français, Anglais, Allemand, Espagnol, Polonais Danois
Dates de fermeture : 15/07 au 15/08

Pour connaître les prestations complètes et les tarifs, veuillez vous renseigner auprès de la maison d'accueil.

Paiements acceptés : Espèces, Chèques

Sanitaire : Individuel et Collectif

Equipement audio-visuel

Office de Tourisme - 21, place du Tertre
75018 Paris
Tél : 01 42 62 21 21

Paris

Etape vacances

SNCF : Paris-Montparnasse
TGV : Paris-Montparnasse - Taxi et transports en commun
Aéroport : Roissy-Charles-de-Gaulle, Orly - Taxi et transports en commun

Maison Nicolas Barré
83 rue de Sèvres
75006 Paris
Tél. : 01 45 48 25 48
Fax : 01 42 84 07 85
Site : www.
Email : mail@maison-nicolas-barre.com

Dans un cadre agréable au cœur de Paris, avec un souci de service et d'ouverture, la maison accueille des groupes d'adultes et de jeunes qui souhaitent réfléchir et travailler ensemble dans une perspective de formation et d'approfondissement culturel, social et spirituel.
Capacité d'accueil maximale : 115 pers. - Ch. simple(s) : 33 - Ch. double(s) : 31 - Ch. familiale(s) : 6 - Linge de maison fourni
Langue(s) parlée(s) : Français, Anglais
Dates de fermeture : Mois d'août et dernière semaine de décembre.

Pour connaître les prestations complètes et les tarifs, veuillez vous renseigner auprès de la maison d'accueil.

Paiements acceptés : Espèces, Chèques

Sanitaire : Individuel et Collectif

Equipement audio-visuel

Office de Tourisme Tour Eiffel -

2

Paris

Accueil spirituel

Carte Michelin : 312
SNCF : Paris-St-Lazare - Taxi
Aéroport : Roissy-Charles-de-Gaulle - Taxi

Prieuré Saint-Benoît
40 rue du Chevalier de la Barre
75018 Paris
Tél. : 01 46 06 14 74
Fax : 01 42 23 19 33
Contact : Soeur Hôtelière

Les Bénédictines du Sacré-Cœur-de-Montmartre accueillent toute personne seule ou en groupe qui désire prier et chercher Dieu au sein d'une communauté monastique. Le prieuré est situé au cœur de la capitale. Ils peuvent bénéficier d'un accompagnement spirituel.
Capacité d'accueil maximale : 55 pers. - Ch. simple(s) : 21 - Ch. double(s) : 17 - Linge de maison fourni
Langue(s) parlée(s) : Français, Anglais

Pour connaître les prestations complètes et les tarifs, veuillez vous renseigner auprès de la maison d'accueil.

Paiements acceptés : Espèces, Chèques

Sanitaire : Individuel et Collectif

Office de Tourisme - 21, place du Tertre
75018 Paris
Tél : 01 42 62 21 21

La Ferté-sous-Jouarre

Etape vacances

Maison de repos

A4 - Sortie : N°18 / 19 - N3, D1
Carte Michelin : 312
SNCF : La Ferté-sous-Jouarre
TGV : Paris - Taxi
Aéroport : Roissy-Charles-de-Gaulle - Taxi

Association Concorde
31, rue d'Hugny
77260 La Ferté-sous-Jouarre
Tél. : 01 60 22 03 76
Fax : 01 60 22 02 23
Site : www.mission-catholique-polonaise.net
Email : pmk.laferte@free.fr
Contact : Sœur Wiktoria

Relais pour les pèlerins et touristes, centre de retraites, récollections. Lieu rêvé pour passer un week-end et se ressourcer, y fêter anniversaire, baptême, confirmation. A 45 mn de Paris, près de Disneyland, dans la vallée de la Marne, sur la route de Champagne.
Capacité d'accueil maximale : 90 pers. - Ch. double(s) : 17 - Ch. familiale(s) : 17 - Camping : oui - Linge de maison fourni
Langue(s) parlée(s) : Français, Polonais

		Adultes	Enfants	Groupes
Hébergement	*Nuit*	14,50€	13€ (-10 ans)	-
Demi-pension	*Jour*	23,50€	17,50€ (-10 ans)	-
Pension complète	*Jour*	32,50€	23,50€ (-10 ans)	-

Paiements acceptés : Espèces, Chèques
Tarifs communiqués à titre indicatif. Pour plus de précisions, contacter directement la maison d'accueil.

Sanitaire : Individuel

Equipement audio-visuel

1,5 km 2 km 6 km

Office de Tourisme - 26, place de l'Hôtel de Ville
77260 La Ferté-sous-Jouarre
Tél : 01 60 22 63 43

Avon cedex

Accueil spirituel

A6 - Sortie : Fontainebleau
Carte Michelin : 312
SNCF : Fontainebleau - Avon - Taxi - Bus ligne C

Centre spirituel des Frères Carmes
1, rue du Père Jacques
77215 Avon cedex
Tél. : 01 60 72 28 45
Site : www.centrespirituel-avon.org
Email : centre.spirituel.carmes.avon@wanadoo.fr

Le Centre Spirituel d'Avon, animé par une communauté de frères et par des laïcs, situé dans un très bel environnement (forêt, château de Fontainebleau, jardin) accueille, tout au long de l'année, des personnes seules ou en groupes pour un temps de réflexion et de prière.
Capacité d'accueil maximale : 65 pers. - Ch. simple(s) : 27 - Ch. double(s) : 19
Langue(s) parlée(s) : Français, Anglais, Allemand

Pour connaître les prestations complètes et les tarifs, veuillez vous renseigner auprès de la maison d'accueil.

Paiements acceptés : Espèces, Chèques

Sanitaire : Collectif

Equipement audio-visuel

Office de Tourisme - 4, rue Royale
77300 Fontainebleau
Tél : 01 60 74 99 99

Livry-sur-seine

Accueil spirituel

A6 - A5 - Sortie : Melun - N6, D39
SNCF : Livry-sur-seine (5 min à pied)
TGV : Paris-Gare de Lyon
Aéroport : Orly, Roissy - Train

Communauté du Chemin-Neuf
Clos Notre Dame
77000 Livry-sur-seine
Tél. : 01 60 68 11 20
Fax : 01 60 68 65 27
Site : www.chemin-neuf.org
Email : livry@chemin-neuf.org

Dans un très beau cadre, la Communauté du Chemin-Neuf (communauté catholique à vocation œcuménique) propose des retraites spirituelles (selon calendrier établi) et accueille des groupes constitués pour des retraites à la journée, en week-end ou en semaine.
Capacité d'accueil maximale : 50 pers. - Ch. simple(s) : 10 - Ch. double(s) : 20 - Dortoir : 1
Langue(s) parlée(s) : Français, Anglais

Pour connaître les prestations complètes et les tarifs, veuillez vous renseigner auprès de la maison d'accueil.

Paiements acceptés : Espèces, Chèques

Sanitaire : Individuel et Collectif

Equipement audio-visuel

Comité départemental de Tourisme - 4, rue Royale
77300 Fontainebleau
Tél : 01 60 74 99 99

La Houssaye-en-Brie

Accueil spirituel

A4 - Sortie : 13 Provins ou 15 - N4 et N36 - D216
Carte Michelin : 312
SNCF : Marles-en-Brie
TGV : Chessy - Marne la Vallée
Aéroport : Roissy ou Orly

Diocèse de Meaux
149 rue Jodelle - BP 7
77610 LA HOUSSAYE-EN-BRIE
Tél. : 01 64 07 41 25
Site : www.fmc-sc.org
Email : fmc.lahoussaye@wanadoo.fr
Contact : Mr Emmanuel Eble

Au coeur de la Brie boisée, une communauté de 8 frères missionnaires des campagnes, partageant la vie des ruraux, vous accueille en groupe ou seul dans un climat favorable au ressourcement. Vous pourrez participer à leur prière, mais aussi échanger avec eux.
Capacité d'accueil maximale : 40 pers. - Ch. simple(s) : 8 - Ch. double(s) : 16 - Linge de maison fourni
Langue(s) parlée(s) : Français

Pour connaître les prestations complètes et les tarifs, veuillez vous renseigner auprès de la maison d'accueil.

Paiements acceptés : Espèces, Chèques

Sanitaire : Collectif

Equipement audio-visuel

7

La Chapelle-la-Reine

Résidence retraités

A6 - Sortie : Ury/Malesherbes - N7
Carte Michelin : 312
SNCF : Fontainebleau/Nemours - Taxi

Maison de retraite Saint-Joseph
41, avenue de Fontainebleau - Association Essaim Gâtinais
77760 La Chapelle-la-Reine
Tél. : 01 64 24 32 36 / 06 60 38 05 52
Fax : 01 60 74 72 15
Email : mr-st-joseph@wanadoo.fr
Contact : Mr Joël Defontaine

La Maison Saint-Joseph a été fondée en 1975. De référence catholique, elle est ouverte à toute personne de 60 ans et plus. EHPAD Médicalisée, elle accueille les dépendants tant psychiques que physiques. Elle accompagne jusqu'au bout de la vie dans le confort, le respect, la convivialité et l'accompagnement spirituel. Service d'auxiliaire à domicile 24h/24. Coiffeuse. Esthéticienne. Partenariat avec le diocèse de Meaux.
- Ch. simple(s) : 33 - Ch. double(s) : 12
Langue(s) parlée(s) : Français

Pour connaître les prestations complètes et les tarifs, veuillez vous renseigner auprès de la maison d'accueil.

Paiements acceptés : , Chèques

Sanitaire : Individuel

Equipement audio-visuel

Comité départemental de Tourisme - 4, rue Royale
77300 Fontainebleau
Tél : 01 60 74 99 99

Brou-sur-Chantereine

Accueil spirituel

A104 - Sortie : N° 9 Chelles - N34
Carte Michelin : 312
SNCF : Vaires-Torcy
TGV : Chessy-Disneyland - Taxi
Aéroport : Roissy-Charles-de-Gaulle - Taxi

Monastère Saint-Joseph
1 bis, avenue Thiébaut
77177 Brou-sur-Chantereine
Tél. : 01 60 20 61 60 / 01 60 20 11 20
Fax : 01 60 20 43 52
Email : pr.stjoseph.brou@club-internet.fr
Contact : Soeur Hôtelière

La Communauté des Bénédictines de Jésus crucifié accueille dans un climat de silence et de prière, prêtres, religieux, religieuses, jeunes filles, dames, couples ainsi que des petits groupes. Le monastère est situé dans un parc dont vous pourrez profiter.
- Ch. simple(s) : 10 - Ch. double(s) : 3 - Ch. familiale(s) : 1 - Dortoir : 10 lits - Camping : oui
Langue(s) parlée(s) : Français, Anglais, Espagnol, Néerlandais

Pour connaître les prestations complètes et les tarifs, veuillez vous renseigner auprès de la maison d'accueil.

Paiements acceptés : Espèces, Chèques

Sanitaire : Collectif

Office de Tourisme - 31, avenue de la Résistance
77500 Chelles
Tél : 01 60 08 12 24

Blaru

Accueil spirituel

A13 - Sortie : N°15 Chaufour - N13 - N15, D52
Carte Michelin : 311
SNCF : Vernon, 5 km - Taxi

Bénédictines du Sacré-Cœur de Montmartre
Prieuré de Béthanie
78270 Blaru
Tél. : 01 34 76 21 39
Fax : 01 34 76 22 62
Contact : Soeur Hôtelière

A 75 km de Paris. Messe tous les jours, offices chantés. Adoration l'après-midi. Participation possible à l'atelier d'icônes avec une sœur. Parc. Promenades aménagées, halte sur la route de Lisieux, proximité de Giverny.
Capacité d'accueil maximale : 100 pers. - Ch. simple(s) : 45 - Linge de maison fourni
Langue(s) parlée(s) : Français, Anglais, Allemand

Pour connaître les prestations complètes et les tarifs, veuillez vous renseigner auprès de la maison d'accueil.

Paiements acceptés : Espèces, Chèques

Sanitaire : Individuel et Collectif

Equipement audio-visuel

6 km 2 km 2 km

Autres activités : - Sentiers GR

Syndicat d'Initiative - 36, rue Carnot
27200 Vernon
Tél : 02 32 51 39 60

Jambville

Accueil spirituel

A15 - Direction Rouen - Sortie : Meulan- Les Mureaux - A13 - Sortie : Les Mureaux
Carte Michelin : 2213 ouest
SNCF : Gare Saint-Lazare jusqu'à Meulan-Hardricourt
Aéroport : Orly ou Roissy CDG
Autres moyens de transfert : Gare de Meulan-Hardricourt, commander bus , - possibilité de navette pour 8 personnes, nous consulter.

Centre international de formation des Scouts et Guides de France
Château de Jambville - 78440 Jambville
Tél. : 01 34 75 40 84
Fax : 01 34 75 36 63
Site : www.sgdf.fr/jambville
Email : jambville@sgdf.fr
Contact : Gabriela Milaret

A 50 km au nord ouest de Paris, dans un parc entièrement clos de 52 ha, la propriété de Jambville est le Centre International de Formation et des activités des Scouts et Guides de France. Ce centre et ses nombreuses dépendances accueillent les groupes scouts ou guides appartenant au Scoutisme Français qui désirent camper un WE ou une ou plusieurs semaines de camp. Possibilité de pension complète pour les aumôneries, les retraites et les scolaires.3 salles à manger de 120 places. 30 salles de réunions. Chapiteau de 500 places.
Capacité d'accueil maximale : 260 lits pers. - Dortoir : oui - Autres : chambres de 1, 2, 4 ou 6 lits
Langue(s) parlée(s) : Français, Anglais, Allemand, Espagnol

Pour connaître les prestations complètes et les tarifs, veuillez vous renseigner auprès de la maison d'accueil.

Paiements acceptés : Espèces, Chèques

Sanitaire : Individuel et Collectif

Versailles

Accueil spirituel

A12 / A86 - Sortie : Versailles - N12
Carte Michelin : 311
SNCF : Versailles-Chantiers
TGV : Paris-Montparnasse -
Aéroport : Paris-Orly - Taxi

Centre spirituel Notre-Dame-du-Cénacle
68, avenue de Paris
78000 Versailles
Tél. : 01 39 50 21 56
Fax : 01 39 53 53 98
Site : www.ndcenacle.free.fr
Email : cenacle.versailles@wanadoo.fr

Situé en ville dans un très beau parc, ce centre spirituel, animé par les Sœurs de Notre-Dame du Cénacle, offre un programme varié de temps fort spirituel pour tous : couples, famille, fiancés, jeunes, adultes et accueille groupes et individuels uniquement pour un ressourcement de foi. Retraites selon les exercices spirituels d'Ignace de Loyola.
Capacité d'accueil maximale : 68 pers. - Ch. simple(s) : 40 - Ch. double(s) : 28 - Linge de maison fourni
Langue(s) parlée(s) : Français, Anglais, Allemand
Dates de fermeture : 01/08 au 15/08, 26/12 au 02/01

Pour connaître les prestations complètes et les tarifs, veuillez vous renseigner auprès de la maison d'accueil.

Paiements acceptés : Espèces, Chèques

Sanitaire : Individuel et Collectif

Equipement audio-visuel

Office de Tourisme - 2 bis, avenue de Paris
78000 Versailles
Tél : 01 39 24 88 88

Poissy

Accueil spirituel

A13 / A14 - Sortie : Poissy
Carte Michelin : 311
SNCF : Poissy
TGV : Paris-Saint-Lazare -
Aéroport :
Autres moyens de transfert : RER A

Foyer de Charité La Part-Dieu
108, rue de Villiers
78300 Poissy
Tél. : 01 39 65 12 00
Fax : 01 30 74 71 65
Site : www.foyer-la-part-dieu-poissy.com
Email : foyer.lapartdieu.poissy@wanadoo.fr
Contact : Mlle Guene

Le Foyer de Charité La Part-Dieu, en lien avec le Foyer de Châteauneuf, accueille toute personne en quête de ressourcement spirituel, pour des retraites prêchées dans un climat de silence (programme sur demande). Avec son parc boisé, il offre un cadre propice au recueillement.
- Ch. simple(s) : 90 - Ch. double(s) : 25
Langue(s) parlée(s) : Français

Pour connaître les prestations complètes et les tarifs, veuillez vous renseigner auprès de la maison d'accueil.

Paiements acceptés : Espèces, Chèques

Sanitaire : Individuel et Collectif

Office de Tourisme - 132, rue du Général de Gaulle
78300 Poissy
Tél : 01 30 74 60 65

Maurepas

Accueil spirituel

A 12 - Sortie : Trappes - N10
Carte Michelin : 311
SNCF : La Verrière
TGV : Versailles Chantiers - Taxi - Bus
Aéroport : Orly - Bus - Train
Autres moyens de transfert : Bus

Maison d'Accueil et de Prière "Le Cèdre"
9, place des Buttes
78310 Maurepas
Tél. : 01 30 66 11 82
Site : http://lecedre-catholique-yvelines.cef.fr ou www.lecedre.org
Email : assoclecedre@wanadoo.fr

Espace de silence, de prière et de paix. Lieu de promenade. Dans un parc de 4 ha. Maison de village. Oratoire. Présence eucharistique. Accueil d'individuels et de groupes. Conférences. Le lundi, prière de 14h30 à 15h30. Messe à 18h30. Dîner. Accueil : 40 pers. en journée, 15 en week-end.
Capacité d'accueil maximale : 40 pers. - Ch. simple(s) : 3 - Ch. double(s) : 3 - Ch. familiale(s) : 1 (6 pers.) - Linge de maison fourni
Langue(s) parlée(s) : Français

Pour connaître les prestations complètes et les tarifs, veuillez vous renseigner auprès de la maison d'accueil.

Paiements acceptés : Espèces, Chèques

Sanitaire : Individuel

Equipement audio-visuel

Office de Tourisme - 2 bis, avenue de Paris
78000 Versailles
Tél : 01 39 24 88 88

Breuil-Bois-Robert

Etape vacances

A13 - Sortie : Mantes Est - Houdan - N113, D65
SNCF : Mantes-la-Ville - Mantes-la-Jolie
TGV : Poissy - Taxi - Navette
Aéroport : Roissy, Orly - Taxi - Train

Mr et Mme Van Tilbeurgh
11, rue du Carrefour
78930 Breuil-Bois-Robert
Tél. : 01 30 42 65 51
Email : nadette.vantilbeurgh@free.fr
Contact : Mme Van Tilbeurgh

Dans ce cadre chaleureux et serein, Bernadette et Antoine vous accueillent pour une fête de famille (sans sono), un stage, une pause, une étape sur le GR 26. Ce lieu calme, abritant un oratoire, s'avère propice au respect de la nature, aux animations culturelles, au développement personnel. Cuisine à faire sur place. Location salle : 300€/jour ; différent pour stage et retraite.
Capacité d'accueil maximale : 15 pers. - Ch. double(s) : 2 - Ch. familiale(s) : 1 - Dortoir : oui - Linge de maison fourni
Langue(s) parlée(s) : Français

Pour connaître les prestations complètes et les tarifs, veuillez vous renseigner auprès de la maison d'accueil.

Paiements acceptés : Espèces, Chèques

Sanitaire : Individuel et Collectif

8 km 2 km 2 km 10 km Sur place

Office du Tourisme du Mantois - 4, place Saint Maclou
78200 Mantes la Jolie
Tél : 01 34 77 10 30

4 km 4 km

Bonnelles

Accueil spirituel
Etape vacances
Maison de repos

A10 - Sortie : Bures / Les Ulis / Dourdan - D988
Carte Michelin : 311
SNCF : Rambouillet
TGV : Massy - Taxi
Aéroport : Paris-Orly -
Autres moyens de transfert : Bus RER

Orantes de l'Assomption
Chemin de Noncienne
78830 Bonnelles
Tél. : 01 30 88 48 50
Fax : 01 30 88 48 64
Email : orantes.bonnelles@wanadoo.fr

Situé près du village, proche de la forêt de Rambouillet, le monastère d'architecture contemporaine, offre le calme et la paix nécessaires à la prière et à la réflexion. La Communauté reçoit des personnes seules pour des retraites individuelles et des groupes encadrés, organisant leurs propres retraites, récollections ou sessions. Accueil pour des séjours de repos.
Capacité d'accueil maximale : 80 à 100 pers. - Ch. simple(s) : 75 - Ch. double(s) : 50 - Camping : oui - Linge de maison fourni
Langue(s) parlée(s) : Français, Anglais, Espagnol

Pour connaître les prestations complètes et les tarifs, veuillez vous renseigner auprès de la maison d'accueil.

Paiements acceptés : Espèces, Chèques, Virement

Sanitaire : Collectif

Equipement audio-visuel

12 km 2 km 8 km 2 km

Office de Tourisme - place de la Libération
78120 Rambouillet
Tél : 01 34 83 21 21

Vauhallan

Accueil spirituel

Maison de repos

Résidence retraités

A6 - Sortie : Chilly-Mazarin - N118 - Saclay, D60
Carte Michelin : 101
SNCF : Igny
TGV : Massy-Palaiseau - Taxi - Car
Aéroport : Paris-Orly - Taxi
Autres moyens de transfert : Bus

Abbaye Saint-Louis-du-Temple
Limon
91430 Vauhallan
Tél. : 01 69 85 21 20
Fax : 01 69 85 28 92/96
Site : www.abbaye-limon-vauhallan.com
Email : limon@wanadoo.fr
Contact : Sr Mireille (Pour Grpe) Sr Raphaëlle

Lieu isolé, calme, avec espaces verts ; à 20 km de Paris. Les moniales bénédictines vous y accueillent seul ou en groupe, pour une retraite spirituelle, le partage de la vie liturgique. 2 bâtiments plus confortables peuvent recevoir des personnes valides en repos-convalescence, ainsi que des personnes âgées autonomes en séjour temporaire ou prolongé. Contacter à l'avance la sœur responsable.
Capacité d'accueil maximale : 40 pers. - Ch. simple(s) : 20 - Ch. double(s) : 20 - Linge de maison fourni
Langue(s) parlée(s) : Français, Anglais, Allemand

Pour connaître les prestations complètes et les tarifs, veuillez vous renseigner auprès de la maison d'accueil.

Paiements acceptés : Espèces, Chèques

Sanitaire : Individuel et Collectif

Equipement audio-visuel - Agréments : - MSM

Syndicat d'Initiative - Cour de la Mairie
91430 Vauhallan
Tél : 01 69 35 53 04

Evry

Accueil spirituel

A6 - Sortie : Evry Ville Nouvelle - N7
Carte Michelin : 312
SNCF : Grand-Bourg
TGV : Gare de Lyon - RER D
Aéroport : Paris-Orly - Taxi

Association Saint-Laurent Notre-Dame de Sion
Maison Sainte-Geneviève - 2, avenue Ratisbonne
91024 Evry
Tél./Fax : 01 69 36 49 90
Fax : 01 69 36 49 90
Site : http://monsite.wanadoo.fr/accueilnds
Email : ndsstegenevieve@wanadoo.fr
Contact : Sœur Marie-Lise

La Communauté des Sœurs de Notre-Dame de Sion est heureuse de vous accueillir dans un cadre de verdure favorable au calme, au silence, à la prière, pour un ou plusieurs jours. Contemplatives de la Solitude à 3 minutes de la maison. Draps : 4€. Cotisation : 2€/pers., 12€/groupe.
Capacité d'accueil maximale : 33 pers. - Ch. simple(s) : 10 - Ch. double(s) : 11
Langue(s) parlée(s) : Français, Anglais, Italien

Pour connaître les prestations complètes et les tarifs, veuillez vous renseigner auprès de la maison d'accueil.

Paiements acceptés : Espèces, Chèques

Sanitaire : Collectif

Office de Tourisme - 23, cours Blaise Pascal
91000 Evry
Tél : 01 60 78 79 99

Saint-Sulpice de Favière

Accueil spirituel

Etape vacances

N20 Mauchamps
Carte Michelin : 312
SNCF : Breuillet Village - Taxi
Aéroport : Orly - Taxi

Maison Saint-Dominique
91910 Saint-Sulpice de Favière
Tél. : 01 64 58 54 15
Fax : 01 64 58 67 84
Email : saintdobethanie@wanadoo.fr
Contact : Mme Devillers

Ce lieu de paix, géré par les Dominicaines de Béthanie, situé à 40 km de Paris dans un village, au milieu d'un grand jardin, accueille prêtres, religieuses, couples, individuels ou groupes pour une halte de prière et de réflexion, un ressourcement spirituel ou un rétablissement moral… dans une atmosphère de discrétion et de calme.
Capacité d'accueil maximale : 28 pers. - Ch. simple(s) : 18 - Ch. double(s) : 5 - Linge de maison fourni
Langue(s) parlée(s) : Français, Anglais
Dates de fermeture : 15 au 30/06 et 15 au 30/11

Pour connaître les prestations complètes et les tarifs, veuillez vous renseigner auprès de la maison d'accueil.

Paiements acceptés : Espèces, Chèques

Sanitaire : Individuel et Collectif

Equipement audio-visuel

5 km 5 km 3 km

Comité départemental de Tourisme - 19, rue Mazières
91000 Evry
Tél : 01 64 97 35 13

Orsay

Accueil spirituel

A10 - Sortie : Orsay - N118 - Sortie : Orsay centre
SNCF : RER B arrêt Orsay centre
TGV : Massy - Navette - Taxi
Aéroport : Orly - Navette - Taxi

Mission Franciscaine
91402 Orsay
Tél. : 01 69 28 45 71
Fax : 01 69 28 91 66
Site : www.catholique-evry.cef.fr/prier/ctes/clarte/
Email : clarte.dieu@wanadoo.fr

A 21 km au sud de Paris. Grand parc boisé. Maison animée par la famille franciscaine (frères, sœurs et laïcs). Maison de retraites spirituelles et de sessions. Accueille des groupes de retraitants ou des sessions apostoliques, catéchétiques... Jeunes ou adultes.
Capacité d'accueil maximale : 96 pers. - Ch. simple(s) : 68 - Ch. double(s) : 14 - Linge de maison fourni
Langue(s) parlée(s) : Français
Dates de fermeture : 29/07 au 21/08

		Adultes	Enfants	Groupes
Hébergement	-	11€	9,75€	-
Demi-pension	-	22€	19,25€	-
Pension complète	-	34€	30,50€	-

Paiements acceptés : Espèces, Chèques

Sanitaire : Collectif

Equipement audio-visuel

2 km
1 km
10 km
8 km

Office de Tourisme - Mairie - 17, rue Yvette
91400 Orsay

Les Granges le Roi

Accueil spirituel

A10 / A11 - Sortie : Dourdan - N20
Carte Michelin : 312
TGV : Massy-Palaiseau à 25 km - Taxi
Aéroport : Orly à 25 km - Taxi
Autres moyens de transfert : RER C4

Notre-Dame de l'Ouye
91410 Les Granges le Roi
Tél./Fax : 01 60 81 96 01
Fax : 01 60 81 96 01
Site : http://ursulines-ur.cef.fr
Email : notredame-ouye-ursuline@wanadoo.fr

Prieuré du XII ème siècle situé dans un cadre de verdure en plein cœur de la forêt. Les sœurs Ursulines de l'Union Romaine accueillent toute l'année jeunes ou adultes, individuellement ou en groupe, pour retraites ou sessions, dans un climat d'attention à chacun.
Capacité d'accueil maximale : 65 pers. - Ch. simple(s) : 10 - Ch. double(s) : 11 - Ch. familiale(s) : 9 - Linge de maison fourni
Langue(s) parlée(s) : Français

Pour connaître les prestations complètes et les tarifs, veuillez vous renseigner auprès de la maison d'accueil.

Paiements acceptés : Espèces, Chèques

Sanitaire : Collectif

Equipement audio-visuel

Office de Tourisme - place du Général de Gaulle
91410 Dourdan
Tél : 01 64 59 86 97

3 km 3 km

Etiolles

Accueil spirituel

A6 - Sortie : Evry
Carte Michelin : 312
SNCF : Evry
Aéroport : Orly

Prieuré Saint-Benoît
1, allée Saint-Benoît
91450 Etiolles
Tél. : 01 69 89 84 84
Fax : 01 69 89 31 69
Site : http://perso.wanadoo.fr/cbpsb
Email : com.b.psb@wanadoo.fr
Contact : Père Hugues

Les moines du Prieuré Saint-Benoît d'Etiolles s'efforcent d'équilibrer une vie de recherche de Dieu et de témoignage de l'Evangile dans le monde urbain qui les entoure et dans lequel ils travaillent professionnellement. Accueil groupes pour retraites et formations. Prière des psaumes matin, midi et soir. Eucharistie le matin.
Capacité d'accueil maximale : 30 pers. - Ch. simple(s) : 14 - Ch. double(s) : 8 - Linge de maison fourni
Langue(s) parlée(s) :
Dates de fermeture : Juillet et Août

		Adultes	Enfants	Groupes
Hébergement	*Nuit*	14€	-	-
Demi-pension	*Jour*	24€	-	-
Pension complète	*Jour*	32€	-	-

Paiements acceptés : Espèces, Chèques
Tarifs communiqués à titre indicatif. Pour plus de précisions, contacter directement la maison d'accueil.

Sanitaire : Individuel

Equipement audio-visuel

-

Clamart

Accueil spirituel

A 86 - Sortie : Clamart - D 906
Carte Michelin : 21
SNCF : Clamart
TGV : Paris - Montparnasse - Taxi - Navette - Métro
Aéroport : Paris - Orly - Taxi - Navette

Manrèse
Centre Spirituel - 5, rue Fauveau
92140 Clamart
Tél. : 01 45 29 98 60
Fax : 01 46 45 03 13
Site : www.manrese.com
Email : accueil@manrese.com

Centre Spirituel animé par les Jésuites, des religieuses et des laïcs proposant une expérience de prière et de réflexion selon la tradition d'Ignace de Loyola. Grand espace de silence et de verdure mitoyen avec la forêt de Meudon. Ouvert aux individuels et aux groupes. Pour le programme : voir le site internet.
Capacité d'accueil maximale : 60 pers. - Ch. simple(s) : 24 - Ch. double(s) : 25 - Linge de maison fourni
Langue(s) parlée(s) :

Pour connaître les prestations complètes et les tarifs, veuillez vous renseigner auprès de la maison d'accueil.

Paiements acceptés : Espèces, Chèques

Sanitaire : Individuel et Collectif

1 km

Syndicat d'Initiative - 22, rue Paul Vaillant Couturier
92140 Clamart
Tél : 01 46 42 44 30

Coubron

Accueil spirituel

A3 - A4 - A86 ou A104 - N3, D136
Carte Michelin : 312 ou 19
Aéroport : Roissy-Charles-de-Gaulle - Taxi
Autres moyens de transfert : RER B + Bus ou Taxi sauf WE et jours fériésRER E + Bus ou Taxi tous les jours

Accueil Saint-Jean-Baptiste
89, rue Jean-Jaurès
93470 Coubron
Tél. : 01 43 30 00 80
Fax : 01 43 32 52 87

L'accueil diocésain reçoit toute l'année les groupes qui organisent eux-mêmes leurs retraites, réunions, sessions ou stages. C'est un lieu paisible, dans un cadre de verdure, adapté pour prier, réfléchir et travailler. Réservation après un premier contact par téléphone.
Capacité d'accueil maximale : 90 pers. - Ch. simple(s) : 2 - Ch. double(s) : 16 - Ch. familiale(s) : 7 - Dortoir : 1
Langue(s) parlée(s) : Français

Pour connaître les prestations complètes et les tarifs, veuillez vous renseigner auprès de la maison d'accueil.

Paiements acceptés : Espèces, Chèques

Sanitaire : Collectif

Comité départemental de Tourisme
140, avenue Jean Lolive
93500 Pantin
Tél : 01 49 15 98 98

Nogent-sur-Marne

Accueil spirituel

Maison de repos

A4 - Sortie : Nogent-sur-Marne
Carte Michelin : 312
Aéroport : Roissy-Charles-de-Gaulle - Taxi
Autres moyens de transfert : RER E

Foyer Sacerdotal

Com. Disciple du Divin Maître - 29, rue de Plaisance
94130 Nogent-sur-Marne
Tél. : 01 48 71 02 18
Fax : 01 48 71 40 44
Site : www.pddm.org
Email : pddm.ogent@wanadoo.fr

Les sœurs disciples du Divin Maître accueillent toute l'année prêtres et religieux pour des haltes spirituelles ou de repos plus ou moins longues, dans un cadre de silence.
- Ch. simple(s) : 5 - Ch. double(s) : 2 - Ch. familiale(s) : 1 - Linge de maison fourni

Langue(s) parlée(s) : Français, Anglais, Italien, coréen, polonais
Dates de fermeture : 01/08 au 31/08

		Adultes	Enfants	Groupes
Hébergement	*Nuit*	23€	-	-
Demi-pension	*Journée*	33€	-	-
Pension complète	*Journée*	43€	-	-

Paiements acceptés : Espèces, Chèques
Tarifs communiqués à titre indicatif. Pour plus de précisions, contacter directement la maison d'accueil.

Sanitaire : Individuel

Equipement audio-visuel

Office de Tourisme - 5, avenue de Joinville
94130 Nogent-sur-Marne
Tél : 01 48 73 73 97

L'Hay-les-Roses cedex

Accueil spirituel

Maison de repos

A10 - Sortie : L'Hay les Roses - N20 et N7
Carte Michelin : 312
Aéroport : Paris-Orly - Taxi

Maison Saint-Vincent
34, rue des Tournelles
94246 L'Hay-les-Roses cedex
Tél. : 01 46 64 46 64
Fax : 01 45 47 41 81
Email : maison-saint-vincent@wanadoo.fr
Contact : Soeur Supérieure

La maison reçoit, sur certificat médical, des prêtres, religieux(ses) en convalescence ou en repos. A proximité de Paris, proche du centre ville, cette maison dispose d'un parc superbe et est mitoyenne avec la célèbre roseraie départementale.
Capacité d'accueil maximale : 40 pers. - Ch. simple(s) : 34 - Ch. double(s) : 6 - Linge de maison fourni
Langue(s) parlée(s) : Français
Dates de fermeture : 01/08 au 31/08

		Adultes	Enfants	Groupes
Hébergement	*Nuit*	15,00€	-	-
Demi-pension	*Jour*	20€	-	-
Pension complète	*Jour*	35€	-	-

Paiements acceptés : Espèces, Chèques
Tarifs communiqués à titre indicatif. Pour plus de précisions, contacter directement la maison d'accueil.

Sanitaire : Individuel et Collectif

Equipement audio-visuel - Agréments : - MSM - CAMAC

1 km

Office de Tourisme - 1, boulevard Carnot
92340 Bourg-la-Reine
Tél : 01 41 87 24 89

Montmorency

Accueil spirituel

Etape vacances

A1 - Sortie : Gonesse-Sarcelles - N1, D125
Carte Michelin : 311
SNCF : Enghien-les-Bains, 6 - Taxi - Autobus N°13 ou N°15M
Aéroport : Roissy-Charles-de-Gaulle 20 km - Taxi- Autobus N 9502
Autres moyens de transfert : Autobus N°13 ou N°15M

Centre du dialogue

Congrégation des Pallotins - 34, chemin des Bois Briffaults
95160 Montmorency
Tél. : 01 39 89 32 96
Fax : 01 34 12 02 08
Site : www.centrumdialogu.org
Email : centredialogue@libertysurf.fr
Contact : Mr George

Animé par les pères pallotins, le centre situé sur les hauteurs, offre un magnifique panorama sur Paris à 20 km. Au cœur d'une forêt de 62 000 m2, il est ouvert aux personnes (groupes uniquement) qui veulent profiter d'un espace de calme pour réfléchir et se ressourcer.
Capacité d'accueil maximale : 51 pers. - Ch. double(s) : 6 - Ch. familiale(s) : 11 - Linge de maison fourni
Langue(s) parlée(s) : Français, Polonais

Pour connaître les prestations complètes et les tarifs, veuillez vous renseigner auprès de la maison d'accueil.

Paiements acceptés : , Chèques

Sanitaire : Individuel

Agréments : - CAMAC

3 km

Sur place

Office de Tourisme - 1, avenue Foch
95160 Montmorency
Tél : 01 39 64 42 94

Saint-Prix

Accueil spirituel

Etape vacances

A15-A115 - Sortie : St Leu la Forêt - N144, D928
Carte Michelin : 311
SNCF : St Prix Gros Noyers
TGV : Gare du Nord - Paris - Roissy - Taxi - Navette
Aéroport : Roissy - Taxi
Autres moyens de transfert : RER C : Ermont - Eaubonne

Massabielle
Centre de Spritualité et de Retraites - 1, rue Auguste Rey
95370 Saint-Prix
Tél. : 01 34 16 09 10
Fax : 01 39 59 75 07
Site : www.massabielle.net
Email : massabielle-end@wanadoo.fr
Contact : Mr de Roberty

A quelques kilomètres de Paris, en bordure de la forêt de Montmorency, une belle maison, bien équipée et située au cœur d'un parc magnifique, vous accueillera pour retraites, récollections, rencontres, séminaires… et vous offrira toutes les conditions pour un temps utile, profond et agéable. Accueil d'individuels.
Capacité d'accueil maximale : 122 pers. - Ch. double(s) : 33 - Ch. familiale(s) : 9 - Dortoir : 2 de 13 lits - Linge de maison fourni
Langue(s) parlée(s) : Français, Anglais, Espagnol

		Adultes	Enfants	Groupes
Hébergement	*Nuit*	16€	16€	-
Demi-pension	*Jour*	27€	20€	-
Pension complète	*Jour*	35€	27€	-

Paiements acceptés : Espèces, Chèques
Tarifs communiqués à titre indicatif. Pour plus de précisions, contacter directement la maison d'accueil.

Sanitaire : Collectif

Equipement audio-visuel

1 km

1 km

Autres activités : - Stades : 1 km - Jogging

Maison départementale de Tourisme - rue François de Ganay
95270 Luzarches
Tél : 01 30 29 51 00

8 km

Languedoc-Roussillon

Index des départements de la Région Languedoc-Roussillon

Mont AIGOUAL
Même si le sommet du Mont Aigoual a les trois quarts du temps la tête dans les nuages, il est un balcon idéal sur les Causses et les Cévennes.
Renseignements (observatoire) : 04 67 82 64 14.

AIGUES-MORTES
Remparts
Un tour des remparts par le chemin de ronde permet de découvrir la ville, avec de belles perspectives sur le chenal maritime (aujourd'hui port de plaisance) et les salins d'Aigues-Mortes.

AVEN ARMAND
Aux environs de Meyrueis.
L'aven Armand, avec ses éblouissantes concrétions aux formes fantastiques, est une des merveilles du monde souterrain.
Renseignements : 04 66 45 61 31.

Pic du CANIGOU
Le Canigou, montagne sacrée des Catalans, dresse au-dessus des vergers sa cime enneigée. Au sommet (2784 m), le panorama est immense.

CARCASSONNE
La cité
Carcassonne est la plus grande forteresse d'Europe. Elle se compose d'un noyau fortifié, le Château comtal, et d'une double enceinte. Elle reste dans la mémoire de tous ceux qui ont arpenté ses petites rues, longé ses remparts et pénétré dans son château.
Renseignements (Château comtal) : 04 68 11 70 70.

Grottes des DEMOISELLES
Au sud- est de Ganges.
Pour atteindre le cœur de cette grotte, anfractuosité dans le plateau de Thaurac, il ne faut pas descendre mais monter ! Un funiculaire évite tout effort pour gagner l'intérieur, où l'émerveillement sera complet.
Renseignements : 04 67 73 70 02.

Abbaye de FONTFROIDE
Cette ancienne abbaye cistercienne, restaurée avec goût, est secrètement nichée au creux d'un vallon des Corbières. Elle occupe un site paisible peuplé de cyprès, digne d'un paysage toscan.
Renseignements : 04 68 45 11 08.

NARBONNE
Musée archéologique
Narbonne possède sans doute la plus riche collection de France de peintures romaines, provenant pour la plupart du site archéologique du Clos de la Lombarde (au nord de la ville antique). Renseignements : 04 68 90 30 54.

Cirque de NAVACELLES
Ce site prestigieux de la vallée de la Vis se présente comme un immense et magnifique méandre, profondément encaissé, aux parois presque verticales.

NÎMES
Les arènes
Si de par ses dimensions, il n'est que le 9ᵉ des 20 amphithéâtres retrouvés en Gaule, il est le mieux conservé du monde romain.
Renseignements : 04 66 76 72 77.

Maison Carrée
Avec son portique aux colonnes sculptées, elle devait avoir fière allure aux abords du forum... La Maison carrée, sans doute le mieux conservé des temples romains, fut édifiée

sur le plan du temple d'Apollon à Rome.

Renseignements : 04 66 58 38 00.

ORANGE

Théâtre antique

En arrivant sur la place du théâtre, on est avant tout frappé par ce mur imposant, long de 103 m et haut de 36 m, qui se dresse devant nous. L'impression, lorsqu'on accède aux gradins, est grandiose.

Renseignements : 04 90 50 17 60.

Château de PEYREPETUSE

Ce château, l'un des « cinq fils de Carcassonne », est l'un des plus beaux exemples de fortification des Corbières, le plus vaste et sans doute le plus évocateur des châteaux cathares.

Renseignements : 06 71 58 63 36.

PEZENAS

Magnifiques demeures seigneuriales, hôtels du 17 e s. demeurés intacts, cours intérieures et rues restaurées, le noble passé de Pézenas illumine encore son présent.

PONT DU GARD

L'une des merveilles de l'Antiquité, ouvrage grandiose édifié au 1er siècle, le Pont du Gard, serti dans son cadre superbe, mériterait presque à lui seul une halte en Provence.

SAINT-GILHEM-LE-DÉSERT

Le village, oasis resserrée autour d'une ancienne abbaye, est constitué de petites rues sinueuses où l'on peut voir quelques belles façades du Moyen Âge.

Fort de SALSES

Émergeant des vignes, cette forteresse à demi enterrée affiche d'imposantes dimensions. Élevé au 15e s., c'est un spécimen unique en France de l'architecture militaire médiévale espagnole, adaptée par Vauban aux exigences de l'artillerie moderne.

Renseignements : 04 68 38 60 13.

Prieuré de SERRABONE

Dans le paysage austère des Aspres, le chemin ménage jusqu'au bout la surprise de la découverte de ce prieuré solitaire et perché. C'est l'une des merveilles de l'art roman en Roussillon, posée dans un jardin botanique aux essences subtiles.

Renseignements : 04 68 84 09 30.

Gorges DU TARN

Route des gorges

Les murailles de pierre des gorges du Tarn sont la grande curiosité de la région des causses. Elles offrent une succession ininterrompue de sites grandioses et de vues vertigineuses sur le Tarn.

Comité Régional du Tourisme
du Languedoc-Roussillon
Le Millénaire II • 417, rue Samuel Morse
CS 79507
34960 MONTPELLIER CEDEX 2
Tél : 04.67.22.81.00
Fax : 04.67.64.47.48
E-Mail : contact.crtlr@sunfrance.com
http://www.sunfrance.com

Carcassonne

Etape vacances

A61 - Sortie : Carcassonne Est - N113
Carte Michelin : 313
SNCF : Carcassonne - Taxi
Aéroport : Carcassonne - Taxi

Centre diocésain "Notre-Dame-de-l'Abbaye"
103, rue Trivalle
11000 Carcassonne
Tél. : 04 68 25 16 65
Fax : 04 68 11 47 01
Email : ndaa@wanadoo.fr
Contact : Mme Torrès

Centre d'accueil diocésain pour individuels, familles ou groupes en classes vertes, classes de patrimoine, sessions culturelles et de formation, séminaires professionnels, clubs sportifs et artistiques. Au pied de la cité médiévale. Le centre comprend un jardin au milieu d'un cloître et un parc, une chapelle du XIIIème siècle et une crypte. Draps fournis en chambres.
Capacité d'accueil maximale : 150 pers. - Ch. simple(s) : 13 - Ch. double(s) : 22 - Ch. familiale(s) : 1 - Dortoir : 4
Langue(s) parlée(s) : Français, Anglais, Espagnol
Dates de fermeture : 17/12/04 au 03/01/2005

		Adultes	Enfants	Groupes
Hébergement	*Nuit*	16 à 20€	11 à 14€	-
Demi-pension	*Jour*	22,5 à 27€	16 à 21€	-
Pension complète	*Jour*	29 à 34€	21 à 28€	-

Paiements acceptés : Espèces, Cartes bancaires, Chèques, Chèques vacances
Tarifs communiqués à titre indicatif. Pour plus de précisions, contacter directement la maison d'accueil.

Sanitaire : Collectif

Equipement audio-visuel - Agréments : Jeunesse et sports

2 km 2 km 4 km 3 km

Office de Tourisme - 15, boulevard Camille Pelletan
11890 Carcassonne cedex 9
Tél : 04 68 10 24 30

Castelnaudary

Accueil spirituel
Etape vacances

- Sortie : Castelnaudary
Carte Michelin : 313
SNCF : Castelnaudary à 5 min
TGV : Montpellier - Taxi
Aéroport : Toulouse - SNCF

Monastère des Clarisses
10, rue Pasteur
11400 Castelnaudary
Tél. : 04 68 23 12 92
Fax : 04 68 23 69 46

Les sœurs Clarisses reçoivent à l'accueil du monastère, du 1er avril au 15 octobre, prêtres, religieuses, jeunes filles, dames, couples, familles avec enfants. Messe assurée chaque jour à la chapelle du monastère.
Capacité d'accueil maximale : 20 pers. - Ch. simple(s) : 9 - Ch. double(s) : 4 - Ch. familiale(s) : 1 - Linge de maison fourni
Langue(s) parlée(s) : Français, Anglais, Polonais
Dates de fermeture : 15/10 au 31/03

Pour connaître les prestations complètes et les tarifs, veuillez vous renseigner auprès de la maison d'accueil.

Paiements acceptés : Espèces, Chèques

Sanitaire : Collectif

Equipement audio-visuel

à 10 mn 5 km

Office de Tourisme - place de la République
11400 Castelnaudary
Tél : 04 68 23 05 73

Conqueyrac

Accueil spirituel
Etape vacances
Maison de repos
Résidence retraités

A9 - Sortie : Lunel - D999
Carte Michelin : 339
SNCF : Nîmes
TGV : Nîmes - Taxi
Aéroport : Nîmes-Arles-Camargue - Taxi

Accueil Montfortain
Notre-Dame de la Gardiolle
30170 Conqueyrac
Tél. : 04 66 77 20 95
Fax : 04 66 77 29 40

Au pied des Cévennes, à 200 m d'altitude. La communauté des missionnaires Montfortains reçoit toute l'année, grâce à son association "l'accueil Monfortain", des personnes à titre individuel ou groupes, désireuses de se reposer ou de se ressourcer spirituellement.
Capacité d'accueil maximale : 70 pers. - Ch. simple(s) : 19 - Ch. double(s) : 18 - Ch. familiale(s) : 4 - Appartement(s) : 8 - Camping : camp - Linge de maison fourni
Langue(s) parlée(s) : Français, Anglais

		Adultes	Enfants	Groupes
Hébergement	*Nuit*	21€	-20 % (5 à 10 ans)	-
Demi-pension	*Jour*	27€	-20 %	-
Pension complète	*Jour*	32€	-20 %	-

Paiements acceptés : Espèces, Chèques
Tarifs communiqués à titre indicatif. Pour plus de précisions, contacter directement la maison d'accueil.

Sanitaire : Individuel et Collectif

Agréments : - CAMAC

5 km 5 km

Office de Tourisme - Les Casernes
30170 Saint-Hippolyte-du-Fort
Tél : 04 66 77 91 65

20 km

Nîmes

Etape vacances

A9 - Sortie : Nîmes Ouest - N113
Carte Michelin : 339
SNCF : Nîmes, 1 km
TGV : Nîmes, 1 km -
Aéroport : Nîmes-Arles-Camargue - 10 km - Autobus

Maison diocésaine
6, rue Salomon Reinach
30000 Nîmes
Tél. : 04 66 84 95 11 / 04 66 28 65 90
Fax : 04 66 84 27 68
Site : www.maison-diocesaine-nimes.org
Email : maison.diocesaine30@wanadoo.fr

Au cœur de Nîmes, l'ancien séminaire rénové, entouré d'un grand parc, calme, accueille individuel, famille, groupe. Lieu idéal pour découvrir le Pont du Gard, la Camargue, les Cévennes, la provence ou pour organiser sessions, formations, voyages d'études, vacances.
Capacité d'accueil maximale : 70 pers. - Ch. double(s) : 24 - Ch. familiale(s) : 2 - Studio(s) : 3 - Linge de maison fourni
Langue(s) parlée(s) : Français, Anglais

		Adultes	Enfants	Groupes
Hébergement	*Nuit*	25€	12€	-
Demi-pension	*Jour*	36€	23€	-
Pension complète	*Jour*	47€	34€	-

Paiements acceptés : Espèces, Chèques
Tarifs communiqués à titre indicatif. Pour plus de précisions, contacter directement la maison d'accueil.

Sanitaire : Individuel et Collectif

Equipement audio-visuel

4 km 3 km 9 km 4 km

Office de Tourisme - 6, rue Auguste
30000 Nîmes
Tél : 04 66 58 38 00

5 6 7 8
20 km 20 km 20 km 20 km

Nîmes

Accueil spirituel

A9 - Sortie : Nîmes Est
Carte Michelin : 339
SNCF : Nîmes
TGV : Nîmes - Taxi - Bus N°F ou N°B
Aéroport : Nîmes-Arles-Camargue - Taxi - Navette

Monastère des Clarisses
34, rue de Brunswick
30000 Nîmes
Tél. : 04 66 26 66 76
Fax : 04 66 26 86 35
Contact : Soeur Marie-Cécile

En pleine ville nîmoise, le monastère, avec son jardin et son silence est un espace vert propice à l'intimité avec Dieu, sur les pas de François et de Claire d'Assise.
Capacité d'accueil maximale : 9 pers. - Ch. simple(s) : 6 - Ch. double(s) : 3 - Dortoir : oui - Linge de maison fourni
Langue(s) parlée(s) : Français, Anglais, Espagnol

Pour connaître les prestations complètes et les tarifs, veuillez vous renseigner auprès de la maison d'accueil.

Paiements acceptés : Espèces, Chèques

Sanitaire : Collectif

Equipement audio-visuel

Office de Tourisme - 6, rue Auguste
30000 Nîmes
Tél : 04 66 58 38 00

4

Puimisson

Accueil spirituel

Etape vacances

A9 - Sortie : Béziers Centre-Est - N113, D909
Carte Michelin : 339
SNCF : Magalas
TGV : Béziers -
Aéroport : Béziers-Agdes-vias - Taxi

Centre spirituel "Saint-Joseph de Mont-Rouge"
Sanctuaire de Pèlerinage - Saint-Joseph
34480 Puimisson
Tél. : 04 67 36 07 85
Fax : 04 67 36 32 59
Site : www.mont-rouge.info ou http://stjmontrouge.free.fr
Email : stjosephmontrouge@free.fr
Contact : Père René Granier

Haut-lieu de pélerinage à Saint-Joseph et centre spirituel, dans un site magnifique, entre mer et montagne, au milieu d'un parc de 8 ha, à 10 km de Béziers. Toute l'année, le centre accueille tout groupe pour récollections, sessions… et organise retraites, pélerinages, animés par prêtres, religieuses et laïcs. Cadre idéal pour prière, détente et multiples excursions possibles.
Capacité d'accueil maximale : 112 pers. - Ch. simple(s) : 28 - Ch. double(s) : 39 - Ch. familiale(s) : 1 - Studio(s) : 4 - Camping : oui - Autres : 2 ermitages - Linge de maison fourni
Langue(s) parlée(s) : Français

Pour connaître les prestations complètes et les tarifs, veuillez vous renseigner auprès de la maison d'accueil.

Paiements acceptés : Espèces, Chèques

Sanitaire : Individuel et Collectif

Equipement audio-visuel

Office de Tourisme - 29, avenue Saint-Saëns
34500 Béziers
Tél : 04 67 76 47 00

Lamalou-les-Bains

Etape vacances
Maison de repos

A75 Clermont l'Hérault / A9 Béziers
Carte Michelin : 339
SNCF : Bédarieux, 8 km
TGV : Montpellier, 80 km - Taxi - Bus
Aéroport : Montpellier-Méditerranée - 80 km - Taxi

Maison de Repos Fontenay
7, avenue du Docteur Ster
34240 Lamalou-les-Bains
Tél. : 04 67 95 81 39
Fax : 04 67 95 89 46
Email : maisonfontenay@free.fr
Contact : Mme Azaïs

Entourée de verdure, la maison Fontenay accueille prêtres, religieux, laïcs dans une ambiance chaleureuse et fraternelle pour une cure, des vacances ou du repos. Lamalou-les-Bains, petite ville thermale, pleine de charme, offre un choix touristique varié : mer, forêts, lacs. Tarifs basse saison pour prêtres du 1er nov au 31 avril.
Capacité d'accueil maximale : 24 pers. - Ch. simple(s) : 13 - Ch. double(s) : 5 - Linge de maison fourni
Langue(s) parlée(s) : Français

Pour connaître les prestations complètes et les tarifs, veuillez vous renseigner auprès de la maison d'accueil.

Paiements acceptés : Espèces, Chèques

Sanitaire : Individuel

Equipement audio-visuel - Agréments : - MSM - CAVIMAC

1 km 1 km 4 km 1 km

Autres activités : - Divers parcours de randonnées

Office de Tourisme - 1, avenue Capus
34240 Lamalou-les-Bains
Tél : 04 67 95 70 91

Montferrer

Etape vacances
Maison de repos

A9 - Sortie : Le Boulou - D115 - D54
Carte Michelin : 344
SNCF : Perpignan
TGV : Perpignan -
Aéroport : Perpignan -

Association El Castell
Mas Galangau - Sant Jordi
66150 Montferrer
Tél./Fax : 04 68 39 12 43
Fax : 04 68 39 12 43
Email : paul.nquin@wanadoo.fr
Contact : Mme Hennequin

Dans un mas, au milieu d'un hameau avec vue exceptionnelle sur plaine, mer et montagnes, 690 m d'altitude, à 50 km des plages, pour vacances, séjours climatiques, de repos ou cures thermales (Amélie-les-Bains). Promenades faciles, piscine gratuite au village, calme, soleil.
- Appartement(s) : oui
Langue(s) parlée(s) : Français, Italien

Pour connaître les prestations complètes et les tarifs, veuillez vous renseigner auprès de la maison d'accueil.

Paiements acceptés : Espèces, Chèques

Sanitaire : Individuel

4 km 4 km 8 km 12 km

Office de Tourisme - rue Jean-Baptiste Barjau
66150 Arles-sur-Tech
Tél : 04 68 39 11 99

50 km

Angoustrine-Villeneuve

Maison de repos

N20 - N116
Carte Michelin : 344
SNCF : Latour de Carol à 7 km - Taxi
Aéroport : Perpignan - Taxi - Navette - Car - Train

Maison de repos Moûtier Notre-Dame
7, rue du Moûtier
66760 Angoustrine-Villeneuve
Tél. : 04 68 30 07 22
Fax : 04 68 04 51 30
Contact : Soeur Huguette Martin

La communauté des Filles de Jésus de Massac accueille prêtres, religieux(ses) et laïcs en lien avec les paroisses pour des séjours de repos et de convalescence. Situé à 1350 m d'altitude, offrant un panorama unique sur les Pyrénées, la maison est entourée d'un jardin et d'un espace vert. Possibilité de bénéficier des bains d'eau chaude sulfureuse à Dorres (2 km). La surveillance médicale est assurée par un médecin et une équipe d'infirmières.
Capacité d'accueil maximale : 15 pers. - Ch. simple(s) : 15 - Linge de maison fourni
Langue(s) parlée(s) : Français, Espagnol

Pour connaître les prestations complètes et les tarifs, veuillez vous renseigner auprès de la maison d'accueil.

Paiements acceptés : Espèces, Chèques

Sanitaire : Individuel et Collectif

Equipement audio-visuel - Agréments : - MSM - CAMAC - pour religieux

Office de Tourisme - 1, place Catalogne
66760 Bourg-Madame
Tél : 04 62 04 55 35

Perpignan

Accueil spirituel

Etape vacances

A9 - Sortie : Perpignan Sud - N9, D916
Carte Michelin : 344
SNCF : Perpignan à 4 km
TGV : Perpignan à 4 km - Taxi
Aéroport : Perpignan à 6 km - Taxi

Maison diocésaine d'accueil du Mont-Thabor
Château du parc Ducup - Allée des Chênes - BP 224
66000 Perpignan
Tél. : 04 68 68 32 40
Fax : 04 68 85 44 85
Site : www.parcducup.com
Email : parcducup@wanadoo.fr
Contact : Mr Didier Monti

Perpignan à 10 mn ; la mer et l'Espagne à 17 km ; la montagne à 80 km. La maison diocésaine du Château du parc Ducup vous héberge dans des chambres restaurées, avec vue sur le parc, et vous offre tout le confort moderne en conservant le charme d'une propriété de la fin du XIX ème siècle, dans un environnement de calme et de verdure. Cuisine régionale.
Capacité d'accueil maximale : 85 pers. - Ch. simple(s) : 7 - Ch. double(s) : 36 - Ch. familiale(s) : 3 - Studio(s) : oui - Linge de maison fourni
Langue(s) parlée(s) : Français, Anglais, Allemand, Espagnol, Catalan, Portugais, Vietnamien
Dates de fermeture : 20/12 au 04/01

Pour connaître les prestations complètes et les tarifs, veuillez vous renseigner auprès de la maison d'accueil.

Paiements acceptés : Espèces, Cartes bancaires, Chèques, Chèques vacances

Sanitaire : Individuel

Equipement audio-visuel - Agréments : Jeunesse et sports

15 km 15 km 20 km 20 km

Office de Tourisme - place Armand Lanoux
66002 Perpignan
Tél : 04 68 66 30 30
Email : tourisme.roussillon.france@wanadoo.fr

8
1,225 km

Notes

Limousin

Index des départements de la Région Limousin

BEAULIEU-SUR-DORDOGNE

Église St-Pierre

Cette belle église abbatiale du 12e s. imprégnée d'influences architecturales venant du Limousin comme du Sud-Ouest de la France fut un lieu de pèlerinage important. Son portail, daté de 1125, est l'un des premiers chefs-d'œuvre de la sculpture romane.

Renseignements : 01 46 51 39 30.

BORT-LES-ORGUES

Ce site, que l'on visite surtout pour l'immense barrage de Bort et les fameuses orgues, gigantesques colonnes phonolitiques qui dominent la ville sur près de 2 km, permet également de découvrir une région non moins étonnante et peu touristique : l'Artense.

Renseignements : 05 55 96 02 49.

CHÂLUS

Château du Haut-Châlus

Dit aussi Châlus-Chabrol, il se dresse sur une éminence dominant la ville et se compose d'un donjon isolé et d'un corps de logis agrandi au 17e s. De la plate-forme supérieure, dans le jardin à la française, la vue se porte très loin sur le bocage limousin.

Renseignements : 05 55 78 51 13.

COLLONGES-LA-ROUGE

Collonges-la-Rouge, bâtie en grès pourpre, dresse ses charmants manoirs et vieux logis, flanqués de tours et de tourelles, et son église romane dans un paysage de garennes parsemées de noyeraies et vignobles.

Collégiale Saint-Pierre du DORAT

Le Dorat est l'un des monuments les plus remarquables du Limousin. En forme de croix latine, la collégiale impressionne par ses dimensions imposantes et ses proportions harmonieuses.

GIMEL-LES-CASCADES

La Corrèze a son Niagara : étranglée dans une gorge sauvage, la Montane se fraie un chemin au milieu des rochers et se précipite d'une hauteur de 143 m.

Renseignements : 05 55 21 26 49.

LIMOGES

Musée Adrien-Dubouché

Les chefs-d'œuvre de cet art éminemment décoratif qu'abritent les vitrines de ce musée concernent l'ensemble de l'industrie de la céramique ; les grands centres de production et les diverses époques de sa fabrication.

Renseignements : 05 55 33 08 50.

Tours de MERLE

À Saint-Geniez-ô-Merle.

Les vestiges de cette forteresse se dressent sur un éperon qu'entoure un méandre très encaissé de la Maronne.

Renseignements : 05 55 28 22 31.

ORADOUR-SUR-GLANE

Des pans de murs calcinés, un mémorial, un cimetière où ont été rassemblées les dépouilles de 642 victimes du nazisme composent le village martyr, anéanti par 160 « S.S. » de la division d'élite « Das Reich » et appellent au recueillement.

Renseignements : 05 55 43 04 30.

SAINT-LÉONARD-DE-NOBLAT

L'architecture romane limousine trouve l'un de ses plus beaux fleurons à St-Léonard-de-Noblat, dans

le clocher de l'ancienne collégiale.
Renseignements : 05 55 56 25 06.

SOLIGNAC

Église abbatiale

Refaite vers 1175, elle est limousine par son granit et par quelques moulures caractéristiques, mais, par ses coupoles, elle manifeste le rayonnement de l'église quercynoise de Souillac. L'intérieur subjugue par sa nef unique, admirable du haut des douze marches du porche.
Renseignements : 05 55 00 42 31.

TURENNE

Sur une butte isolée culminant à 320 m, la cité dresse autour de son château le bel amphithéâtre de ses maisons.
Renseignements : 05 55 85 90 68.

UZERCHE

Une pagaille de tours à échauguettes, un étonnant amas de clochetons et de toits à poivrières, de vieilles maisons… la « perle limousine » est la séduction même.

Lac de VASSIVIÈRES

Ce lac artificiel s'inscrit dans un très beau cadre préservé de collines boisées de couleur vert sombre. L'une de ses îles abrite le Centre national d'art et du paysage.
Renseignements : 0 810 192 387.

Comité Régional du Tourisme
du Limousin
27, Boulevard de la Corderie
87031 LIMOGES CEDEX
Tél : 05.55.45.18.80
Fax : 05.55.45.18.18
E-Mail : tourisme@crt-limousin.fr
http://www.tourismelimousin.com

Aubazine

Accueil spirituel

Etape vacances

A20 - Sortie : Aubazine - N89, D130
Carte Michelin : 329
SNCF : Brive-La-Gaillarde - Navette - Voiture établissement
Aéroport : Périgueux-Bassillac - Taxi

Congrégation des Moniales de la Résurrection
Monastère de la Théophanie - Le Ladeix
19190 Aubazine
Tél./Fax : 05 55 25 75 67 / 06 25 21 78 13
Fax : 05 55 25 75 67
Contact : Sœur Hôtelière

Monastère de rite oriental, situé dans les bâtiments d'une ferme à la sortie du village sur la D130. Hospitalité orientale. Chambres très simples. Possibilité de demi-pension ou pension complète. 320 m. d'altitude. A 250 m, village avec tous les services et abbaye du XIIème siècle. Site très beau. Parc et golf à proximité (6 km).
Capacité d'accueil maximale : 12 pers. - Ch. simple(s) : 6 - Ch. double(s) : 3 - Linge de maison fourni
Langue(s) parlée(s) : Français, Anglais

Pour connaître les prestations complètes et les tarifs, veuillez vous renseigner auprès de la maison d'accueil.

Paiements acceptés : Espèces, Chèques

Sanitaire : Collectif

6 km 6 km 6 km 7 km
Autres activités : - Plan d'eau : 6 km - Parc de loisirs : 6 km

Office de Tourisme - Le Bourg - BP 2
19190 Aubazine
Tél : 05 55 25 79 93
Email : ot.aubazine@netcourrier.com

Saint-Léonard-de-Noblat

Accueil spirituel

A20 - Sortie : Limoges - N141, D19 - D13
Carte Michelin : 325
SNCF : St-Léonard-de-Noblat, 5 km - Taxi
Aéroport : Limoges, 30 km - Taxi

Centre spirituel Jean XXIII
Lussac
87400 Saint-Léonard-de-Noblat
Tél. : 05 55 56 04 63
Fax : 05 55 56 97 31
Contact : Soeur Marie Hélène Odet

Fondée en 1966, devenue centre spirituel diocésain en 1992, la maison offre un cadre propice au repos, aux retraites, haltes spirituelles ou sessions. Une communauté de sœurs augustines y convie volontiers groupes ou personnes seules désirant vivre un temps de prière avec une ambiance conviviale, dans un écrin de verdure au bord de la Vienne.
Capacité d'accueil maximale : 45 pers. - Ch. simple(s) : 20 - Ch. double(s) : 8 - Ch. familiale(s) : 2 - Linge de maison fourni
Langue(s) parlée(s) : Français
Dates de fermeture : 15/12 au 07/01

Pour connaître les prestations complètes et les tarifs, veuillez vous renseigner auprès de la maison d'accueil.

Paiements acceptés : Espèces, Chèques

Sanitaire :

Equipement audio-visuel

Office de Tourisme - place du Champ-de-Mars
87400 Saint-Léonard-de-Noblat
Tél : 05 55 56 25 06

3
0,15 km

Feytiat

Etape vacances

A20 - Sortie : N° 35 Feytiat - Eymoutiers
Carte Michelin : 325
SNCF : Limoges, 8 km - Taxi - Navette

Maison de l'Amitié
Les Chabannes
87220 Feytiat
Tél. : 05 55 48 34 60

Créée en 1984, la maison de l'Amitié a pour but l'accueil de personnes seules. Elle reçoit également des couples. Séjours libres ou stages : communication, théâtre, yoga, méthode Vittoz, peinture, randonnées pédestres…
Capacité d'accueil maximale : 22 pers. - Ch. simple(s) : 4 - Ch. double(s) : 9 - Linge de maison fourni
Langue(s) parlée(s) : Français

Pour connaître les prestations complètes et les tarifs, veuillez vous renseigner auprès de la maison d'accueil.

Paiements acceptés : Espèces, Chèques, Chèques vacances

Sanitaire : Collectif

5 km 5 km 5 km

Office de Tourisme - boulevard Fleurus
87000 Limoges
Tél : 05 55 34 46 87

3 km

Le Dorat

Accueil spirituel

A20
Carte Michelin : 325
SNCF : Le Dorat - Taxi

Monastère du Carmel
10, rue Saint-Michel
87210 Le Dorat
Tél. : 05 55 60 73 65
Fax : 05 55 60 16 76
Contact : Mère Prieure

Le monastère situé sur la hauteur, construit sur l'emplacement d'une ancienne chapelle dédié à Saint-Michel et sur des anciens remparts de la ville, dont une tour est encore dans ses jardins, jouit d'une belle vue sur la campagne environnante, tout en étant bien inséré dans cette petite ville.
Capacité d'accueil maximale : 6 à 8 pers. - Ch. simple(s) : OUI - Ch. double(s) : 2 - Linge de maison fourni
Langue(s) parlée(s) : Français

Pour connaître les prestations complètes et les tarifs, veuillez vous renseigner auprès de la maison d'accueil.

Paiements acceptés : Espèces, Chèques

Sanitaire : Collectif

Syndicat d'Initiative - 17, place de la Collégiale
87210 Le Dorat

Lorraine

Index des départements de la Région Lorraine

AMNÉVILLE

Parc zoologique

Environ 1 350 animaux, tous nés en captivité puisque ce zoo n'opère aucun prélèvement en milieu naturel, évoluent dans de vastes enclos où le milieu naturel des différentes espèces est recréé.

Renseignements : 03 87 70 25 60.

Basilique d'AVIOTH

Apparition insolite et tout à fait inattendue que cette magnifique basilique dans le plus pur style gothique flamboyant dans un tout petit village, près de la frontière belge. Un monument unique l'accompagne, destiné à recevoir les offrandes des pèlerins, la Recevresse.

Renseignements : 03 29 88 90 96.

Massif du DONON

Quel que soit le côté par lequel on arrive, on reconnaît sa silhouette : un sommet à deux gradins qui marque la limite entre l'Alsace et la Lorraine, en plein royaume du fameux sapin des Vosges et de son cousin l'épicéa.

Le HOHNECK

Ce sommet, l'un des plus célèbres des Vosges, et l'un des plus élevés (1 362 m), est le point culminant de la crête qui constituait, avant la guerre de 1914-1918, la frontière franco-allemande. Panorama exceptionnel.

METZ

Verrières de la cathédrale St-Étienne

Elles forment un ensemble somptueux qui a valu à la cathédrale le surnom de « lanterne du Bon Dieu ». Œuvres de maîtres verriers illustres ou anonymes, elles sont de types très variés (13e s. - 20e s.).

Renseignements : 03 87 75 54 61.

Musées de la cour d'Or

Ils occupent les bâtiments de l'ancien couvent des Petites Carmes (17e s.), le grenier de Chèvremont (15e s.) et plusieurs salles qui prolongent cet ensemble monumental. Une savante muséographie fait de la visite une inoubliable promenade dans le passé, notamment pour la période qui couvre le Haut Moyen âge.

Renseignements : 03 87 68 25 00.

NANCY

Place Stanislas

Le joyau de cette place, ce sont les grilles de Jean Lamour, chef-d'œuvre de légèreté, d'élégance et de fantaisie ! De fer forgé rehaussé d'or, elles ornent les quatre pans coupés et les débouchés des rues Stanislas et Ste-Catherine.

Musée de l'École de Nancy

Il offre un panorama remarquable de l'extraordinaire mouvement de rénovation des arts décoratifs qui se développa de façon originale à Nancy, entre 1885 et 1914, et fera date dans l'histoire des arts décoratifs sous le nom d'« école de Nancy ».

Renseignements : 03 83 40 14 86.

Musée historique lorrain

Sur trois étages, une documentation d'une valeur exceptionnelle par sa qualité et sa richesse évoque l'histoire du pays lorrain.

Renseignements : 03 83 32 18 74.

SAINT-NICOLAS-DE-PORT

Basilique

Formidable basilique flamboyante,

monumental reliquaire d'une phalange de St-Nicolas.

Depuis 1983 le sanctuaire (fin 15e-début 16e s.) est aux mains des compagnons tailleurs de pierre, des sculpteurs et des maçons chargés de le restaurer.

Renseignements : 03 83 46 81 50.

Colline de SION-VAUDÉMONT

C'est un des plus célèbres belvédères sur le pays lorrain en même temps qu'un haut lieu historique. Véritable sanctuaire de la Lorraine, la colline, depuis des siècles, rassemble ici des foules de pèlerins.

TOUL

Cathédrale St-Étienne

La magnifique façade qui s'élève sur la place du Parvis a été édifiée de 1460 à 1496 dans le style flamboyant.

VERDUN

Les champs de bataille

Chaque année, des centaines de milliers de visiteurs parcourent le théâtre des opérations de ce qui fut, du 21 février 1916 au 20 août 1917, la bataille de Verdun.

Plusieurs décennies se sont écoulées depuis la Grande Guerre et les traces des combats n'ont pas encore totalement disparu.

Comité Régional du Tourisme de Lorraine
Abbaye des Prémontrés • BP 97
54704 PONT A MOUSSON CEDEX
Tél : 03.83 80 01 80
Fax : 03.83 80 01 88
E-Mail : crt@cr-lorraine.fr
http://www.crt-lorraine.fr

Rambluzin-et-Benoîte-Vaux

Accueil spirituel

Etape vacances

A4 - Sortie : Les Souhesmes - N35 - Voie Sacrée - Bar le Duc - Verdun, D34 - Saint-Mihiel / Verdun

Carte Michelin : 307

SNCF : Bar-le Duc, 35 km - Taxi - Navette

Autres moyens de transfert : Bus (Bar-le-Duc/Verdun)

Benoîte-Vaux accueil
55220 Rambluzin-et-Benoîte-Vaux
Tél. : 03 29 80 52 35
Fax : 03 29 80 59 00
Email : bv.accueil@wanadoo.fr
Contact : Mr Damien Braibant

Le sanctuaire Notre-Dame de Benoîte-Vaux et la maison d'accueil, dans un cadre de silence et de verdure, reçoit toute l'année, toute personne seule ou en groupe pour réunions, vacances, étapes, repas de fêtes, séminaires et ressourcement spirituel. Nombreuses possibilités d'excursions aux alentours.
Capacité d'accueil maximale : 110 pers. - Ch. simple(s) : 12 - Ch. double(s) : 28 - Dortoir : oui (6/8 pers.) - Linge de maison fourni
Langue(s) parlée(s) : Français, Allemand

		Adultes	Enfants	Groupes
Hébergement	*Nuit*	12 à 26€	-	-
Demi-pension	*Jour*	19 à 32€	-	-
Pension complète	*Jour*	24 à 37€	-	-

Paiements acceptés : Espèces, Chèques
Tarifs communiqués à titre indicatif. Pour plus de précisions, contacter directement la maison d'accueil.

Sanitaire : Individuel et Collectif

Equipement audio-visuel - Agréments : Jeunesse et sports - Inspection Académique de la Meuse

15 km 15 km 35 km 30 km 30 km

Office de Tourisme - Rue du Palais de Justice
55300 Saint Mihiel
Tél : 03 29 89 06 47

Saint-Jean-de-Bassel

Accueil spirituel

Maison de repos

A4 - Sortie : Phalsbourg / Sarre Union - N4, D43
Carte Michelin : 307
SNCF : Sarrebourg - Taxi - Navette
Aéroport : Strasbourg-Entzheim - Taxi

Association les Amis de la Providence
Couvent de la Divine Providence - BP 2
57930 Saint-Jean-de-Bassel
Tél. : 03 87 03 00 50
Fax : 03 87 03 02 20
Contact : Sœur Marietta Muller

Aux portes du parc régional de Lorraine, dans un cadre de verdure (parc, forêt) et un environnement calme, la maison est animée par les sœurs de la Divine Providence. Elles accueillent des groupes et hôtes individuels pour haltes spirituelles, temps de repos ou sessions.
Capacité d'accueil maximale : 80 pers. - Ch. simple(s) : 33 - Ch. double(s) : 25 - Ch. familiale(s) : 8 - Linge de maison fourni
Langue(s) parlée(s) : Français, Allemand
Dates de fermeture : 01/09 au 15/09, 01/01 au 15/01

Pour connaître les prestations complètes et les tarifs, veuillez vous renseigner auprès de la maison d'accueil.

Paiements acceptés : Espèces, Chèques

Sanitaire : Individuel et Collectif

Equipement audio-visuel

10 km 15 km

Autres activités : - Terrain de jeux : Sur place

Office de Tourisme - place des Cordeliers
57400 Sarrebourg
Tél : 03 87 03 11 82

Gorze

Accueil spirituel

A31 - Sortie : Lac de Madine - N57, D14
Carte Michelin : 307
SNCF : Noveant, Onville, Pagny-sur-Moselle - Navette
Aéroport : Metz- Nancy - Taxi

Béthanie
Prieuré St Thiébault
57680 Gorze
Tél. : 03 87 52 02 28
Fax : 03 87 69 91 79
Site : www.centre-bethanie.org
Email : centre.bethanie@wanadoo.fr

Dans le site forestier du Parc de Lorraine, Béthanie propose des sessions et retraites de méditation, prière du cœur, bible, tradition des Pères du Désert, sagesse du corps, du souffle et de la voix. Renseignements pratiques et tarifs sur demande à Béthanie.
Capacité d'accueil maximale : 60 pers. - Ch. simple(s) : 3 - Ch. double(s) : 19
Langue(s) parlée(s) : Français, Allemand
Dates de fermeture : 15/01 au 31/01 15/09/ au 30/09

Pour connaître les prestations complètes et les tarifs, veuillez vous renseigner auprès de la maison d'accueil.

Paiements acceptés : Espèces, Chèques

Sanitaire : Individuel

Equipement audio-visuel

15 km 2 km 5 km

Office de Tourisme - 22, rue de l'Eglise
57680 Gorze

Moulins-les-Metz

Accueil spirituel
Etape vacances
Maison de repos

A31 - Sortie : N°31 Moulins-Centre - N3
Carte Michelin : 307
SNCF : Metz - Taxi - Bus ligne N°5/25
Aéroport : Metz-Nancy-Lorraine - Taxi - Navette

Ermitage Saint-Jean
7, rue des Moulins
57160 Moulins-les-Metz
Tél. : 03 87 60 02 78
Fax : 03 87 60 06 33
Site : www.ermitage-stjean.be
Email : ermitage.saintjean@wanadoo.fr

L'hermitage Saint-Jean accueille dans une ambiance familiale, pour sessions, séminaire, formation, retraite en individuel ou groupe. Parc aboré, parking privé clos. Accès aisé, à proximité des 3 frontières : Luxembourg, Belgique, Allemagne. Fermeture 3 semaines en été sauf si réservation et 10 jours au cours des fêtes de fin d'année.
Capacité d'accueil maximale : 100 pers. - Ch. simple(s) : 39 - Ch. double(s) : 11 - Linge de maison fourni
Langue(s) parlée(s) : Français, Allemand, Italien

		Adultes	Enfants	Groupes
Hébergement	*Nuit*	17 à 37€	-	-
Demi-pension	*Jour*	A partir de 39€	-	-
Pension complète	*Jour/Pers.*	A partir de 48€	-	-

Tarifs communiqués à titre indicatif. Pour plus de précisions, contacter directement la maison d'accueil.

8 km 2 km 10 km

Autres activités : - Bâteau - Jet-Ski sur la Moselle

Office de Tourisme - place d'Armes
57000 Metz
Tél : 03 87 55 53 76/78

2 km

Mouterhouse

Accueil spirituel
Etape vacances
Maison de repos
Résidence retraités

A4 - Sortie : Sarreguemines - N62, D36
Carte Michelin : 315
SNCF : Bitche ou Niederbronn-les-Bains, 20 km - Taxi
Aéroport : Strasbourg - Taxi -Bus - SNCF

Village de Vacances Cap France
Les Ondines - 1, rue des Bergers
57620 Mouterhouse
Tél. : 03 87 06 81 17
Fax : 03 87 06 41 73
Site : www.les-ondines.com
Email : ondines57@wanadoo.fr
Contact : Mr Stutzmann

Situé à deux pas de l'Alsace dans le Parc Naturel des Vosges du Nord, classé par l'UNESCO, cette vaste propriété, répartie sur 3 bâtiments, dispose d'une piscine couverte avec salle de gymnastique alternante et d'un parc aménagé.
Capacité d'accueil maximale : 100 pers. - Ch. double(s) : 60 - Ch. familiale(s) : 10 - Linge de maison fourni
Langue(s) parlée(s) : Français, Anglais, Allemand
Dates de fermeture : Janvier

		Adultes	Enfants	Groupes
Hébergement	*Nuit*	33,50 à 55,50€	-	-
Demi-pension	*Jour*	43,50€	34,50 à 43,50€	Sur Demande
Pension complète	*Jour*	57,50€	41,50 à 57,50€	-

Paiements acceptés : Espèces, Cartes bancaires, Chèques, Chèques vacances
Tarifs communiqués à titre indicatif. Pour plus de précisions, contacter directement la maison d'accueil.

Sanitaire : Individuel

Equipement audio-visuel

Sur place Sur place 20 km 2 km Sur place
Autres activités : - Football - Pêche - Equitation - Volley-ball - Pétanque - Ping-pong

Office de tourisme - 31, rue du Maréchal Foch
57230 Bitche
Tél : 03 87 06 16 16
Email : office.tourisme.bitche@wanadoo;fr

Midi-Pyrénées

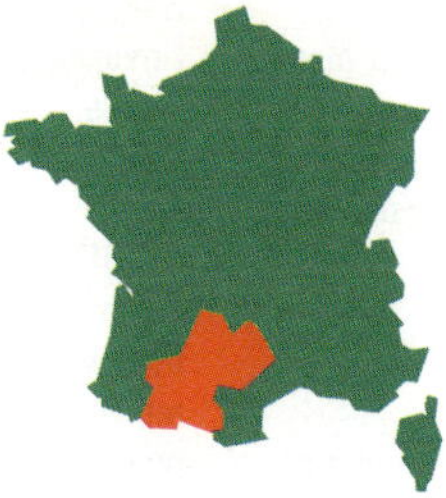

Index des départements de la Région Midi-Pyrénées

■ **ALBI**

Cathédrale Ste-Cécile

Ce vaste vaisseau voûté d'ogives, chef-d'œuvre de l'art gothique méridional, possède une magnifique décoration, dont l'un des rares jubés conservés en France. L'art flamboyant déploie ici toute sa technique.

■ **Col d'ASPIN**

Il offre un panorama des plus étendus. La disposition des massifs, le contraste entre les cimes neigeuses et les forêts bleutées produisent une profonde émotion.

■ **CAHORS**

Pont Valentré

Cet ouvrage constitue une remarquable manifestation de l'art militaire du Moyen Âge.

■ **CONQUES**

Abbatiale-Ste-Foy

Le tympan du portail occidental de ce magnifique édifice est un chef-d'œuvre de la sculpture romane du 12e s.

Trésor de Conques

Il renferme d'extraordinaires pièces d'orfèvrerie, la plus complète expression de l'histoire de l'orfèvrerie religieuse en France, du 9e au 16e s.

Renseignements : 05 65 72 85 00.

■ **CORDES**

La ville haute

Dans un site splendide, cette ville médiévale, que l'on appelle aussi la « ville aux cent ogives », est une cité hors du temps : la lumière y joue sur les tons rose et gris des façades en grès au décor sculpté de cet exceptionnel ensemble de maisons gothiques (13e-14e s.).

■ **FIGEAC**

Le vieux Figeac

Il a conservé son plan du Moyen Âge, avec son entrelacs de rues étroites et tortueuses et ses nombreux bâtiments des 12e, 13e et 14e s., construits dans un beau grès beige.

■ **Cirque de GAVARNIE**

Beauté grandiose qui, dépassant l'imagination, coupe littéralement le souffle, c'est le « colosseum de la nature », selon Victor Hugo.

■ **LOURDES**

La notoriété de cette ville religieuse où la Vierge est apparue à plusieurs reprises n'est plus à faire. Le lieu prend toute sa dimension à la saison des pèlerinages, de Pâques à la Toussaint.

■ **Pic du MIDI DE BIGORRE**

Dès l'arrivée au sommet (2 877 m), une galerie vitrée et plusieurs terrasses vous livrent le spectacle du panorama le plus extraordinaire que l'on puisse avoir sur la chaîne pyrénéenne.

■ **MOISSAC**

Portail méridional de l'abbaye

Le tympan de ce portail, exécuté vers 1130, compte parmi les chefs-d'œuvre de la sculpture romane.

Cloître

Remarquable par la légèreté de ses arcades et de ses colonnes, l'harmonie des tons de ses marbres et la richesse de sa décoration sculptée, ce cloître de la fin du 11e s. dégage un charme incomparable.

Renseignements : 05 63 04 01 85.

Chaos de MONTPELLIER-LE-VIEUX

Gigantesque et extraordinaire amas de roches qui, vu de loin, évoque une grande ville ruinée.

Massif de NÉOUVIELLE

Des paysages somptueux, une flore et une faune exceptionnelles et de nombreux lacs dans lesquels se reflète un ciel d'une rare pureté… cette réserve naturelle est un lieu enchanteur.

Grotte de NIAUX

Les remarquables dessins qui ornent les parois de cette grotte en font un des hauts lieux de l'art pariétal préhistorique. Un fascinant voyage dans le temps !

Renseignements : 05 61 05 88 37.

Gouffre de PADIRAC

La visite de ce gouffre vertigineux, de sa mystérieuse rivière et des vastes cavernes ornées de concrétions calcaires gigantesques reste un incontournable rendez-vous.

Renseignements : 05 65 33 64 56.

Grotte du PECH-MERLE

À 3 km de Cabrerets. Le long des couloirs et des galeries se succèdent gravures, peintures – c'est une fabuleuse vitrine de l'art pariétal – et formes minérales insolites et colorées. Un bijou préhistorique !

Renseignements : 05 65 31 27 05.

ROCAMADOUR

Rocher miraculeux, sanctuaire de la Vierge noire, lieu de pèlerinage mais aussi l'un des sites les plus extraordinaires qui soient. Les vieux logis, les tours et les oratoires dégringolent le long de la falaise escarpée, sous l'égide du fin donjon du château et des sept sanctuaires.

SAINT-BERTRAND-DE-COMMINGES

Isolé du monde, le bourg de St-Bertrand-de-Comminges, perché sur une colline dans un site remarquable, avec ses vieilles demeures et ses remparts médiévaux, paraît figé hors du temps.

TOULOUSE

Basilique St-Sernin

C'est la plus célèbre et la plus belle des grandes églises romanes du Midi, la plus riche de France en reliques, un miracle d'équilibre et d'harmonie.

Comité Régional du Tourisme
de Midi - Pyrénées
54, Boulevard de l'Embouchure
B.P. 2166
31022 TOULOUSE CEDEX
Tél : 05.61.13.55.55
Fax : 05.61.47.17.16
E-Mail : information@crtmp.com
http://www.tourisme-midi-pyrenees.com

Ornolac-Ussac-les-Bains

Accueil spirituel

Direction Ax les Thermes - Andorre - Sortie : Ornolac Ussac Les Bains - N20
Carte Michelin : 343
SNCF : Tarascon-sur-Ariège
TGV : Toulouse - Taxi
Aéroport : Toulouse-Blagnac - Taxi

Centre d'accueil diocésain
Le Barry d'en Haut
09400 Ornolac-Ussac-les-Bains
Tél./Fax : 05 61 05 61 24
Fax : 05 61 05 61 24

Au cœur de l'Ariège, à 600 m. d'altitude, le centre reçoit toute l'année des personnes seules ou en groupes qui organisent eux-mêmes leur séjour en gestion libre ou en pension complète. Sites splendides, riche patrimoine historique, randonnées, ski en hiver peuvent être l'occasion d'un ressourcement humain et spirituel.
Capacité d'accueil maximale : 78 pers. - Ch. simple(s) : 1 - Ch. double(s) : 16 - Ch. familiale(s) : 3 - Dortoir : oui
Langue(s) parlée(s) : Français

Pour connaître les prestations complètes et les tarifs, veuillez vous renseigner auprès de la maison d'accueil.

Paiements acceptés : Espèces, Chèques

Sanitaire : Individuel et Collectif

Equipement audio-visuel - Agréments : Jeunesse et sports

6 km

Office de Tourisme - Centre Multimédia - BP 33
09400 Tarascon-sur-Ariège
Tél : 05 61 05 94 94

Conques

Accueil spirituel

A75 - Sortie : Sévérac-le-Château - N140
Carte Michelin : 338
SNCF : Saint-Christophe - Taxi
Aéroport : Rodez-Marcillac - Taxi - Bus: Rodez-Conques

Abbaye Sainte-Foy
12320 Conques
Tél. : 05 65 69 85 12
Fax : 05 65 69 89 48
Site : www.mondaye.com
Email : accueil-conques@mondaye.com

La Communauté des Prémontrés vous accueille pour un séjour seul ou en groupe, surtout si vous marchez sur les chemins de Saint-Jacques. Vous participez à la vie liturgique de la communauté. Organistes, musiciens et chanteurs sont spécialement bienvenus.
Capacité d'accueil maximale : 94 pers. - Ch. simple(s) : 6 - Ch. double(s) : 12 - Ch. familiale(s) : 7 - Dortoir : oui - Linge de maison fourni
Langue(s) parlée(s) : Français, Anglais, Allemand, Italien, Polonais Russe

Pour connaître les prestations complètes et les tarifs, veuillez vous renseigner auprès de la maison d'accueil.

Paiements acceptés : Espèces, Cartes bancaires, Chèques, Chèques vacances

Sanitaire : Individuel et Collectif

Equipement audio-visuel

Office de Tourisme - rue Gonzagues Florens
12320 Conques
Tél : 05 65 72 85 00

Nant

Etape vacances

A75 - Sortie : N° 47 La Cavalerie - N9, D999
Carte Michelin : 338
SNCF : Millau
TGV : Montpellier - Taxi - Navette
Aéroport : Montpellier-Méditerranée - Taxi - Navette

Centre du Trouzil
12230 Nant
Tél. : 05 65 62 18 79

Magnifiques Gorges de la Dourbie. A 6 min à pied, Abbatiale (messes), commerces, restaurants. Chambres, dortoirs, cuisine et refectoire en gestion libre. Terrain : 1/2 ha. GR 71 D à proximité. Proche de Sylvanès. Ouvert toute l'année. Rénové en novembre 2005. Toutes les durées de séjours sont acceptées.
Capacité d'accueil maximale : 30 pers. - Ch. double(s) : 4 - Ch. familiale(s) : 1 - Dortoir : oui - Linge de maison fourni
Langue(s) parlée(s) : Français, Anglais, Espagnol

Pour connaître les prestations complètes et les tarifs, veuillez vous renseigner auprès de la maison d'accueil.

Paiements acceptés : Espèces, Chèques

Sanitaire : Individuel et Collectif

Equipement audio-visuel

0,9 km 0,9 km Sur place
Autres activités : Ski alpin / fond : 35 km - Canoë kayak : 0,9 km - Escalade : 2 km - Rivière : 0,9 km

Office de Tourisme - Mairie
12230 Nant
Tél : 05 65 62 25 12

4

Gramond

Accueil spirituel

Maison de repos

A75 - Sortie : Sévérac-le-château - N88, D38
Carte Michelin : 338
SNCF : Baraqueville, 6 km
TGV : Toulouse - Taxi
Aéroport : Rodez-Marcillac - 30 km - Taxi

Centre Saint-Dominique
12160 Gramond
Tél. : 05 65 69 14 12
Fax : 05 65 69 11 98
Contact : Mme Nelly Soulie

A 630 m. d'altitude, dans une région verdoyante et vallonnée aux larges horizons, le Centre vous accueille pour des séjours de repos et de ressourcement. La proximité de hauts lieux culturels (Conques, Albi, Rodez) et les facilités de randonnée dans la nature sont sources de détente et d'équilibre. Cuisine régionale traditionnelle, grand parc paysagé, divers lieux de prière…
Capacité d'accueil maximale : 29 pers. - Ch. simple(s) : 1 - Ch. double(s) : 14 - Linge de maison fourni
Langue(s) parlée(s) : Français

		Adultes	Enfants	Groupes
Hébergement	*Nuit*	14€	12€	-
Demi-pension	*Jour*	24€	20€	-
Pension complète	*Jour*	34€	28€	-

Paiements acceptés : Espèces, Chèques
Tarifs communiqués à titre indicatif. Pour plus de précisions, contacter directement la maison d'accueil.

Sanitaire : Individuel et Collectif

Equipement audio-visuel - Agréments : - MSM - CAMAC

15 km Sur place 3 km

Office de Tourisme - 1, place Maréchal Foch
12000 Rodez
Tél : 05 65 75 76 77

4
60 km

Rodez

Accueil spirituel

Etape vacances

Résidence retraités

A75 - Sortie : Sévérac-le-Château - N88
Carte Michelin : 338
SNCF : Rodez - Taxi
Aéroport : Rodez-Marcillac - Proximité Viaduc de Millau

Foyer Jean XXIII
9 bis, rue Jean XXIII
12000 Rodez
Tél. : 05 65 87 14 90
Fax : 05 65 87 14 99
Email : srsjorodez@wanadoo.fr

Séminaire de travail, retraites spirituelles, vacances, repos, le Foyer Jean XXIII accueille toute l'année dans un grand espace de verdure.
Capacité d'accueil maximale : 150 pers. - Ch. simple(s) : 50 - Linge de maison fourni
Langue(s) parlée(s) : Français

Pour connaître les prestations complètes et les tarifs, veuillez vous renseigner auprès de la maison d'accueil.

Paiements acceptés :

Sanitaire : Individuel

Equipement audio-visuel

Office de Tourisme - 1, place Maréchal Foch
12000 Rodez
Tél : 05 65 75 76 77

Saint Chely d'Aubrac

Résidence retraités

A75 - Sortie : Aumont-Aulrac
Carte Michelin : 338
SNCF : Rodez - Taxi - Navette

Maison de retraite
12470 Saint Chely d'Aubrac
Tél. : 05 65 51 25 00
Contact : Mr Fontanier

Capacité et population d'accueil : 65 lits dont 30 en section cure médicale. Spécialité : hébergement de personnes âgées valides et invalides - Parkinson et Alzheimer. Particularité : Séjours temporaires acceptés été-hiver. Location de chambres durant l'été. Habilitation Aide Sociale. Activités culturelles - Culte : libre - Activités diverses. Service intérieur : Médecin, Kinésithérapeutes, Infirmières, Salle de Radiologie.
Capacité d'accueil maximale : 65 pers. - Ch. simple(s) : 53 - Ch. double(s) : 6 - Linge de maison fourni
Langue(s) parlée(s) : Français

Pour connaître les prestations complètes et les tarifs, veuillez vous renseigner auprès de la maison d'accueil.

Paiements acceptés :

Sanitaire : Individuel et Collectif

Equipement audio-visuel

Sur place 8 km 8 km

-

4

Conques

Etape vacances

Maison de repos

A20 / A75 - N140 / N88, D901
Carte Michelin : 338
SNCF : Saint-Christophe, 25 km - Navette
Aéroport : Rodez-Marcillac, 35 km - Taxi

Maison Familiale de Vacances Sainte-Foy
Relais Cap France
12320 Conques
Tél./Fax : 05 65 69 86 18
Fax : 05 65 69 86 18
Contact : Mr Bernard Burguière

La maison, animée par des laïcs sous l'impulsion des Pères Prémontrés, reçoit les familles en juillet et août et les groupes le reste de l'année. Elle est située dans le site exceptionnel de Conques (village médiéval classé). Randonnées et excursions accompagnées : Gorges du Tarn, Aubrac, Rocamadour…
Capacité d'accueil maximale : 90 pers. - Ch. double(s) : 10 - Ch. familiale(s) : 18 - Linge de maison fourni
Langue(s) parlée(s) : Français

		Adultes	Enfants	Groupes
Hébergement	*Nuit*	16 à 30€	-	-
Demi-pension	*Jour*	31 à 38€	-	-
Pension complète	*Semaine*	240 à 289€	0 à 210€	-

Paiements acceptés : Espèces, Chèques, Chèques vacances
Tarifs communiqués à titre indicatif. Pour plus de précisions, contacter directement la maison d'accueil.

Sanitaire : Individuel et Collectif

Equipement audio-visuel - Agréments : Jeunesse et sports - Education nationale - Ministère de la Santé

8 km 8 km 35 km 8 km

Autres activités : - Randonnée pédestre - Canoë : 8 km

Office de Tourisme - rue Gonzagues Florens
12320 Conques
Tél : 05 65 72 85 00

Mur-de-Barrez

Accueil spirituel
Etape vacances

A75 - Sortie : Saint-Flour - D990
Carte Michelin : 338
SNCF : Aurillac - Bus
Aéroport : Aurillac- Tronquières - Navette - Bus

Monastère Sainte-Claire
2, rue de la Berque
12600 Mur-de-Barrez
Tél. : 05 65 66 00 46
Fax : 05 65 66 00 90
Email : steclaire.mur@wanadoo.fr
Contact : Soeur Hôtelière

Les Sœurs Clarisses accueillent, dans leur Hôtellerie, à côté du Monastère, des familles, personnes seules, prêtres et religieuses souhaitant une détente dans le calme et la possibilité d'un ressourcement spirituel. Situé à 800 m d'altitude, le bâtiment jouit d'une vue magnifique sur les Monts du Cantal et de l'Aubrac.
Capacité d'accueil maximale : 45 pers. - Ch. simple(s) : 11 - Ch. double(s) : 8 - Ch. familiale(s) : 10 - Linge de maison fourni
Langue(s) parlée(s) : Français, Anglais

Pour connaître les prestations complètes et les tarifs, veuillez vous renseigner auprès de la maison d'accueil.

Paiements acceptés : Espèces, Chèques

Sanitaire : Individuel et Collectif

Equipement audio-visuel

3 km 2 km 3 km

Autres activités : - Escalarbre - Randonnées organisées

Office de Tourisme - 12, Grand rue
12600 Mur-de-Barrez
Tél : 05 65 66 10 16

4
30 km

Rodez

Résidence retraités

A7 - Sortie : Sévérac-le-Château - N88
Carte Michelin : 338
SNCF : Rodez - Taxi
Aéroport : Rodez-Marcillac

Résidence Jean XXIII

9 bis, rue Jean XXIII
12000 Rodez
Tél. : 05 65 77 59 00
Fax : 05 65 78 10 96
Site : www.
Email : remise.bernard@wanadoo.fr
Contact : Mr Bernard Remise

L'Association Jean XXIII accueille toute l'année des religieuses et des laïcs, valides et semi valides. Située en ville, la résidence bénéficie d'un environnement de verdure et d'un panorama exceptionnel. Les bâtiments récents ont été conçus pour un confort optimum. Etablissement médicalisé.
Capacité d'accueil maximale : 75 pers. - Ch. simple(s) : 69 - Ch. double(s) : 3 - Linge de maison fourni
Langue(s) parlée(s) : Français, Occitan

Pour connaître les prestations complètes et les tarifs, veuillez vous renseigner auprès de la maison d'accueil.

Paiements acceptés : , Chèques

Sanitaire : Individuel

Equipement audio-visuel - Agréments : - CAMAC - Ministère de la Santé

500 m — 3 km — 3 km — 5 km

Office de Tourisme - 1, place Maréchal Foch
12000 Rodez
Tél : 05 65 75 76 77

4 — 30 km

Bagnères de Luchon

Etape vacances
Maison de repos

A64 - Sortie : Montréjeau - N1225
Carte Michelin : 343
SNCF : Luchon
TGV : Toulouse - Taxi - Navette
Aéroport : Toulouse Blagnac, 140 - Tarbes, 110 km

Institut Sainte-Hélène
Maison Familiale - 3 Avenue Jacques Barrau
31110 Bagnères de Luchon
Tél./Fax : 05 61 79 01 62
Fax : 05 61 79 01 62
Contact : Soeur Monique

Personnes individuelles, familles, groupes, curistes, les Religieuses du St Nom de Jésus vous accueillent dans leur maison familiale de Luchon, au pied des Pyrénées pour des séjours de cure, vacances et repos. Parc ombragé.
Capacité d'accueil maximale : 50 pers. - Ch. simple(s) : 14 - Ch. double(s) : 10 - Ch. familiale(s) : 6 - Dortoir : oui - Linge de maison fourni
Langue(s) parlée(s) : Français, Italien
Dates de fermeture : Novembre, Décembre, Janvier

Pour connaître les prestations complètes et les tarifs, veuillez vous renseigner auprès de la maison d'accueil.

Paiements acceptés : Espèces, Chèques, Chèques vacances

Sanitaire : Individuel et Collectif

Equipement audio-visuel - Agréments : Jeunesse et sports

1 km 1 km 1 km 2 km 2 km

Office de Tourisme de Luchon - Allées d'Etigny
31110 Luchon

Luchon

Etape vacances

Maison de repos

A64 - Sortie : Montrejeau - N125
Carte Michelin : 343
SNCF : Luchon
TGV : Toulouse - Taxi
Aéroport : Toulouse-Blagnac - Taxi - Train

Maison Gascon
42, allée d'Étigny
31110 Luchon
Tél./Fax : 05 61 79 00 03
Fax : 05 61 79 00 03
Email : maison.gascon@wanadoo.fr
Contact : Mme Setau

Au cœur des Pyrénées, la région offre de nombreuses découvertes (belles églises romanes) et l'animation d'une ville d'eau.Nous accueillons de mai à octobre dans une ambiance conviviale : religieux, laïcs pour cure thermale ou vacances. La maison est située au centre ville avec parc ombragé. Dates ouverture 1 Mai au 22 octobre et vacances de février, autres dates de séjour nous contacter (groupes uniquement)
Capacité d'accueil maximale : 40 pers. - Ch. simple(s) : 23 - Ch. double(s) : 9 - Ch. familiale(s) : 4 - Linge de maison fourni
Langue(s) parlée(s) : Français, Espagnol

Pour connaître les prestations complètes et les tarifs, veuillez vous renseigner auprès de la maison d'accueil.

Paiements acceptés : Espèces, Chèques, Chèques vacances

Sanitaire : Individuel et Collectif

0,5 km 0,5 km 0,5 km 1 km

Office de Tourisme de Luchon - Allées d'Etigny
31110 Luchon

8
36 km

Gramat

Etape vacances

A20 - Sortie : Figeac-Rodez - N20, D677
Carte Michelin : 337
SNCF : Gramat
TGV : Montauban
Aéroport : Toulouse

Centre "Quatre Horizons "
46500 Gramat
Tél. : 05 65 38 76 91
Fax : 05 65 38 85 41
Contact : Mme Geneviève Rey

Dans l'enceinte d'un couvent entouré de jardins paysagés, le Centre accueille stages, retraites ou classes vertes. Ambiance favorisant la vie en groupe. Sites touristiques très proches : Padirac - Rocamadour - Vallées Dordogne - Lot et Célé pour évasions culturelles ou sportives.
Capacité d'accueil maximale : 60 pers. - Ch. simple(s) : 2 - Ch. double(s) : 3 - Dortoir : oui - Linge de maison fourni
Langue(s) parlée(s) : Français

		Adultes	Enfants	Groupes
Hébergement	*Nuit*	10€	7€	-
Demi-pension	*Jour*	20€	15€	-
Pension complète	*Jour*	30€	22€	-

Paiements acceptés : , Chèques, Chèques vacances
Tarifs communiqués à titre indicatif. Pour plus de précisions, contacter directement la maison d'accueil.

Sanitaire : Individuel et Collectif

Equipement audio-visuel - Agréments : Jeunesse et sports

1 km 1 km 1 km
Autres activités : - Randonnées GR6

Office de Tourisme de Gramat - 46500 Gramat
Tél : 05 65 38 73 60

4
1 km

Rocamadour

Accueil spirituel

Etape vacances

A20 - Sortie : Gramat - N20, D140
Carte Michelin : 337
SNCF : Rocamadour
TGV : Brive-la-Gaillarde - Taxi
Aéroport : Toulouse-Blagnac - Train

Le Relais des Remparts & la Maison à Marie

Le Château
46500 Rocamadour
Tél. : 05 65 33 23 23
Fax : 05 65 33 23 24
Site : www.relaisdesremparts.net
Email : relais.des.remparts@wanadoo.fr

Ouvert toute l'année et indissociable du majestueux château surplombant le site de Rocamadour, le relais des Remparts reçoit des familles, des groupes, des comités d'entreprise, des associations. Il dispose de 35 chambres et d'un grand salon.
Capacité d'accueil maximale : 59 pers. - Ch. simple(s) : 11 - Ch. double(s) : 11 - Ch. familiale(s) : 13 de 2 lits - Linge de maison fourni
Langue(s) parlée(s) : Français, Anglais, Espagnol

		Adultes	Enfants	Groupes
Hébergement	*Nuit*	21,50 à 51,50€	-	-
Demi-pension	*Jour*	34,45 à 50€	-	-
Pension complète	*Jour*	51,10 à 63,70€	-	-

Paiements acceptés : Espèces, Cartes bancaires, Chèques
Tarifs communiqués à titre indicatif. Pour plus de précisions, contacter directement la maison d'accueil.

Sanitaire : Individuel et Collectif

Equipement audio-visuel - Agréments : Jeunesse et sports

8 km — Sur place — 20 km — 8 km

Maison du Tourisme -
46500 Rocamadour
Tél : 05 65 33 22 00

4

Lourdes

Accueil spirituel

A64 - Sortie : Tarbes / Lourdes - N21 - N117
Carte Michelin : 342
SNCF : Lourdes
TGV : Lourdes - Taxi
Aéroport : Tarbes - Ossun - Taxi

Association Centre Assomption
21, avenue Antoine Béguère
65100 Lourdes
Tél. : 05 62 94 39 81
Fax : 05 62 42 26 95
Site : www.assomption.fr
Email : lourdes.assomption@wanadoo.fr
Contact : Sœur Sylvie Marie Georget

Face à la grotte, le centre spirituel est situé dans un grand parc. Il favorise un climat de silence, paix et prière. Animé par des religieuses de l'Assomption, il propose des retraites, haltes spirituelles et accueille groupes (adultes, jeunes, sauf pèlerinages), familles, individuels.
Capacité d'accueil maximale : 130 pers. - Ch. simple(s) : 40 - Ch. double(s) : 40 - Ch. familiale(s) : 8 - Linge de maison fourni
Langue(s) parlée(s) : Français, Anglais, Allemand, Espagnol, Italien
Dates de fermeture : 30/12 au 25/01

Pour connaître les prestations complètes et les tarifs, veuillez vous renseigner auprès de la maison d'accueil.

Paiements acceptés : Espèces, Chèques, Chèques vacances

Sanitaire : Individuel et Collectif

Equipement audio-visuel

Office de Tourisme - place Peyramale
65100 Lourdes
Tél : 05 62 42 77 40

2

Lourdes

Accueil spirituel

Etape vacances

Maison de repos

A64 - Sortie : Tarbes Ouest - N117 - N21, D935
Carte Michelin : 342
SNCF : Lourdes
TGV : Lourdes - Navette
Aéroport : Tarbes-Ossun - Navette

Association Concorde
Maison Bellevue - Route de Bartres
65100 Lourdes
Tél. : 05 62 94 91 82
Fax : 05 62 42 08 75
Site : www.mission-catholique-polonaise.net
Email : pmk-lourdes@club-internet.net
Contact : Soeur Responsable

La maison du pèlerinage à flanc de coteau domine le sanctuaire marial. La maison offre la possibilité de recueillement, de prière et de repos avec l'aide de l'aumônier et des religieuses.
Capacité d'accueil maximale : 100 pers. - Ch. simple(s) : 2 - Ch. double(s) : 21 - Ch. familiale(s) : 15 - Linge de maison fourni
Langue(s) parlée(s) : Français, Italien, PolonaisRusse

		Adultes	Enfants	Groupes
Hébergement	*Nuit*	16€	50 %	-
Demi-pension	*Jour*	24€	50 %	-
Pension complète	*Jour*	28€	50 %	-

Paiements acceptés : Espèces, Chèques
Tarifs communiqués à titre indicatif. Pour plus de précisions, contacter directement la maison d'accueil.

Sanitaire : Individuel et Collectif

Equipement audio-visuel

2 km 2 km 3 km

Office de Tourisme - place Peyramale
65100 Lourdes
Tél : 05 62 42 77 40

2

St-Savin

Accueil spirituel

Etape vacances

A64 - Sortie : Tarbes Ouest - N21, D 921
Carte Michelin : 342
SNCF : Lourdes
TGV : Lourdes - Taxi - Bus SNCF jusqu' à Argeles Gazost.
Aéroport : Tarbes-Ossun - Taxi
Autres moyens de transfert : Une personne de l'établissement peut venir - chercher les visiteurs à Argeles Gazost.

Association Prémontrée Beau Site
2, route de Mailloc
65400 St-Savin
Tél. : 05 62 97 95 61
Fax : 05 62 97 96 07
Contact : Mlle Marie-Christine Bordenave

Maison située dans un petit village des Pyrénées, décor splendide, calme, à proximité de Lourdes et de sites touristiques.
Capacité d'accueil maximale : 15 pers. - Ch. simple(s) : 2 - Ch. double(s) : 4 - Ch. familiale(s) : 1 - Linge de maison fourni
Langue(s) parlée(s) : Français, Espagnol
Dates de fermeture : Pèriodes scolaires

Pour connaître les prestations complètes et les tarifs, veuillez vous renseigner auprès de la maison d'accueil.

Paiements acceptés : Espèces, Chèques, Chèques vacances

Sanitaire : Collectif

Agréments : Jeunesse et sports

3 km 3 km 15 km 15 km 3 km

Autres activités : Ski alpin / fond - Rafting - Parapente - Randonnées en montagne - Escalade

Office de Tourisme - BP 35
65400 Argeles-Gazost
Tél : 05 62 67 00 25
Email : ot@argeles-gazost.com

2

Arreau

Accueil spirituel

Etape vacances

A64 - Sortie : Lannemezan - N113, D929
Carte Michelin : 342
SNCF : Lannemezan
TGV : Tarbes - Navette
Aéroport : Tarbes - Taxi

Centre de vacances "A Chêne et Roc"
Route de Saint-Lary
65240 Arreau
Tél. : 05 62 40 76 80
Fax : 05 62 40 10 70
Site : www.centre-vacances-pyrenees.com
Email : contact@centre-vacances-pyrenees.com
Contact : Mr Arrias

Sur axe Espagne, Arreau, au pied du Col Aspin, dans un parc de 3ha, au calme, 4 chalets indépendants et exclusifs, entièrement équipés, ainsi qu'un studio 3 pers et un appartement 5 pers disponibles. Belle vue sur les sommets. Toutes saisons et toutes activités. Montagne, sports ou culture. Proche de Lourdes. Conseils-balades de Claude Arrias et découverte de la région. Linge de maison en location.
Capacité d'accueil maximale : 3 à 330 pers. - Ch. simple(s) : 10 - Ch. double(s) : 10 - Ch. familiale(s) : 50 - Dortoir : oui - Studio(s) : oui - Appartement(s) : oui
Langue(s) parlée(s) : Français, Anglais, Espagnol

Pour connaître les prestations complètes et les tarifs, veuillez vous renseigner auprès de la maison d'accueil.

Paiements acceptés : Espèces, Chèques, Chèques vacances

Sanitaire : Individuel et Collectif

Equipement audio-visuel - Agréments : Jeunesse et sports

7 km 2 km 20 km 2 km 5 km

Autres activités : - Balades - Randonnées

Office de Tourisme -
65240 Arreau
Tél : 05 62 98 63 15

Gèdre

Etape vacances

A64 (E80) - Sortie : N°12 Tarbes - N21, D921 - D922
Carte Michelin : 342
SNCF : Lourdes -
Aéroport : Tarbes-Ossun

Communauté des Prémontrés
Hameau de Héas
65120 Gèdre
Tél. : 05 62 51 80 60
Fax : 05 62 93 28 63
Site : www.mondaye.com
Email : n-d.heas.asso@mondaye.com
Contact : Frère Pierre-Marie

L'association notre Dame de Héas met à la disposition de personnes individuelles, de familles ou de groupes une maison située à 1550 mètres d'altitude. Agrémentée d'un parc, elle offre de nombreuses perspectives de promenades ou d'excursions : cirque de Troumouse et de Gavarnie, barrage des Gloriettes…
Capacité d'accueil maximale : 20 pers. - Ch. double(s) : 2 - Ch. familiale(s) : 3 - Dortoir : oui
Langue(s) parlée(s) : Français
Dates de fermeture : 30 novembre au 1er Avril

Pour connaître les prestations complètes et les tarifs, veuillez vous renseigner auprès de la maison d'accueil.

Paiements acceptés : Espèces, Chèques

Sanitaire : Collectif

10 km 10 km

Office de Tourisme - place du 8 Mai
65120 Luz-Saint-Sauveur
Tél : 05 62 92 30 30

Lourdes

Accueil spirituel
Etape vacances
Maison de repos

A64 - Sortie : Tarbes Ouest - N117 - N21, D940
Carte Michelin : 342
SNCF : Lourdes
TGV : Lourdes -
Aéroport : Tarbes-Ossun - Taxi - Navette

Foyer Familial
2, avenue Saint-Joseph
65100 Lourdes
Tél. : 05 62 94 07 51
Fax : 05 62 94 57 14
Email : foyerfamilial.dominicaines@wanadoo.fr

Les Sœurs Dominicaines de la Présentation reçoivent des personnes seules, des familles, des groupes accompagnés. La maison, avec jardin, est situé près de la gare à moins d'un quart d'heure des sanctuaires. Linge de lit fourni.
Capacité d'accueil maximale : 100 pers. - Ch. simple(s) : OUI - Ch. double(s) : OUI - Ch. familiale(s) : oui - Dortoir : oui
Langue(s) parlée(s) : Français, Anglais, Allemand, Espagnol, Italien

Pour connaître les prestations complètes et les tarifs, veuillez vous renseigner auprès de la maison d'accueil.

Paiements acceptés : Espèces, Cartes bancaires, Chèques

Sanitaire : Individuel et Collectif

Equipement audio-visuel

Office de Tourisme - place Peyramale
65100 Lourdes
Tél : 05 62 42 77 40

2

Argelès-Gazost

Etape vacances

A64 - Sortie : Lourdes/Tarbes Ouest - N21, D13
Carte Michelin : 342
SNCF : Argeles-Gazost - 5 mn
TGV : Lourdes - 15 mn - Taxi - Voiture - Car
Aéroport : Lourdes-Tarbes-Ossun - 30 mn, Pau-Pyrénées - 60 mn - Taxi

Gîte Notre-Dame-de-l'Estaou
13, chemin de couture-Bague - Ayros Arbouix
65400 Argelès-Gazost
Tél. : 05 62 97 20 35
Fax : 05 62 97 57 95
Site : www.gites-france-65.com/ndestaou
Email : nd.estaou@wanadoo.fr
Contact : Jean-Gérard Kuzminski Marie Noëlle et

Située entre Lourdes et montagnes, près de la station climatique et thermale d'Argelès-Gazost, cette ancienne colonie des Sœurs de St Vincent de Paul rénovée en gîte d'étape et de séjour reçoit groupes, familles, classes, dans un environnement priviligié, favorisant détente, rencontre, partage. Accueil en gestion libre. Draps non fournis (location possible)
Capacité d'accueil maximale : 50 pers. - Ch. simple(s) : 3 - Ch. double(s) : 4 - Ch. familiale(s) : 9 - Appartement(s) : 4
Langue(s) parlée(s) : Français, Anglais

Pour connaître les prestations complètes et les tarifs, veuillez vous renseigner auprès de la maison d'accueil.

Paiements acceptés : Espèces, Chèques, Chèques vacances

Sanitaire : Individuel

Equipement audio-visuel - Agréments : Jeunesse et sports - Education nationale

2 km 2 km 15 km 5 km 2 km

Autres activités : Ski alpin / fond : 15 km - Activités eaux vives : 2 km - Pêche : 1 km - Parc acrobatique : 2 km - Parapente : 8 km - Piste rollers de 20 km : 2 km - Rando. pédestre : Sur place - Rando. Raquettes : 15 km

Office de Tourisme - BP 35
65400 Argeles-Gazost
Tél : 05 62 67 00 25
Email : ot@argeles-gazost.com

8
15 km

Lourdes

Etape vacances

A64 - Sortie : Tarbes Ouest - N117 - N21, D940
Carte Michelin : 342
SNCF : Lourdes
TGV : Lourdes - Taxi - Navette
Aéroport : Tarbes-Ossun - 12 km - Taxi - Navette

Hôtel "Esplanade-Eden"
12, esplanade du Paradis - Quartier Peyramale
65100 Lourdes
Tél. : 05 62 94 42 23
Fax : 05 62 94 81 61
Email : hotel-esplanade@wanadoo.fr
Contact : Mme Rouglan

Ville Sainte où viennent se recueillir les pèlerins du monde entier, Lourdes est aussi le départ de superbes circuits touristiques vers les grands cols des Pyrénées. L'hôtel "Esplanade Eden" situé près des sanctuaires, vous propose de vous y accueillir.
Capacité d'accueil maximale : 280 pers. - Ch. simple(s) : 16 - Ch. double(s) : 118 - Ch. familiale(s) : 2 - Linge de maison fourni
Langue(s) parlée(s) : Français, Anglais, Allemand, Espagnol, Italien
Dates de fermeture : 01/11 au 20/04

		Adultes	Enfants	Groupes
Hébergement	*Nuit*	35 à 42€	50% à 30%	-
Demi-pension	*Jour*	35 à 48€	50% à 30%	-
Pension complète	*Jour*	43 à 56€	50% à 30%	-

Paiements acceptés : Espèces, Cartes bancaires, Chèques, Chèques vacances
Tarifs communiqués à titre indicatif. Pour plus de précisions, contacter directement la maison d'accueil.

Sanitaire : Individuel

Equipement audio-visuel

1 km 2 km 2 km 5 km
Autres activités : Ski alpin / fond

Office de Tourisme - place Peyramale
65100 Lourdes
Tél : 05 62 42 77 40

Ancizan

Accueil spirituel

Maison de repos

A64 - Sortie : Lannemezan - D929
Carte Michelin : 342
SNCF : Lannemezan
TGV : Tarbes - Navette
Aéroport : Tarbes-Ossun

Le Home Pyrénéen
31, rue Salcèdo
65440 Ancizan
Tél. : 05 62 39 91 52
Fax : 05 62 39 93 02
Contact : Soeur Jeannette

En vallée d'Aure (750 mètres d'altitude), à 7 kilomètres des thermes de Saint-Lary-Soulan. Les dominicaines de la Présentation accueillent toute personne seule ainsi que les familles. En dehors des vacances d'été, retraités, séminaires, groupes, sportifs...sont les bienvenus. Ambiance conviviale. Cuisine familiale assurée.
Capacité d'accueil maximale : 63 pers. - Ch. simple(s) : 11 - Ch. double(s) : 15 - Ch. familiale(s) : 7
Langue(s) parlée(s) : Français
Dates de fermeture : 01/11 au 30/11

Pour connaître les prestations complètes et les tarifs, veuillez vous renseigner auprès de la maison d'accueil.

Paiements acceptés : Espèces, Chèques, Chèques vacances

Sanitaire : Individuel et Collectif

Agréments : Jeunesse et sports - DDASS

5 km

Village

2 km

Office de Tourisme - 4, place Mairie
65440 Ancizan
Tél : 05 62 39 95 89

2

Gavarnie

Etape vacances

A64 - Sortie : Lourdes - N21, D921
Carte Michelin : 342
SNCF : Lourdes
TGV : Lourdes - Taxi - Navette
Aéroport : Tarbes-Ossun - Taxi - Navette

L'Isard
65120 Gavarnie
Tél. : 05 59 72 07 72
Fax : 05 59 32 80 57
Site : www.icbf.net
Email : icbf@wanadoo.fr
Contact : Mme Lagleyse

Dans un cadre grandiose, l'Isard est face au cirque de Gavarnie, patrimoine mondial de l'UNESCO, à 10 mn des stations de ski (1850 m à 2400 m d'altitude), patinoire de 555 m2 couverte, bob-luge, 30 000 ha à découvrir. Ski de fond gratuit. A l'Isard, vous êtes en autonomie dans un espace confortable.
Capacité d'accueil maximale : 20 pers. - Ch. simple(s) : 1 - Ch. familiale(s) : 2 - Camping : oui
Langue(s) parlée(s) : Français

Pour connaître les prestations complètes et les tarifs, veuillez vous renseigner auprès de la maison d'accueil.

Paiements acceptés : Espèces, Chèques

Sanitaire : Individuel

7 km 7 km 2 km

Autres activités : Ski alpin / fond - Patinoire : 7 km - Bob-luge

Office de tourisme - Village -
65120 Gèdres-Gavarnie
Tél : 05 62 92 49 10

Lourdes

Accueil spirituel

Etape vacances

A64 - Sortie : Tarbes Ouest - N117 - N21, D940
Carte Michelin : 342
SNCF : Lourdes
TGV : Lourdes - Taxi
Aéroport : Tarbes-Ossun - Taxi - Navette

Maison Sainte-Thérèse
32-34, rue du Sacré-Cœur
65100 Lourdes
Tél. : 05 62 94 35 16
Fax : 05 62 94 70 13
Email : emmalourdes@wanadoo.fr

La Communauté de l'Emmanuel accueille dans sa maison les pèlerins. Elle propose de partager sa vie communautaire basée sur la prière, la vie fraternelle et le service. La maison est située à 15 minutes à pied du sanctuaire dans un quartier très calme. Supplément location de draps : 4€
Capacité d'accueil maximale : 60 pers. - Ch. double(s) : 12 - Ch. familiale(s) : 7 - Dortoir : oui
Langue(s) parlée(s) : Français, Anglais, Espagnol

Pour connaître les prestations complètes et les tarifs, veuillez vous renseigner auprès de la maison d'accueil.

Paiements acceptés : Espèces, Chèques, Chèques vacances

Sanitaire : Individuel

2 km 2 km
Autres activités : Ski alpin / fond - Randonnées

Office de Tourisme - place Peyramale
65100 Lourdes
Tél : 05 62 42 77 40

Laloubère

Accueil spirituel

Etape vacances

A64 - Sortie : N°12 Tarbes - N117
Carte Michelin : 342
SNCF : Tarbes - Taxi
Aéroport : Tarbes-Ossun, 10 km -Paul-Pyrénées, 50 km -Taxi

Prieuré Notre-Dame des Neiges
12, rue de la Châtaigneraie
65310 Laloubère
Tél. : 05 62 51 80 60
Fax : 05 62 93 28 63
Site : www.mondaye.com
Email : n-d.des.neiges@mondaye.com
Contact : Frère Pierre-Marie

La communauté des prémontrés accueille toute l'année, toute personne seule ou en groupe pour un séjour de retraite ou de détente. Le Prieuré, situé aux portes de la ville de Tarbes à 350 m. d'altitude est entouré d'un grand parc. Cette région très touristique est dominée par la chaîne pyrénéenne. Le célèbre centre marial de Lourdes n'est qu'à 20 km.
Capacité d'accueil maximale : 24 pers. - Ch. simple(s) : 8 - Ch. double(s) : 6 - Appartement(s) : oui
Langue(s) parlée(s) : Français, Anglais, Espagnol

Pour connaître les prestations complètes et les tarifs, veuillez vous renseigner auprès de la maison d'accueil.

Paiements acceptés : Espèces, Chèques, Chèques vacances

Sanitaire : Collectif

Office de Tourisme - 3, cours Gambetta
65000 Tarbes
Tél : 05 62 51 30 31

Lourdes

Résidence retraités

A64 - Sortie : Tarbes Ouest - N117 - N21, D940
Carte Michelin : 342
SNCF : Lourdes, 0,3 km
TGV : Lourdes, 0,3 km - Taxi
Aéroport : Tarbes-Ossun - 10 km

Résidence la Pastourelle
E.H.P.A.D - 34, rue de Langelle
65100 Lourdes
Tél. : 05 62 42 50 00
Fax : 05 62 42 00 95
Site : www.lapastourelle-lourdes.com
Email : mdr.pastourelle65@wanadoo.fr

Dans un cadre de vie très calme, la Résidence, situé en centre ville, proche des sanctuaires, accueille des personnes âgées valides ou dépendantes. Assistance médicale assurée par personnel qualifié. La maison propose une sécurité avec assistance physique 24/24h, régimes spécifiques.
Capacité d'accueil maximale : 87 pers. - Ch. simple(s) : 75 - Ch. double(s) : 6 - Linge de maison fourni
Langue(s) parlée(s) : Français, Espagnol

Pour connaître les prestations complètes et les tarifs, veuillez vous renseigner auprès de la maison d'accueil.

Paiements acceptés : Espèces, Chèques, Virements

Sanitaire : Individuel

1 km 1 km 5 km

Office de Tourisme - place Peyramale
65100 Lourdes
Tél : 05 62 42 77 40

2

Barbazan-Debat

Accueil spirituel

A64 - Sortie : n°13 - N117, RD 119
Carte Michelin : 342
SNCF : Tarbes, 7 km
TGV : Tarbes - Taxi - Bus
Aéroport :

Sanctuaire Notre Dame de Piétat
1, rue de la Palombière
65690 Barbazan-Debat
Tél. : 05 62 33 80 52
Contact : Père Jean Baptiste Abadié

A 6 km de Tarbes, sur une colline, face aux Pyrénées, la Chapelle fut bâtie vers 1500 pour y honorer la statue déjà vénérée de Notre Dame de Piété, après la cessation rapide de la Peste. Dés lors, sauf 40 ans à la Révolution, s'y succèdent toujours pélerinages et fidèles à Notre Dame.
Capacité d'accueil maximale : 40 pers.
Langue(s) parlée(s) : Français, Espagnol, Italien

Pour connaître les prestations complètes et les tarifs, veuillez vous renseigner auprès de la maison d'accueil.

Paiements acceptés : Espèces, Chèques

Sanitaire : Individuel et Collectif

Office de Tourisme - 3, cours Gambetta
65000 Tarbes
Tél : 05 62 51 30 31

Albi

Etape vacances

A68 - Sortie : Albi - N88
Carte Michelin : 338
SNCF : Albi
TGV : Montauléan - Navette
Aéroport : Toulouse-Blagnac - Navette

Association Saint-Joseph
Foyer de Jeunes Travailleurs - 50, rue de la Croix Verte
81000 Albi
Tél./Fax : 05 63 54 16 47
Fax : 05 63 54 16 47
Site : www.4fjt.org
Email : f-j.t-st-joseph@wanadoo.fr
Contact : Mr Carayol

L'établissement accueille des personnes seules, des familles et des jeunes travailleurs. Située en ville, à 150 m. d'altitude, la maison est équipée d'un patio. A 500 m., vous pourrez visiter la Cathédrale Sainte-Cécile et le musée Toulouse-Lautrec.
Capacité d'accueil maximale : 72 pers. - Ch. simple(s) : 59 - Ch. double(s) : 3 - Ch. familiale(s) : 4 - Studio(s) : oui - Linge de maison fourni
Langue(s) parlée(s) : Français, Anglais

Pour connaître les prestations complètes et les tarifs, veuillez vous renseigner auprès de la maison d'accueil.

Paiements acceptés : Espèces, Chèques, Chèques Restaurants

Sanitaire : Individuel

Equipement audio-visuel

Sur place Sur place 3 km 5 km

Autres activités : - Circuits de randonnées - Kart - Squash - Atlétisme

Office de Tourisme - place Sainte-Cécile
81000 Albi
Tél : 05 63 49 48 80

Albi

Accueil spirituel

Etape vacances

A68 - Sortie : Albi - N88
Carte Michelin : 338
SNCF : Albi-Ville - Taxi
Aéroport : Toulouse-Blagnac - Taxi - Navette

Centre Saint-Amarand
16, rue de la République
81000 Albi
Tél. : 05 63 48 18 29
Fax : 05 63 48 18 21
Email : diocesealbi.saintamarand@wanadoo.fr
Contact : Mr Zevaco

Un ancien séminaire, situé au cœur de la ville, à proximité de la Cathédrale Ste-Cécile. Accueil de groupes et de particuliers désireux d'effectuer du tourisme, un séminaire ou tout simplement une halte dans le pays passion.
Capacité d'accueil maximale : 101 pers. - Ch. simple(s) : 43 - Ch. double(s) : 29
Langue(s) parlée(s) : Français

Pour connaître les prestations complètes et les tarifs, veuillez vous renseigner auprès de la maison d'accueil.

Paiements acceptés : Espèces, Chèques

Sanitaire : Collectif

Equipement audio-visuel

2 km 2 km 5 km

Office de Tourisme - place Sainte-Cécile
81000 Albi
Tél : 05 63 49 48 80

Caylus

Accueil spirituel

A61 - Sortie : Caussade - N20, D926
Carte Michelin : 337
SNCF : Caussade, 25 km
TGV : Montauban, 45 km - Taxi - Navette
Aéroport : Toulouse-Blagnac - Taxi - Navette - Train

Centre spirituel François Palau
Sanctuaire Notre-Dame de Livron
82160 Caylus
Tél. : 05 63 67 05 94
Fax : 05 63 24 04 56
Email : cspalaulivron@wanadoo.fr

Les carmélites missionnaires vous accueillent pour des retraites, des récollections seul ou en groupe dans un lieu de pèlerinage marial. Espace vert, paysage champêtre, beauté et simplicité. Cadre idéal pour la prière, la détente et les randonnées. La maison organise des retraites… Demander le programme.
Capacité d'accueil maximale : 39 pers. - Ch. simple(s) : 11 - Ch. double(s) : 14 - Camping : oui - Autres : ermitage - Linge de maison fourni
Langue(s) parlée(s) : Français, Espagnol

Pour connaître les prestations complètes et les tarifs, veuillez vous renseigner auprès de la maison d'accueil.

Paiements acceptés : Espèces, Chèques

Sanitaire : Individuel et Collectif

Equipement audio-visuel

2 km 2 km

Autres activités : - Football - Randonées - Lacs

Office de Tourisme - rue Droite
82160 Caylus

20 km

Notes

Nord-
Pas-de-Calais

Index des départements
de la Région Nord-Pas-de-Calais

ARRAS

Grand'Place et place des Héros

Reliées par la rue de la Taillerie, ces places alignant 155 maisons (17 e et 18 e s.) ornées de pilastres, chaînages, frontons curvilignes et pignons à volutes constituent un superbe ensemble, héritage du style baroque flamand.

Ancienne abbaye St-Vaast - musée des Beaux-Arts

On y découvre les plus beaux témoignages de l'histoire d'Arras : archéologie, sculptures médiévales, tapisseries du 15 e s., trésor de la cathédrale, porcelaines, peintures du 17 e s. et pré-impressionnistes.

Renseignements : 03 21 71 26 43.

BERGUES

Son canal intérieur lui a valu le surnom de « petite Bruges du Nord ». On y retrouve l'atmosphère de la cité flamande, ses rues sinueuses avec ses demeures de briques ocre jaune, ses vastes places et ses quais silencieux.

BOULOGNE-SUR-MER

Nausicaä

Le Centre national de la mer est le plus grand complexe européen consacré à la connaissance des océans. Mis en situation dans des décors grandioses, le visiteur découvre l'action de l'homme sur le milieu marin.

Renseignements : 03 21 30 99 99.

CALAIS

Monument des Bourgeois de Calais

Ces six effigies de bronze grandeur nature, frémissantes de vie et d'émotion sont l'aboutissement de dix années d'études et de recherches de Rodin.

Le CATEAU-CAMBRÉSIS

Musée Matisse

Les œuvres cédées par l'artiste - la troisième collection Matisse de France - sont exposées dans l'ancien palais des archevêques de Cambrai (18 e s.), qui dispose d'un remarquable parc.

Renseignements : 03 27 84 64 50.

CÔTE D'OPALE

Depuis la baie de Somme jusqu'à la frontière belge s'étend un paysage étonnant, encore sauvage : la Côte d'Opale dessine un chapelet de dunes, de vallées crantées et de falaises escarpées qui dominent le pas de Calais. La partie la plus spectaculaire est la corniche de la Côte d'Opale : du cap Blanc-Nez au cap Gris-Nez, panoramas grandioses.

DOUAI

Musée de la Chartreuse

Ce bel ensemble de constructions du 16 e au 18 e s. est désormais dévolus aux beaux-arts et à l'archéologie. À voir, deux chefs-d'œuvre de la Renaissance italienne : Portrait d'une Vénitienne de Véronèse et Flagellation du Christ de Louis Carrache.

Renseignements : 03 27 71 38 80.

FOURMIES

Musée du Textile et de la Vie sociale

Installé dans une ancienne filature, le musée présente une intéressante collection de machines textiles du 19 e s. à nos jours et les reconstitutions d'un atelier de bonneterie, d'un intérieur ouvrier, d'une salle de classe, d'une rue avec ses boutiques et son estaminet.

Renseignements : 03 27 60 66 11.

Coupole d'HELFAUT-WIZERNES

Cette gigantesque base de lancement de fusées V2 compte parmi les plus imposants vestiges de la Seconde Guerre mondiale. Symbole de la folie et de la démesure nazies, le site a été converti en Centre d'histoire de la guerre et des fusées, un lieu de mémoire et d'éducation.

Renseignements : 03 21 93 27 27.

Centre historique minier de LEWARDE

Sur le site de la fosse Delloye, qui fonctionna de 1930 à 1971, les bâtiments ont été conservés pour abriter le plus grand musée de la mine en France, retraçant trois siècles d'activité. Visite guidée par d'anciens mineurs ; descente dans le puits.

Renseignements : 03 27 95 82 82.

LILLE

Palais des Beaux-Arts

Le majestueux Palais des Beaux-Arts, construit à partir de 1885, présente des collections exceptionnelles. Parmi elles : 15 plans-reliefs de villes à l'époque de Louis XIV, un panorama de la sculpture française, des peintures de l'école flamande, des tableaux de Delacroix, David, Watteau et de remarquables toiles de Goya.

Renseignements : 03 20 06 78 00.

Vieille Bourse

Construite en 1653 pour rivaliser avec celles des grandes villes des Pays-Bas, elle marque la survivance et le rayonnement du style Louis XIII et son adaptation au goût flamand.

ROUBAIX

La Piscine
Musée d'Art et d'Industrie

Ce splendide complexe Art déco de bains-douches (1927-1932) sert aujourd'hui de cadre au patrimoine artistique et industriel de la ville. La piscine charme d'emblée par l'harmonie de son volume et de sa décoration. Les baigneurs ont laissé place aux sculptures et peintures des 19e et 20e s.

Renseignements : 03 20 69 23 60.

SAINT-OMER

Cathédrale Notre-Dame

Le plus bel édifice religieux de la région étonne par la majesté et l'ampleur de ses formes. Il conserve l'un des plus riches mobiliers de France.

VILLENEUVE-D'ASCQ

Musée d'Art moderne

Issue de la donation Masurel, cette collection comprend plus de 230 œuvres du début du 20e s., surtout des toiles fauves (Rouault, Derain) et surréalistes (Miró, Masson). L'art cubiste et l'art abstrait (Kandinsky, Klee) sont bien représentés. Une salle est dédiée à Modigliani.

Renseignements : 03 20 19 68 51.

Comité Régional du Tourisme
du Nord-Pas-de-Calais
6, place Mendès France
59800 LILLE
Tél : 03.20.14.57.57
Fax : 03.20.14.57.58
E-mail : contact@crt-nordpasdecalais.fr
http://www.crt-nordpasdecalais.fr

Godewaersvelde

Accueil spirituel

A1 - A25 - Sortie : N°10 Méteren - D18
Carte Michelin : 302
SNCF : Bailleul, 7 km
TGV : Lille, 35 km - Taxi
Aéroport : Lille-Lesquin - 40 km - Taxi

Abbaye Sainte-Marie Mont-des-Cats
2470, route du Mont-des-Cats
59270 Godewaersvelde
Tél. : 03 28 43 83 63
Fax : 03 28 43 83 64
Site : www.abbaye-montdescats.com
Email : hotellerie@abbaye-montdescats.com
Contact : Frère Bernard-Marie

L'abbaye, fondée en 1826, est située à 158 m. d'altitude, sur l'un des rares Monts de la Flandre. La vue depuis l'abbaye embrasse la région, de la côte jusqu'aux terrils de la région minière, par-dessus la plaine, française d'un côté, belge de l'autre. La communauté compte actuellement une quarantaine de frères.

Capacité d'accueil maximale : 40 pers. - Ch. simple(s) : 22 - Ch. double(s) : 9 - Linge de maison fourni
Langue(s) parlée(s) : Français
Dates de fermeture : 01/01 au 31/01

Pour connaître les prestations complètes et les tarifs, veuillez vous renseigner auprès de la maison d'accueil.

Paiements acceptés : Espèces, Chèques

Sanitaire : Collectif

Equipement audio-visuel

20 km 30 km

Office de Tourisme
3, place Charles de Gaulle - BP 95
59270 Bailleul
Tél : 03 28 48 81 00

70 km

Mouvaux

Accueil spirituel
Etape vacances

A 22 - Sortie : N°15 - Les Francs - N350, D952
Carte Michelin : 302
SNCF : Lille
TGV : Lille - Taxi - Tramway
Aéroport : Lille-Lesquin

Centre spirituel du Hautmont
31, rue Mirabeau - BP 19
59420 Mouvaux
Tél. : 03 20 26 09 61
Fax : 03 20 11 26 59
Site : www.hautmont.asso.fr
Email : hautmont@nordnet.fr

Une équipe de jésuites et de laïcs accueille: -Pour une retraite spirituelle toute personne individuelle ou en groupes -Pour une étape des groupes constitués Propose retraites, sessions. A proximité de Lille, l'établissement, calme et tranquille, donne sur un parc de 7 hectares.
Capacité d'accueil maximale : 90 pers. - Ch. simple(s) : 4 - Ch. double(s) : 42
Langue(s) parlée(s) : Français
Dates de fermeture : 25/12 au 01/01

Pour connaître les prestations complètes et les tarifs, veuillez vous renseigner auprès de la maison d'accueil.

Paiements acceptés : Espèces, Chèques

Sanitaire : Collectif

Equipement audio-visuel

Office de Tourisme - 9, rue de Tournai
59200 Tourcoing
Tél : 03 20 26 89 03

Haubourdin cedex

Accueil spirituel

Etape vacances

A1 - A25 - Sortie : N°7 Bethune - N41
Carte Michelin : 302
SNCF : Hauboudin
TGV : Lille - Taxi - Bus ligne 12A
Aéroport : Lille-Lesquin - Taxi

Domaine des Muriers
178, rue Sadi Carnot - BP 93
59482 Haubourdin cedex
Tél. : 03 20 10 31 90
Fax : 03 20 10 31 91
Site : www.cnfetp-lille.com
Email : mleclercq@cnfetp-lille.com

Ce centre, (anciennement Villa St Gérard) agrémenté d'un beau parc d'1,5 hectares, dans une ambiance calme et reposante, vous propose à la fois des sessions culturelles et spirituelles mais également l'accueil de groupes pour séminaires, colloques, sessions culturelles et de formation. Un amphithéâtre de 130 places et deux salles informatiques en réseau sont à votre disposition. 10 salles pouvant accueillir de 10 à 150 personnes. Chambres rénovées confortables.
- Ch. simple(s) : 23 - Ch. double(s) : 16

Langue(s) parlée(s) : Français
Dates de fermeture : 3 semaines en Août

Pour connaître les prestations complètes et les tarifs, veuillez vous renseigner auprès de la maison d'accueil.

Paiements acceptés : Espèces, Chèques

Sanitaire :

Equipement audio-visuel

1 km

Office de Tourisme - place Rihour
59800 Lille
Tél : 03 20 21 94 21

Solesmes

Etape vacances

A2 - Sortie : N°14 Cambrai - D942
Carte Michelin : 302
SNCF : Caudry, 10 km
TGV : Valenciennes, 17 km - Taxi - Car
Aéroport : Lille-Lesquin - 50 km - Taxi

Institution Saint-Michel
13, rue Emile Zola
59730 Solesmes
Tél. : 03 27 37 33 77
Contact : Mr Guérineau

L'institution vous accueille durant les vacances scolaires, dans une maison entourée d'un parc. A proximité, vous pourrez découvrir la ville fortifiée de Le Quesnoy à 12 km, le musée Matisse à 10 km ou la Forêt de Mormal à 10 km.
Capacité d'accueil maximale : 160 pers. - Ch. simple(s) : 35 - Ch. double(s) : 15 - Ch. familiale(s) : 10 - Dortoir : oui
Langue(s) parlée(s) : Français

Pour connaître les prestations complètes et les tarifs, veuillez vous renseigner auprès de la maison d'accueil.

Paiements acceptés : Espèces, Chèques

Sanitaire : Individuel et Collectif

Equipement audio-visuel

en salle
Autres activités : - Terrain de football - Salles de sport

Office de Tourisme - place Général de Gaulle
59540 Caudry
Tél : 03 27 76 29 85

Raismes

Accueil spirituel

A28 - Sortie : N°6 Raismes
Carte Michelin : 302
SNCF : Raismes
TGV : Valenciennes - Taxi - Navette
Aéroport : Lille - Lesquin - Taxi - Navette

Maison Diocésaine
174, rue Léopold Dusart
59590 Raismes
Tél. : 03 27 38 07 70
Fax : 03 27 38 07 79
Email : maison.diocésaine@nordnet.fr

Dans un cadre de verdure, la maison diocésaine accueille les groupes du diocèse de Cambrai et les personnes qui désirent un temps de ressourcement, de prière, de silence avec le personnel, les sœurs du Cénacle et une équipe de laïcs. Forêt domaniale de Raismes, St-Amand-les-Eaux à 1 km.
Capacité d'accueil maximale : 60 pers. - Ch. simple(s) : 20 - Ch. double(s) : 20 - Linge de maison fourni
Langue(s) parlée(s) : Français, Espagnol
Dates de fermeture : 12/08 au 02/09

Pour connaître les prestations complètes et les tarifs, veuillez vous renseigner auprès de la maison d'accueil.

Paiements acceptés : Espèces, Chèques

Sanitaire : Collectif

Equipement audio-visuel

0,5 km 8 km 1 km

Office de Tourisme - 1, rue Askièvre
59300 Valenciennes
Tél : 03 27 46 22 99

Merville

Accueil spirituel

A26 - Sortie : N°6 Béthune - D946
Carte Michelin : 302
SNCF : Hazebrouck
TGV : Lille et Hazebrouck - Navette
Aéroport : Lille-Lesquin - 20 km

Maison diocésaine d'accueil
70, rue Victorine Deroide - BP 58
59660 Merville
Tél. : 03 28 42 82 27
Fax : 03 28 42 00 43
Email : mdam2@wanadoo.fr
Contact : Mlle Claudine Mathieu

Notre maison vous reçoit en groupe pour prier, réfléchir. Des récollections et sessions sont organisées par la maison. Notre établissement est situé dans une petite ville, entouré d'un magnifique parc.
Capacité d'accueil maximale : 220 pers. - Ch. simple(s) : 36 - Ch. double(s) : 71 - Ch. familiale(s) : 14
Langue(s) parlée(s) : Français
Dates de fermeture : 25/12 au 01/01

Pour connaître les prestations complètes et les tarifs, veuillez vous renseigner auprès de la maison d'accueil.

Paiements acceptés : Espèces, Chèques

Sanitaire : Individuel et Collectif

Equipement audio-visuel

12 km

Office de Tourisme - Grande Place
59660 Merville

Lille

Résidence retraités

A1 - Sortie : N°5 Lille-Centre - La Madeleine
Carte Michelin : 302
SNCF : Lille
TGV : Lille - Taxi
Aéroport : Lille-Lesquin

Résidence Porte de Gand
61-63, rue de Gand
59000 Lille
Tél. : 03 20 12 27 27
Fax : 03 20 14 08 49
Email : notredamedevie@nordnet.fr

La Résidence Porte de Gand située dans le vieux Lille accueille toute l'année en intercongrégation, religieux(ses), prêtres et laïcs en maison de retraite.
Capacité d'accueil maximale : 75 pers. - Ch. simple(s) : 74 - Autres : chambre d'hôte
Langue(s) parlée(s) : Français

Pour connaître les prestations complètes et les tarifs, veuillez vous renseigner auprès de la maison d'accueil.

Paiements acceptés : Espèces, Chèques

Sanitaire : Individuel et Collectif

Agréments : - MSM - CAMAC

Office de Tourisme - place Rihour
59800 Lille
Tél : 03 20 21 94 21

Wisques

Accueil spirituel

A26 - Sortie : St Omer Ouest - N42
Carte Michelin : 301
SNCF : St Omer - Taxi - Navette
Aéroport : Lille - Lesquin - Taxi

Abbaye Notre-Dame
24, rue de la Fontaine
62219 Wisques
Tél. : 03 21 95 12 26
Fax : 03 21 95 56 69

Dans le cadre silencieux d'un ancien pavillon de chasse proche du monastère, les bénédictines accueillent familles, couples, groupes, individuels, jeunes, étudiants pour des motifs variés : retraite, silence, repos, écoute, étude, prière. Liturgie en chant grégorien.
Capacité d'accueil maximale : 13 pers. - Ch. simple(s) : 3 - Ch. double(s) : 5 - Linge de maison fourni
Langue(s) parlée(s) : Français, Anglais, Italien
Dates de fermeture : 01/12 au 15/12

Pour connaître les prestations complètes et les tarifs, veuillez vous renseigner auprès de la maison d'accueil.

Paiements acceptés : Espèces, Chèques

Sanitaire : Collectif

7 km 7 km 5 km 7 km

Office de Tourisme - 4, rue du Lion d'Or
62500 Saint-Omer
Tél : 03 21 98 08 51

Wardrecques

Accueil spirituel

A26 - N°4 - N43
Carte Michelin : 301
SNCF : Saint-Omer - Taxi - Navette

Centre spirituel et Maison d'accueil Ave-Maria
62120 Wardrecques
Tél. : 03 21 93 55 48
Fax : 03 21 95 61 09
Site : www.avemaria.asso.fr
Email : avemaria@nordnet.fr
Contact : Mr Alain Crepin

Situé dans un parc de 5 ha, centre spirituel ouvert à tous, groupes, instituts et personnes qui désirent y tenir retraites, sessions ou rencontres d'ordre spirituel ou apostolique. La maison elle-même propose également des retraites et sessions. Demander le programme.
Capacité d'accueil maximale : 115 pers. - Ch. simple(s) : 38 - Ch. double(s) : 12 - Dortoir : oui
Langue(s) parlée(s) : Français, Anglais

Pour connaître les prestations complètes et les tarifs, veuillez vous renseigner auprès de la maison d'accueil.

Paiements acceptés : Espèces, Chèques

Sanitaire : Collectif

Equipement audio-visuel

Office de Tourisme - 4, rue du Lion d'Or
62500 Saint-Omer
Tél : 03 21 98 08 51

Condette

Accueil spirituel

A16 - Sortie : N°27 Neufchâtel - D940 - D119
Carte Michelin : 301
SNCF : Boulogne-sur-Mer - Taxi - Navette
Aéroport : Lille - Lesquin

Les Tourelles-Centre Spirituel
Maison Diocésaine d'Accueil - 12, avenue de l'Yser
62360 Condette
Tél. : 03 21 83 71 42
Fax : 03 21 92 42 89
Site : http://perso.wanadoo.fr/les.tourelles
Email : les.tourelles@wanadoo.fr
Contact : Mme Gomel

Entre Boulogne-sur-Mer et le Touquet, la maison accueille des personnes seules, familles, prêtres, religieuses, groupes (en pension complète), pour ressourcement, retraite, réflexion, formation. Equipe composée d'un prêtre et de laïcs. Lieu propice au repos et au recueillement. Parc de 4 hectares.Mer et forêt à proximité.
Capacité d'accueil maximale : 60 pers. - Ch. simple(s) : 20 - Ch. double(s) : 20 - Linge de maison fourni
Langue(s) parlée(s) : Français
Dates de fermeture : 20/12 au 05/01

Pour connaître les prestations complètes et les tarifs, veuillez vous renseigner auprès de la maison d'accueil.

Paiements acceptés : Espèces, Chèques

Sanitaire : Individuel et Collectif

Equipement audio-visuel - Agréments : - MSM - Cavimac

10 km 5 km 5 km

Office de Tourisme - 24, quai Gambetta
62200 Boulogne-sur-mer
Tél : 03 21 10 88 10

Arras cedex

Accueil spirituel

Etape vacances

A1 / A26 - Sortie : Arras Centre
Carte Michelin : 301
SNCF : Arras, 2 km
TGV : Arras, 2 km - Taxi - Bus Ligne 4
Aéroport : Lille - Lesquin - 50 km - Taxi

Maison diocésaine
EURL - Maison Saint-Vaast - 103, rue d'Amiens - BP 1016
62008 Arras cedex
Tél. : 03 21 21 40 38
Fax : 03 21 21 40 09
Site : www.maisondiocesainearras.asso.fr

Le centre diocésain met ses locaux à disposition <b>de groupes pour des sessions ou des stages de travail</b> contribuant à la formation. En ville dans un parc, il permettra de découvrir, dans un climat de détente, les curiosités d'Arras et de sa région (architecture flamande de la cité, Abbaye de Saint Vaast, Douai, son parc naturel régional).
Capacité d'accueil maximale : 102 pers. - Ch. simple(s) : 10 - Ch. double(s) : 38 - Ch. familiale(s) : 4 - Linge de maison fourni
Langue(s) parlée(s) : Français, Anglais

Pour connaître les prestations complètes et les tarifs, veuillez vous renseigner auprès de la maison d'accueil.

Paiements acceptés : Espèces, Chèques

Sanitaire : Individuel et Collectif

Equipement audio-visuel

3 km 3 km 8 km 10 km

Office de Tourisme - Hôtel de Ville - place des Héros
62000 Arras
Tél : 03 21 51 26 95

Saint Martin Boulogne

Accueil spirituel

A16 - Sortie : Saint Martin Boulogne
SNCF : Boulogne Ville
TGV : Boulogne Ville - Taxi - Bus
Aéroport :

Monastère de la Visitation
9, rue Maquétra - BP 976
62280 Saint Martin Boulogne
Tél. : 03 21 31 35 88
Fax : 03 21 80 83 05

La Communauté accueille pour un séjours de 8 jours, pour une halte de repos ou une retraite pendant toute l'année. Spiritualité salesienne. Partage fraternel et spirituel. Situé à 200 m d'altitude, calme, climat vivifiant. Côte d'Opale. A 1 km de la mer. Région vallonnée. Artisanat, icônes, bougies.
Capacité d'accueil maximale : 5 à 14 pers. - Ch. simple(s) : 8 - Ch. double(s) : 3 - Ch. familiale(s) : 3 - Linge de maison fourni
Langue(s) parlée(s) : Français

Pour connaître les prestations complètes et les tarifs, veuillez vous renseigner auprès de la maison d'accueil.

Paiements acceptés : Espèces, Chèques

Sanitaire : Individuel et Collectif

1 km 1 km

Office de Tourisme - 24, quai Gambetta
62200 Boulogne-sur-mer
Tél : 03 21 10 88 10

Stella-Plage

Etape vacances
Maison de repos

A16 - Sortie : N°26 - N1
Carte Michelin : 301
SNCF : Le Touquet - Etaples
TGV : Calais - Taxi - Bus
Aéroport :

Village de Vacances "Stella-Maris"
376, rue Baillarquet
62780 Stella-Plage
Tél. : 03 21 94 73 65 / 03 21 94 73 65
Fax : 03 21 94 63 55
Site : www.stellamaris-vacances.com
Email : stellamaris@wanadoo.fr
Contact : Mr Joseph

Dirigé par les Oblats de Marie-Immaculée, le village accueille toute personne seule, familles et groupes pour des séjours de détente dans un cllimat de convivialité et de partage. Situé dans un large espace verdoyant, 5 ha de dunes à Stella-plage, station climatique près du Touquet-Paris-Plage de réputation internationale, face à l'Angleterre. Chapelle et messe tous les jours.
Capacité d'accueil maximale : 250 pers. - Ch. simple(s) : 5 - Ch. double(s) : 20 - Ch. familiale(s) : 64 - Linge de maison fourni
Langue(s) parlée(s) : Français, Anglais, Polonais
Dates de fermeture : 06/11 au 15/ 03

		Adultes	Enfants	Groupes
Hébergement	*Nuit + pdj*	25€	6 à18€	-
Demi-pension	*Jour*	39 à 43€	9 à 38€	-
Pension complète	*Jour*	45 à 49€	12 à 44€	-

Paiements acceptés : Espèces, Cartes bancaires, Chèques, Chèques vacances
Tarifs communiqués à titre indicatif. Pour plus de précisions, contacter directement la maison d'accueil.

Sanitaire : Individuel

Equipement audio-visuel - Agréments : Jeunesse et sports - DASS

5 km Sur place 3 km 0,5 km

Autres activités : - Football : Sur place - Volley ball : Sur place - Ping-Pong : Sur place - Aire de jeux : Sur place

Office de Tourisme - place des Etats-Unis
62780 Stella-Plage
Tél : 03 21 09 04 32

Pays-de-la-Loire

Index des départements
de la Région Pays-de-la-Loire

Château d'ANGERS

La forteresse construite par Blanche de Castille constitue un magnifique spécimen d'architecture féodale. Joyau du château, la tenture de l'Apocalypse, mondialement connue, illustre avec force le fameux texte biblique.

Renseignements : 02 41 86 48 79.

Château de BRÉZÉ

Ensemble troglodytique

Derrière de profondes douves sèches se trouve la plus importante forteresse souterraine connue à ce jour, avec plus d'un kilomètre de souterrains recelant caves, pressoir, fournil, celliers.

Renseignements : 02 41 51 60 15.

Château de BRISSAC

L'un des plus imposants châteaux de la Loire, de style mi-médiéval, mi-Louis XIII.

Renseignements : 02 41 91 22 21.

Logis de La CHABOTTERIE

Après la visite des salles - on y découvre l'art de vivre de la Vendée du 16e au 18e s. - on part le long d'un itinéraire où le souvenir des guerres de Vendée est omniprésent.

Renseignements : 02 51 42 81 00.

DOUÉ-LA-FONTAINE

Zoo

Il occupe un site troglodytique exceptionnel, d'anciennes carrières de pierre avec grottes « en cathédrale », offrant un cadre hors du commun à plus de 500 animaux vivant en semi-liberté.

Renseignements : 02 41 59 18 58.

LA FERTÉ-BERNARD

Église N.-D.-des-Marais

Superbe édifice au style flamboyant teinté de Renaissance.

Renseignements : 02 43 71 21 21.

FONTEVRAUD-L'ABBAYE

L'abbaye

L'ultime demeure des Plantagenêts, l'un des plus importants ensembles monastiques de France, conserve de purs joyaux d'architecture angevine : une superbe abbatiale, des gisants polychromes et de très impressionnantes cuisines romanes.

Renseignements : 02 41 51 71 41.

LAVAL

Lactopôle André-Besnier

Tout ce que vous avez toujours voulu savoir sur le lait, ses métiers et ses dérivés, à travers une présentation moderne, scientifique et didactique.

Renseignements : 02 43 59 51 90.

LE MANS

Cathédrale St-Julien

Elle dresse fièrement au-dessus de la place des Jacobins son chevet gothique, admirable par son système enveloppant d'arcs-boutants à double volée.

Château du LUDE

Ce magnifique château offre plusieurs visages : médiéval et gothique avec ses grosses tours rondes, Renaissance italienne par son aménagement, Louis XVI avec son harmonieuse façade côté rivière. Peintures exceptionnelles, mobilier de somptueuse facture et superbe parc dominant le Loir.

Renseignements : 02 43 94 60 09.

Château de MONTREUIL-BELLAY

D'allure austère, c'est une belle

demeure du 15 e s., théâtre des excentricités de la fougueuse duchesse de Longueville.
Renseignements : 02 41 52 33 06.

NANTES

Château des ducs de Bretagne
Il rappelle toujours la double fonction qu'il avait jadis : place forte aux lourdes murailles et palais à l'architecture élégante.

NOIRMOUTIER

Passage du Gois
Lieu insolite que ce passage de 4,5 km formé par des hauts-fonds, seule voie d'accès carrossable à l'île jusqu'en 1971.

Château du PLESSIS-BOURRÉ

Il déploie une architecture sobre et majestueuse tout au long de ses larges douves. Au plafond de sa fameuse salle des Gardes, tout un monde d'images et de symboles, témoignage flamboyant d'un art du 15e s. porté à son apogée.
Renseignements : 02 41 32 06 72.

PORNIC

Planète Sauvage
Cette piste safari de 10 km permet de découvrir, en observation rapprochée, hippopotames, éléphants, bisons, tigres, lions, girafes, etc.
Renseignements : 02 40 04 82 82.

Le PUY du FOU

La Cinéscénie
La terrasse de la façade postérieure du château donnant sur une pièce d'eau compose le décor et l'aire scénique de ce grandiose spectacle où 800 acteurs et 50 cavaliers font revivre l'histoire de la Vendée avec des moyens impressionnants.
Renseignements : 02 51 64 11 11.

SAINT-NAZAIRE

Escal'Atlantique
Espace consacré à une époque mythique, celle des grands paquebots transatlantiques. L'exploration des lieux (cabines, ponts, salle des machines...), avec leurs atmosphères et décors très différents, est ponctuée d'animations.
Renseignements : 0 810 888 444.

Château de SAUMUR

Campé sur son piédestal de pierre, il a conservé, depuis sa reconstruction (fin 14e s.), son allure de forteresse, son architecture élancée et gracieuse avec les lignes verticales de ses tours et de leurs toits pointus.
Renseignements : 02 41 40 24 40.

Château de SERRANT

Château Renaissance entouré de larges douves en eau, remarquable accord entre la perfection du détail et la beauté d'ensemble. À l'intérieur, exceptionnelle bibliothèque et collection de mobilier classée Monument historique dans sa totalité pour sa qualité et sa richesse.
Renseignements : 02 41 39 13 01.

Comité Régional du Tourisme
des Pays de la Loire
2, rue de la Loire • BP 20411
44204 NANTES CEDEX 2
Tél : 02.40.48.24.20
Fax : 02.40.08.07.10
E-Mail : accueil@crtpdl.com
http://www.enpaysdelaloire.com

La Meilleraye-de-Bretagne

Accueil spirituel

A11 - Sortie : Ancenis - N137, D18
Carte Michelin : 316
SNCF : Châteaubriant, 20 km - Ancenis, 30 km
TGV : Nantes, 45 km - Car
Aéroport : Nantes-Atlantique - 55 km - Taxi
Autres moyens de transfert : Car

Abbaye Notre-Dame de Melleray
44520 La Meilleraye-de-Bretagne
Tél. : 02 40 55 26 00
Fax : 02 40 55 22 43
Site : melleray.abbaye.com
Email : melleray@wanadoo.fr
Contact : Frère Hôtelier

L'hôtellerie, située dans un cadre agréable, accueille toute personne désireuse de vivre un temps fort de réflexion et de prière, soit individuellement, soit en groupe, avec la possibilité de participer à la prière des moines dans l'église du XIIème siècle. Un magasin propose en outre un grand choix de livres religieux, de CD, cassettes et produits monastiques.
Capacité d'accueil maximale : 62 pers. - Ch. simple(s) : 18 - Ch. double(s) : 29 - Ch. familiale(s) : 2 - Linge de maison fourni
Langue(s) parlée(s) : Français, Anglais, Allemand

Pour connaître les prestations complètes et les tarifs, veuillez vous renseigner auprès de la maison d'accueil.

Paiements acceptés : Espèces, Cartes bancaires, Chèques

Sanitaire : Individuel et Collectif

Equipement audio-visuel

Office de Tourisme - 22, rue de Couéré - BP 193
44142 Châteaubriant cedex
Tél : 02 40 28 20 90

9

Rezé

Accueil spirituel

A11 / A83 - Sortie : N°49
Carte Michelin : 316
SNCF : Nantes
TGV : Nantes - Taxi - Bus N°31
Aéroport : Nantes-Atlantique - 8 km - Taxi

Centre spirituel diocésain "Les Naudières"
31, rue des Naudières
44400 Rezé
Tél. : 02 40 75 51 74
Fax : 02 40 32 81 29
Site : http://nantes.cef.fr
Email : centre.spirituel.naudieres@nantes.cef.fr
Contact : M. Fauchié Jean-François M Philippe Arrouet

Animé par une équipe de prêtres, religieuses et laïcs, le centre accueille groupes et mouvements d'église qui viennent y organiser des rencontres ou des sessions. Retraites spirituelles proposées tout au long de l'année. Accueil toute personne désirant un espace de silence et de recueillement. Parc de 5 ha à proximité des bords de la Sèvre.
Capacité d'accueil maximale : 160 pers. - Ch. simple(s) : 45 - Ch. double(s) : 60 - Linge de maison fourni
Langue(s) parlée(s) : Français
Dates de fermeture : 24/12/03 au 05/01/04

		Adultes	Enfants	Groupes
Hébergement	*Nuit + Pdj*	14,50€	10€	-
Demi-pension	*Jour*	22€	17,30€	-
Pension complète	*Jour*	32€	24€	-

Paiements acceptés : Espèces, Chèques
Tarifs communiqués à titre indicatif. Pour plus de précisions, contacter directement la maison d'accueil.

Sanitaire : Individuel et Collectif

Mairie - Place Jean-Baptiste Daviais
44400 Rezé
Tél : 02 40 84 43 00

Saint-Molf

Accueil spirituel

Etape vacances

A11 - Sortie : Nantes - N171, D774
Carte Michelin : 316
SNCF : La Baule
TGV : La Baule - Taxi
Aéroport : Nantes-Atlantique - Taxi

Maison d'Accueil Kerguenec
44350 Saint-Molf
Tél. : 02 40 24 91 55
Fax : 02 40 24 91 60
Site : www.kerguenec.net
Email : kerguenec@wanadoo.fr
Contact : Mme Marie-Luce

Situé à 3 km de Guérande et à 8 km de La Baule, Kerguenec vous accueille dans un cadre agréable (parc de 5 ha avec étang et forêt) et vous héberge pour vos sorties scolaires, classes de découverte, études de milieu, séminaires…
Capacité d'accueil maximale : 68 pers. - Ch. simple(s) : 17 - Dortoir : oui
Langue(s) parlée(s) : Français
Dates de fermeture : 01/07 au 31/08

		Adultes	Enfants	Groupes
Hébergement	*Nuit*	12,50 à 16€	9,90 à 10,80€	-
Demi-pension	*Jour*	21,80 à 27,15€	17 à 18,50€	-
Pension complète	*Jour*	30,50 à 38,30€	24,10 à 25,60€	-

Paiements acceptés : Espèces, Chèques
Tarifs communiqués à titre indicatif. Pour plus de précisions, contacter directement la maison d'accueil.

Sanitaire : Collectif

Equipement audio-visuel - Agréments : Jeunesse et sports

10 km 5 km 15 km 1,5 km

Office de Tourisme - place du Marché au Bois
44350 Guérande
Tél : 02 40 24 96 71

250 km

Pornic

Etape vacances

A11 - A83 - Sortie : Nantes - N171, D13
Carte Michelin : 316
SNCF : Pornic
TGV : Nantes - Taxi
Aéroport : Nantes-Atlantiques - Taxi

Maison d'Accueil Monval
28, rue René Guy Cadou - Monval
44210 Pornic
Tél. : 02 40 82 00 79
Site : http://nantes.cef.fr
Contact : Mr André Bonhomeau

En saison l'été, maison diocésaine accueille uniquement prêtres, diacres, religieux. Table avec fruits de mer. Convivialité et liberté. Parc donnant sur la mer. Hors saison, accueil de sessions pastorales et accueil en formule gîte.
Capacité d'accueil maximale : 30 pers. - Ch. simple(s) : 26 - Ch. double(s) : 2 - Autres : pavillon - Linge de maison fourni
Langue(s) parlée(s) : Français
Dates de fermeture : 01/10 au 30/03

Pour connaître les prestations complètes et les tarifs, veuillez vous renseigner auprès de la maison d'accueil.

Paiements acceptés : Espèces, Chèques

Sanitaire : Collectif

5 km 5 km 7 km 6 km

Autres activités : - Randonnée pédestre - Pêche à pied

Office de Tourisme - place de la Gare
44210 Pornic
Tél : 02 40 82 04 40

La Pommeraye

Accueil spirituel

Etape vacances

A11 - Sortie : Beaupréau - N23 Montjean - La Pommeraye

SNCF : Chalonnes sur Loire - Champtocé

TGV : Angers

Aéroport : Nantes - SNCF Champtocé Loire

Centre spirituel diocésain
40, rue de la Loire
49620 La Pommeraye
Tél. : 02 41 22 35 36
Fax : 02 41 22 35 49
Site : www.soeursprovidence49.cef.fr
Email : centrespirituel@wanadoo.fr
Contact : Sœur Marguerite Gohier

A 30 km d'Angers, le Centre animé par une communauté religieuse, de spiritualité carmélitaine, propose à toute personne seule ou en groupe : retraite, halte spirituelle, formations. Accueille des groupes pour sessions, visite touristique du bord de Loire ou sur un parcours de pélerinage. Cadre agréable et reposant.
Capacité d'accueil maximale : 89 pers. - Ch. simple(s) : 39 - Ch. double(s) : 25 - Linge de maison fourni
Langue(s) parlée(s) : Français

Pour connaître les prestations complètes et les tarifs, veuillez vous renseigner auprès de la maison d'accueil.

Paiements acceptés : Espèces, Chèques

Sanitaire : Individuel et Collectif

Equipement audio-visuel

Sur place Sur place Sur place Sur place

Autres activités : - Randonnées (vignobles, côteaux - et bords de Loire)

Office du tourisme - rue d'Anjou
49570 Montjean sur Loire

Béhuard

Accueil spirituel
Etape vacances
Maison de repos

A11 - N°19 / A87 - N°24 - Sortie : Beaulieu sur Layon - N23, D961- D751
Carte Michelin : 317
SNCF : Savennières
TGV : Angers, 15 km - Taxi
Aéroport : Angers-Marcé - Taxi - Train Nantes-Atlantique

Maison diocésaine
49170 Béhuard
Tél. : 02 41 72 21 15
Site : catholique-angers.cef.fr/site/500.html/465.html
Email : behuard.maisonaccueil@wanadoo.fr

Dans le site pittoresque d'une île de Loire et l'environnement culturel riche de l'Anjou, à proximité d'un sanctuaire marial du XVe siècle, la maison accueille prêtres, religieuses, laïcs désireux de repos, de ressourcement dans le calme, ou d'un temps spirituel personnel.
Capacité d'accueil maximale : 15 pers. - Ch. simple(s) : 9 - Ch. double(s) : 3 - Camping : oui (à 3 km)
Langue(s) parlée(s) : Français

Pour connaître les prestations complètes et les tarifs, veuillez vous renseigner auprès de la maison d'accueil.

Paiements acceptés : Espèces, Chèques

Sanitaire : Individuel et Collectif

Equipement audio-visuel

3 km

Syndicat d'Initiative - 1, rue de la Mairie
49170 Savennières
Tél : 02 41 72 84 46

Angers

Résidence retraités

A11 - Sortie : Angers
Carte Michelin : 317
SNCF : Angers - Taxi

Résidence La Retraite
Maison d'Accueil pour Personnes Agées
22, rue Saumuroise - 49044 Angers
Tél. : 02 41 68 76 76
Fax : 02 41 68 76 89
Site : www.emera.fr
Email : laretraite@emera.fr
Contact : Mme Dubois d'Enghien

La maison vous accueille pour des séjours de courte, moyenne ou longue durée. A proximité du centre ville, vous découvrirez le charme d'une demeure de caractère, agrémentée d'un vaste parc. Vous bénéficiez de l'assistance d'une équipe paramédicale et de tout le confort hôtelier.
Capacité d'accueil maximale : 83 pers. - Ch. simple(s) : 70 - Ch. double(s) : 7
Langue(s) parlée(s) : Français

Pour connaître les prestations complètes et les tarifs, veuillez vous renseigner auprès de la maison d'accueil.

Paiements acceptés : Espèces, Chèques

Sanitaire : Individuel et Collectif

Agréments : - MSM - CAMAC

Office de Tourisme - 7, place Kennedy
49100 Angers
Tél : 02 41 23 50 00

Laval cedex

Accueil spirituel

A81 - Sortie : Laval
Carte Michelin : 310
SNCF : Laval
TGV : Laval - Taxi - Bus
Aéroport : Rennes

Abbaye de la Coudre
Rue Saint-Benoît - BP 0537
53005 Laval cedex
Tél. : 02 43 02 85 85
Fax : 02 43 66 90 18
Site : www.abbaye-coudre.com
Contact : Soeur Hôtelière

La communauté accueille des retraitants pour des séjours de 2 à 8 jours. Possibilité de se reposer et de se ressourcer dans un cadre propice à la méditation et au recueillement, de participer aux offices avec les moniales. Psalmodie en français, pièces en grégorien. Participation aux frais selon les possibilités.
Capacité d'accueil maximale : 27 pers. - Ch. simple(s) : 17 - Ch. double(s) : 5 - Linge de maison fourni
Langue(s) parlée(s) : Français

Pour connaître les prestations complètes et les tarifs, veuillez vous renseigner auprès de la maison d'accueil.

Paiements acceptés : Espèces, Chèques

Sanitaire : Collectif

Equipement audio-visuel

Office de Tourisme - 1, allée du Vieux Saint-Louis
53000 Laval
Tél : 02 43 49 46 46

Entrammes

Accueil spirituel

A11 - Sortie : Laval - N162
Carte Michelin : 310
SNCF : Laval
TGV : Laval - Taxi - Navette
Aéroport : Aérodrôme de Beausoleil - Taxi - Navette
Autres moyens de transfert : Halte fluviale sur place : Port Rhingeard

Abbaye Notre-Dame de Port du Salut
53260 Entrammes
Tél. : 02 43 64 18 64
Fax : 02 43 64 18 63
Site : www.portdusalut.com
Email : ab.port.salut@wanadoo.fr
Contact : Père Supérieur

A 2 heures de Paris en TGV. Sur les bords de la Mayenne, qui offrent de belles promenades, une communauté de moines trappistes vous reçoit dans un cadre paisible, propice au silence et à la prière. Accompagnement possible. Participation à l'office monastique.
Capacité d'accueil maximale : 30 pers. - Ch. simple(s) : 23 - Ch. double(s) : 2
Langue(s) parlée(s) : Français

Pour connaître les prestations complètes et les tarifs, veuillez vous renseigner auprès de la maison d'accueil.

Paiements acceptés : Espèces, Chèques

Sanitaire : Collectif

Office de Tourisme - Place de l'Eglise
53260 Entrammes
Tél : 02 43 90 20 72

Pontmain

Etape vacances

Maison de repos

A84 Fougères / A81 Laval-Pontmain - N176 - N12, D31
Carte Michelin : 310
SNCF : Fougères
TGV : Laval - Taxi - Car
Aéroport : Rennes

Auberge de l'Espérance
9, rue de la Grange
53220 Pontmain
Tél. : 02 43 05 08 10
Fax : 02 43 05 03 19
Email : pontmain@ladapt.org
Contact : Mr Yanick Garnier

Située au carrefour des trois provinces, l'Auberge vous accueille dans un cadre simple, reposant et une ambiance conviviale. Elle bénéficie d'un emplacement privilégié, à proximité de la Basilique de Pontmain.
Capacité d'accueil maximale : 20 pers. - Ch. simple(s) : 11 - Linge de maison fourni
Langue(s) parlée(s) : Français, Anglais
Dates de fermeture : 20/12 au 03/01

Pour connaître les prestations complètes et les tarifs, veuillez vous renseigner auprès de la maison d'accueil.

Paiements acceptés : Espèces, Cartes bancaires, Chèques, Chèques vacances

Sanitaire : Individuel

18 km 9 km

Office de Tourisme - 5, rue de la Grange
53220 Pontmain-Landivy
Tél : 02 43 05 07 74

30 km

Pontmain

Accueil spirituel

A84 Fougères / A81 Laval-Pontmain - N12 - N176, D31
Carte Michelin : 310
SNCF : Fougères
TGV : Laval - Taxi
Aéroport : Rennes - Taxi

Centre Pastoral du Sanctuaire
3, rue Notre-Dame
53220 Pontmain
Tél. : 02 43 05 07 26
Fax : 02 43 05 08 25
Site : www.sanctuaire-pontmain.com
Email : contact@sanctuaire-pontmain.com

Le sanctuaire diocésain de Pontmain accueille les pèlerins : temps de prière, découverte du message de Pontmain, liturgies, journées de formation...Il propose des journées spéciales pour enfants et familles. Le centre pastoral du sanctuaire met à votre disposition les équipements nécessaires pour vous accueillir lors de votre pèlerinage.
Capacité d'accueil maximale : 77 pers. - Ch. simple(s) : 13 - Ch. double(s) : 25 - Ch. familiale(s) : 7 - Autres : gîtes - Linge de maison fourni
Langue(s) parlée(s) : Français, Anglais, Italien, Russe, Hongrois
Dates de fermeture : 01/11 au 30/11

Pour connaître les prestations complètes et les tarifs, veuillez vous renseigner auprès de la maison d'accueil.

Paiements acceptés : Espèces, Chèques

Sanitaire : Collectif

Equipement audio-visuel

Office de Tourisme - 5, rue de la Grange
53220 Pontmain-Landivy
Tél : 02 43 05 07 74

9

8 km

Saint-Aignan-sur-Roë

Résidence retraités

A81 - Sortie : Etrelles - Vitré - D178
Carte Michelin : 310
SNCF : Laval
TGV : Laval - Taxi
Aéroport : Rennes - Taxi

Communauté des Petites Sœurs de Marie, Mère du Rédempteur.
Accueil Saint-Jean - 14, rue Pierre Boisramé
53390 Saint-Aignan-sur-Roë
Tél. : 02 43 06 58 84
Fax : 02 43 06 93 86
Email : psm.st-aignan@wanadoo.fr
Contact : Mr Joël Doucet

L'accueil Saint Jean, situé au cœur d'un petit village mayennais, offre toute l'année aux personnes seules ou en groupe un lieu de ressourcement spirituel, de silence, de repos, près d'une communauté eucharistique et mariale. Participation offerte à la liturgie et à l'adoration. Rencontre possible avec une sœur.
Capacité d'accueil maximale : 50 pers. - Ch. simple(s) : 50 - Appartement(s) : oui - Linge de maison fourni
Langue(s) parlée(s) : Français

Pour connaître les prestations complètes et les tarifs, veuillez vous renseigner auprès de la maison d'accueil.

Paiements acceptés : Espèces, Chèques, Virement bancaire

Sanitaire : Individuel et Collectif

Equipement audio-visuel

Office de Tourisme - Péniche l'Elan - quai d'Alsace
53200 Château-Gontier
Tél : 02 43 70 42 74

Bazougers

Accueil spirituel

A81 - Sortie : N°2 Vaiges - N157, D21
Carte Michelin : 310
SNCF : Laval, 15 km
TGV : Laval, 15 km - Taxi - Poss. voiture du prieuré
Aéroport : Rennes - 80 km - Taxi

Communauté des Petits Frères de Marie
Prieuré Sainte-Marie - La Cotellerie
53170 Bazougers
Tél. : 02 43 66 43 66
Fax : 02 43 66 43 67
Site : www.la-cotellerie.com
Email : crmr.la.cotellerie@wanadoo.fr
Contact : Frère Hôtelier

Cadre beau et paisible, à la campagne, région propice au repos comme aux vacances actives (belle rivière navigable, randonnées). La Communauté accueille les personnes seules, familles et groupes. Les rencontres avec les frères sont fréquentes. Spiritualité mariale et eucharistique.
Capacité d'accueil maximale : 85 pers. - Ch. simple(s) : 7 - Ch. double(s) : 12 - Ch. familiale(s) : 3 - Dortoir : oui - Studio(s) : oui - Appartement(s) : oui - Linge de maison fourni
Langue(s) parlée(s) : Français, Anglais

		Adultes	Enfants	Groupes
Hébergement	*Nuit*	10€	5€	-
Demi-pension	*Jour*	20€	10€	-
Pension complète	*Jour*	27€	13,5 à 19€	-

Paiements acceptés : Espèces, Cartes bancaires, Chèques
Tarifs communiqués à titre indicatif. Pour plus de précisions, contacter directement la maison d'accueil.

Sanitaire : Individuel et Collectif

Equipement audio-visuel

15 km 15 km 12 km 15 km

Syndicat d'Initiative du Maine Angevin
31, boulevard du Collège
53170 Meslay-du-Maine
Tél : 02 43 64 24 06

Pontmain

Accueil spirituel
Etape vacances
Maison de repos
Résidence retraités

A84 Fougères / A81 Laval-Pontmain - N12 - N176, D31
Carte Michelin : 310
SNCF : Fougères, 16 km
TGV : Laval, 54 km - Taxi
Aéroport : Rennes - 70 km - Taxi

Relais Le Bocage
2, rue de Mausson
53220 Pontmain
Tél. : 02 43 30 26 00
Fax : 02 43 30 26 01
Site : www.relais-le-bocage.com
Email : relais.bocage@wanadoo.fr
Contact : Mr Régis Moreau

L'association "Repos-Loisirs-Vacances" accueille à Pontmain, dans une vaste demeure, des familles en vacances, des seniors individuels ou en groupes, des pèlerins. Principaux atouts : accueil, confort, parc de 12 ha, nombreuses excursions possibles. 66 chambres de 1 à 4 pers.
Capacité d'accueil maximale : 175 pers. - Linge de maison fourni
Langue(s) parlée(s) : Français, Anglais

		Adultes	Enfants	Groupes
Hébergement	*Nuit*	24 à 36€	24 à 36€	-
Demi-pension	*Jour*	32 à 40€	20 à 36€	-
Pension complète	*Jour*	37 à 45€	25 à 41€	-

Paiements acceptés : Espèces, Cartes bancaires, Chèques, Chèques vacances
Tarifs communiqués à titre indicatif. Pour plus de précisions, contacter directement la maison d'accueil.

Sanitaire : Individuel et Collectif

Equipement audio-visuel - Agréments : Jeunesse et sports - CAF

20 km Sur place 10 km

Office de Tourisme - 5, rue de la Grange
53220 Pontmain-Landivy
Tél : 02 43 05 07 74

49 km

Solesmes

Accueil spirituel

A11 - Sortie : N°10 Sablé sur Sarthe - D308
Carte Michelin : 310
SNCF : Sablé-sur-Sarthe
TGV : Sablé-sur-Sarthe - Taxi
Aéroport : Nantes-Atlantique - Train

Abbaye Saint-Pierre-de-Solesmes
72300 Solesmes
Tél. : 02 43 95 03 08
Fax : 02 43 95 68 79
Site : www.solesmes.com
Email : hospes@solesmes.com
Contact : Père Hôtelier

A l'intérieur de l'abbaye, une hôtellerie accueille les hommes désirant vivre quelques jours dans la retraite et la prière. Possibilité d'accueil hors clôture de groupes de jeunes. Journées rythmées par le chant des heures liturgiques, prière personnelle, étude du chant grégorien.
Capacité d'accueil maximale : 30 pers. - Ch. simple(s) : 30 - Dortoir : oui - Linge de maison fourni
Langue(s) parlée(s) : Français, Anglais, Espagnol, Italien, Néerlandais, Lituanien

Pour connaître les prestations complètes et les tarifs, veuillez vous renseigner auprès de la maison d'accueil.

Paiements acceptés : Espèces, Chèques, Toutes espèces

Sanitaire : Collectif

Office de Tourisme - place Raphaël Elizé
72300 Sablé-sur-Sarthe
Tél : 02 43 95 00 60
Email : office.tourisme@sable-sur-sarthe.com

Le Mans

Accueil spirituel

Etape vacances

A11 - A81 - Sortie : Le Mans Centre
Carte Michelin : 310
SNCF : Le Mans
TGV : Le Mans - Taxi - Bus N°5, arrêt Etoile
Aéroport :

Centre de l'Etoile
26, rue Albert Maignan
72000 Le Mans
Tél. : 02 43 54 50 00
Fax : 02 43 76 46 31
Site : www.centre-etoile.com
Email : etoile01@centre-etoile.com
Contact : Bureau des Réservations

Situé dans l'ancien monastère de la Visitation, le centre accueille personnes et groupes pour un séjour de détente, session ou récollection. Le Mans, ville d'art et d'histoire : à 10 mn à pied, vous découvrirez le Vieux-Mans.
Capacité d'accueil maximale : 60 pers. - Ch. simple(s) : 31 - Ch. double(s) : 10 - Ch. familiale(s) : 2 - Linge de maison fourni
Langue(s) parlée(s) : Français, Anglais
Dates de fermeture : 31/07 au 15/08, 24/12 au 01/01

Pour connaître les prestations complètes et les tarifs, veuillez vous renseigner auprès de la maison d'accueil.

Paiements acceptés : Espèces, Cartes bancaires, Chèques, Chèques vacances, Chèques Restaurants

Sanitaire : Collectif

Equipement audio-visuel

2 km 2 km 5 km 10 km

Office de Tourisme - Hôtel des Ursulines - rue de l'Etoile
72000 Le Mans
Tél : 02 43 28 17 22

Vion

Accueil spirituel

A11 - Sortie : N°10 - D306
Carte Michelin : 310
SNCF : Sablé-sur-Sarthe, 7 km
TGV : Sablé-sur-Sarthe, 7 km - Taxi
Aéroport : Nantes-Atlantique

Centre spirituel Notre-Dame-du-Chêne
La Chapelle-du-Chêne - 2, rue des Bleuets
72300 Vion
Tél. : 02 43 95 48 01
Fax : 02 43 92 31 72
Site : www.notredameduchene.com
Email : ndchene@wanadoo.fr
Contact : Mme Armand, Directrice L'abbé Auzenet ou

Notre-Dame-du-Chêne est un pèlerinage marial (1494) et un centre spirituel diocésain, lieu de silence proche des Abbayes de Solesmes (5 km), animé par un prêtre entouré de laïcs. Accueil de groupes divers. Parc de verdure, basilique, Saint-Sépulcre.
Capacité d'accueil maximale : 80 pers. - Ch. simple(s) : 8 - Ch. double(s) : 25 - Ch. familiale(s) : 6 - Linge de maison fourni
Langue(s) parlée(s) : Français, Anglais, Allemand, Espagnol

		Adultes	Enfants	Groupes
Hébergement	*Nuit*	33€	-	-
Demi-pension	*Jour*	41€	-	-
Pension complète	*Jour*	47€	-	-

Paiements acceptés : Espèces, Cartes bancaires, Chèques
Tarifs communiqués à titre indicatif. Pour plus de précisions, contacter directement la maison d'accueil.

Sanitaire : Collectif

Equipement audio-visuel

7 km 7 km 7 km 7 km

Office de Tourisme - place Raphaël Elizé
72300 Sablé-sur-Sarthe
Tél : 02 43 95 00 60
Email : office.tourisme@sable-sur-sarthe.com

Rouez-en-Champagne

Accueil spirituel

A81 - Sortie : Sillé-le-Guillaume - N157, D4 - D304
Carte Michelin : 310
SNCF : Sillé-le-Guillaume
TGV : Le Mans - Navette
Aéroport : Angers-Marcé - Taxi

La Passerelle - Le Boulay
72140 Rouez-en-Champagne
Tél. : 02 43 29 71 79
Fax : 02 31 94 81 91
Site : http://mapage.noos.fr/passerelle
Email : passerelle@noos.fr
Contact : Mme Annick Chereau

Ecole "corps et prière" dans la tradition du Carmel, animée par le Père Milcent et une équipe de laïcs : pratique de la prière silencieuse incluant : respiration, relaxation, vers la guérison intérieure. Retraites (stages et hors stages). Convivialité campagne restructurante, forêt, lac.
Capacité d'accueil maximale : 14 pers. - Ch. simple(s) : 8 - Ch. double(s) : 3
Langue(s) parlée(s) : Français

Pour connaître les prestations complètes et les tarifs, veuillez vous renseigner auprès de la maison d'accueil.

Paiements acceptés : Espèces, Chèques

Sanitaire : Individuel et Collectif

Office de Tourisme - 13, place Marché aux Bestiaux
72140 Sille-le-Guillaume
Tél : 02 43 20 10 32

Neufchâtel-en-Saosnois

Etape vacances

A28 - Sortie : Alençon - N12 - N138, D311
Carte Michelin : 310
SNCF : Alençon
TGV : Le Mans - Taxi - Navette maison sur demande
Aéroport :

Maison Familiale Sœurs de l'Enfant Jésus
Le Bourg
72600 Neufchâtel-en-Saosnois
Tél. : 02 43 97 74 11
Fax : 02 43 34 19 15
Contact : Soeur Marie-Benoît

Au cœur du village, à l'orée de la forêt de Perseigne 5102 ha, à 300 m d'alt., les sœurs accueillent toute l'année familles, couples, personnes seules, prêtres, religieuses pour vacances et/ou repos dans une maison à caractère simple, familiale, entourée d'un parc favorisant le calme. Possibilité de partager la prière. Région touristique. Pèlerinages aux alentours. Régimes assurés.
Capacité d'accueil maximale : 40 pers. - Ch. simple(s) : 21 - Ch. double(s) : 9 - Linge de maison fourni
Langue(s) parlée(s) : Français

		Adultes	Enfants	Groupes
Hébergement	*Nuit*	22 à 24€	Demi-tarif	-
Demi-pension	*Jour*	26 à 60€	Jusqu'a 15 ans	-
Pension complète	*Jour*	35 à 70€	-	-

Paiements acceptés : Espèces, Chèques
Tarifs communiqués à titre indicatif. Pour plus de précisions, contacter directement la maison d'accueil.

Sanitaire : Individuel et Collectif

Equipement audio-visuel

12 km 12 km 8 km

Office de Tourisme - 29, place Cannot
72600 Mamers
Tél : 02 43 97 60 63

Flée

Accueil spirituel

A28 - Sortie : Ecomoy Tours - N138, D64
Carte Michelin : 310
SNCF : Château-du-Loir
TGV : Le Mans - Taxi
Aéroport : Tours -

Monastère La Paix Notre-Dame
72500 Flée
Tél. : 02 43 44 14 18
Fax : 02 43 79 18 92
Email : benedictines.flex@club-internet.fr
Contact : Soeur Hôtelière

Le monastère dispose d'un bâtiment hors clôture et reçoit toute l'année pour des séjours de ressourcement spirituel et de détente dans le recueillement et la prière : prêtres, religieuses, jeunes, familles et amis. Le monastère est situé en pleine campagne.
Capacité d'accueil maximale : 9 pers. - Ch. simple(s) : 5 - Ch. double(s) : 2 - Linge de maison fourni
Langue(s) parlée(s) : Français

Pour connaître les prestations complètes et les tarifs, veuillez vous renseigner auprès de la maison d'accueil.

Paiements acceptés : Espèces, Chèques

Sanitaire : Collectif

Office de Tourisme - Parc H. Goude
2, avenue Jean Jaurès
72500 Château-du-Loir
Tél : 02 43 44 56 68

Les Herbiers

Accueil spirituel

A83 - Sortie : Les Essarts ou Les Herbiers - N160
Carte Michelin : 316
SNCF : La Roche-sur-Yon
TGV : Angers - Taxi
Aéroport : Nantes-Atlantique - Taxi

Abbaye Notre-Dame de la Grainetière
La Grange d'Ardelay
85500 Les Herbiers
Tél. : 02 51 67 21 19
Fax : 02 51 92 93 17
Email : abbayegrainetiere@wanadoo.fr
Contact : Frère Jean Pierre

L'ancienne abbaye Notre-Dame de La Grainetière abrite depuis 1978, un prieuré de la congrégation bénédictine Notre-Dame-d'Espérance. Ce coin de bocage calme et silencieux, avec ce qu'il reste des constructions du XIIème siècle compose un site riche d'histoire et de présence.
Capacité d'accueil maximale : 3 pers. - Ch. simple(s) : 1 - Ch. double(s) : 1 - Linge de maison fourni
Langue(s) parlée(s) : Français, Anglais, Allemand

Pour connaître les prestations complètes et les tarifs, veuillez vous renseigner auprès de la maison d'accueil.

Paiements acceptés : Espèces, Chèques

Sanitaire : Collectif

Equipement audio-visuel

Office de Tourisme - 2, rue de L'Eglise
85500 Les Herbiers
Tél : 02 51 92 92 92

Chaillé-les-Marais

Accueil spirituel

A83 - Sortie : Ste Hermine - N137
Carte Michelin : 316
SNCF : Fontenay-le-Comte (17 km) - Luçon, 15 km
TGV : Nantes - Taxi - Navette
Aéroport : Nantes-Atlantique - Taxi

Centre spirituel de l'Immaculée
4, rue de la Roseraie - BP 4
85450 Chaillé-les-Marais
Tél. : 02 51 56 72 06
Site : http://perso.wanadoo.fr/chaille-centre-spirituel

La maison, au cœur d'un village vendéen, entourée d'un parc, propice au recueillement et au silence, accueille des personnes seules ou en groupe. Le centre propose des retraites collectives, ou individuelles avec accompagnement spirituel et des sessions à thèmes religieux. Eucharistie à midi et office matin et soir.
Capacité d'accueil maximale : 75 pers. - Ch. simple(s) : 31 - Ch. double(s) : 22 - Linge de maison fourni
Langue(s) parlée(s) : Français
Dates de fermeture : 01/06 au 30/06

Pour connaître les prestations complètes et les tarifs, veuillez vous renseigner auprès de la maison d'accueil.

Paiements acceptés : Espèces, Chèques

Sanitaire : Collectif

Equipement audio-visuel

Office de Tourisme - La Nieul - 60 bis, rue An VI
85450 Chaille-les-Marais
Tél : 02 51 56 71 71

Chavagnes-en-Paillers

Accueil spirituel

A83 -A87 - Sortie : N°4 Les Herbiers - N137
Carte Michelin : 316
SNCF : Montaigu, 11 km
TGV : Nantes, 40 km - Taxi
Aéroport : Nantes-Atlantique - Navette

Centre spirituel Ursulines de Jésus
Rue de la Petite Maine - BP 8
85250 Chavagnes-en-Paillers
Tél. : 02 51 42 36 38
Fax : 02 51 42 36 98
Email : centrespirituel@ursulines-jesus.fr

Au cœur du bocage vendéen, le Centre est un lieu où les Ursulines de Jésus et les Fils de Marie Immaculée gardent vivante l'intuition des fondateurs : "Vivre, célébrer, annoncer Jésus-Christ, Verbe de Vie". Dans un cadre de silence et de prière, il propose des retraites, des week-ends et des sessions à thèmes religieux.
Capacité d'accueil maximale : 70 pers. - Ch. simple(s) : 40 - Ch. double(s) : 20 - Linge de maison fourni
Langue(s) parlée(s) : Français
Dates de fermeture : 01/09 au 15/09

Pour connaître les prestations complètes et les tarifs, veuillez vous renseigner auprès de la maison d'accueil.

Paiements acceptés : Espèces, Chèques

Sanitaire : Collectif

Equipement audio-visuel

Office de Tourisme - La Promenade
85250 Chavagnes-en-Paillers
Tél : 02 51 42 27 75

La Flocellière

Etape vacances

A87 - Sortie : Les Herbiers
Carte Michelin : 316
SNCF : Cholet, 25 km
TGV : Angers, 80 km - Taxi
Aéroport : Nantes-Atlantique - 70 km -

Dépendances du Château de la Flocellière
30, rue du Château
85700 La Flocellière
Tél. : 02 51 57 22 03
Fax : 02 51 57 75 21
Site : www.vendee-groupes-france.com
Email : flocelliere.chateau@wanadoo.fr
Contact : Mme Erika Vignial

Situé dans le Haut Bocage Vendéen à 7 km du Puy du Fou, dans un parc de 15 ha, le Centre d'accueil reçoit toute l'année des scolaires ou des familles. Le Centre est situé en face du Château. Les hébergements sont en dortoirs (boxes de 6 lits) avec quelques chambres à lits et appartements pour les séjours de familles. Possibilité de gestion libre ou demi-pension. Draps fournis.
Capacité d'accueil maximale : 90 pers. - Ch. double(s) : 8 - Ch. familiale(s) : 6 (en boxes) - Dortoir : 2 - Appartement(s) : 1 minimum 10 personnes
Langue(s) parlée(s) : Français, Anglais, Allemand, Espagnol, Italien

Pour connaître les prestations complètes et les tarifs, veuillez vous renseigner auprès de la maison d'accueil.

Paiements acceptés : Espèces, Cartes bancaires, Chèques, Chèques vacances

Sanitaire : Individuel et Collectif

Agréments : Jeunesse et sports - Education nationale

En été — 0,5 km — 25 km — 7 km

Autres activités : - Terrain de jeux

Office de Tourisme - place de l'Eglise
85700 Pourzanges
Tél : 02 51 91 82 46

7 km

Saint-Laurent sur Sèvre

Etape vacances

A83 - Sortie : Cholet - Nantes-Poitiers, Cholet-Niort
Carte Michelin : 316
SNCF : Cholet
TGV : Angers - Taxi
Aéroport : Nantes Atlantiques - Taxi

Maison d'accueil Montfortaine
2, rue Jean-Paul II - BP 45
85290 Saint-Laurent sur Sèvre
Tél. : 02 51 64 37 05
Fax : 02 51 67 87 34
Email : maiacc.stlaur@wanadoo.fr
Contact : Mr Burel

Au centre Bourg près de la Basilique, près des maisons Mères Missionnaires Monfortains, Filles de la Sagesse, en bordure de la Sèvre Nantaise. Parc, point phone, calme, TV. Possibilité d'amener son couchage : nuit à 8,50€ au lieu de 12,50€. Période d'accueil : juillet et août.
Capacité d'accueil maximale : 61 pers. - Ch. simple(s) : 17 - Ch. double(s) : 22 - Linge de maison fourni
Langue(s) parlée(s) : Français
Dates de fermeture : 01/09 au 30/06

		Adultes	Enfants	Groupes
Hébergement	*Nuit + Pdj*	15,50€	8€	-
Demi-pension	*Jour*	24,50€	13€	-
Pension complète	*Jour*	34,50€	19€	-

Paiements acceptés : Espèces, Chèques
Tarifs communiqués à titre indicatif. Pour plus de précisions, contacter directement la maison d'accueil.

Sanitaire : Collectif

Equipement audio-visuel

5 km 13 km 3 km

Office de Tourisme - La Gare
85290 Mortagne sur Seure
Tél : 02 51 67 87 34

9
2 km

Saint-Jean-de-Monts

Etape vacances

Maison de repos

Nantes - Sortie : Direction Noirmoutiers - N137 ou N160, D753
Carte Michelin : 316
SNCF : Challans
TGV : Nantes - Taxi - Navette
Aéroport : Bouguenais-Nantes - Taxi

Notre-Dame-de-la-Plage

Congrégation des Sœurs de Saint-Charles - 1, rue des Glycines
85160 Saint-Jean-de-Monts
Tél. : 02 51 58 02 24
Fax : 02 51 58 55 32
Email : ndplage@wanadoo.fr
Contact : Soeur Jeanne-Marie Gourdon

Etablissement situé entre mer et forêt (600 m de l'océan). Accueil simple et familial. Une partie de la maison est réservée à l'accueil; l'autre partie est occupée par une communauté religieuse. Location Chambre + cuisine exclusivement.
Capacité d'accueil maximale : 23 pers. - Ch. simple(s) : 13 - Ch. double(s) : 2 - Ch. familiale(s) : 2 - Linge de maison fourni
Langue(s) parlée(s) : Français
Dates de fermeture : Octobre

Pour connaître les prestations complètes et les tarifs, veuillez vous renseigner auprès de la maison d'accueil.

Paiements acceptés : Espèces, Chèques

Sanitaire : Individuel

Agréments : - MSM - Mutuelle St Martin

2 km 2 km 3 km 3 km 2 km

Palais des Congrès - Esplanade de la mer
85160 St-Jean-de-Monts
Tél : 02 51 59 60 61

Saint-Georges-de-Montaigu

Etape vacances

A83 - Sortie : Montaigu - N137
Carte Michelin : 316
SNCF : Montaigu
TGV : Nantes - Taxi
Aéroport : Nantes-Atlantique - Taxi

Village de vacances Cap France
Les Pinserons - BP 2
85600 Saint-Georges-de-Montaigu cedex
Tél. : 02 51 48 99 98
Fax : 02 51 48 99 94
Email : lespinserons@cc-montaigu.fr
Contact : Mme Anita Bossis

Village chaleureux, cadre exceptionnel, rivière à proximité. Puy du Fou à 35 km. Sur le village, activités en saison, tennis, piscine, activités pour les enfants. Accueil de groupes, familles ou individuels. Cuisine soignée et familiale. Personnel accueillant. Pas de nuitée du 15 juillet au 15 août.
Capacité d'accueil maximale : 180 pers. - Appartement(s) : oui 4 personnes
Langue(s) parlée(s) : Français, Anglais

Pour connaître les prestations complètes et les tarifs, veuillez vous renseigner auprès de la maison d'accueil.

Paiements acceptés : Espèces, Chèques, Chèques vacances

Sanitaire : Individuel

Equipement audio-visuel - Agréments : Jeunesse et sports - Education nationale

Sur place Sur place

Office de Tourisme - 6, rue Georges Clémenceau
85600 Montaigu
Tél : 02 51 06 39 17

Picardie

Index des départements de la Région Picardie

AMIENS

Cathédrale Notre-Dame

La plus vaste cathédrale gothique de France, deux fois plus grande que Notre-Dame de Paris, doit son exceptionnelle unité architecturale à la rapidité de sa construction (68 ans). Les 110 stalles en chêne sculptées sont un chef-d'œuvre de l'art gothique flamboyant.

Renseignements : 03 22 71 60 50.

Musée de Picardie

Ce bâtiment est un imposant témoin de l'architecture Napoléon III. Il abrite des collections archéologiques, des antiquités égyptiennes et grecques et une importante collection d'émaux et d'ivoires du Moyen Âge.

Renseignements : 03 22 97 14 00.

BEAUVAIS

Cathédrale St-Pierre

Ce chef-d'œuvre de l'art gothique resté inachevé mérite d'être admiré pour son chœur vertigineux, les vantaux du portail Sud, sculptés dans le goût Renaissance, et les vitraux de l'école beauvaisienne, qui éclairent magnifiquement le transept.

Abbaye de CHAALIS

Château-musée

Ancienne abbaye royale de l'ordre de Cîteaux ayant suscité jusqu'en 1912 la ferveur de ses dernières propriétaires, qui y ont rassemblé des collections d'art de qualité remarquable.

Renseignements : 03 44 54 04 02

CHANTILLY

Château

Cette demeure de plaisance posée sur l'eau mérite de figurer parmi les grandes curiosités françaises pour son site et ses collections. Les perles du musée : La Vierge de la maison d'Orléans et Les Trois Grâces, de Raphaël.

Renseignements : 03 44 62 62 62.

Grandes écuries

Édifié en 1721, ce chef-d'œuvre déjà très admiré à son époque est le plus noble monument du 18 e s. de Chantilly qui nous soit parvenu. Les grandes écuries abritent le beau musée vivant du Cheval et du Poney.

Renseignements : 03 44 57 40 40.

CHÂTEAU-THIERRY

Route du Champagne

Le vignoble de l'Aisne, dans cette vallée bordée de vignes et couronnée de forêts où des villages s'étagent le long des deux rives de la Marne, appartient à la Champagne viticole délimitée.

COMPIÈGNE

Palais

C'est une des plus grandes œuvres du style Louis XV. Il est d'une sévérité classique, d'ordonnance régulière, mais la décoration intérieure (tapisseries, ameublement du 18e s. et du Premier Empire) mérite une visite approfondie.

Renseignements : 03 44 38 47 00.

Musée du Second Empire

Dans l'ambiance feutrée d'une suite de petits salons, le musée donne de nombreuses images de la cour, de la vie mondaine et des arts sous le Second Empire.

Renseignements : 03 44 38 47 00.

Forêt de Compiègne

Cette forêt où furent signés les armistices de 1918 et 1940 - le wagon du maréchaml Foch se visite - séduit par ses hautes futaies, ses vallons, ses étangs et ses villages. Au terme de la perspective des Beaux Monts se dessine le château de Compiègne.

LAON

Cathédrale Notre-Dame

Splendide cathédrale gothique, l'une des plus anciennes de France.

NOYON

Cathédrale Notre-Dame

L'une des premières grandes églises gothiques de France conserve la sobre robustesse du style roman mais atteint la mesure et l'harmonie caractéristiques des grands maîtres d'œuvre de l'âge d'or.

Renseignements : 03 44 44 21 88.

PÉRONNE

Historial de la Grande Guerre

Ce musée, qui occupe un bâtiment moderne adossé à l'ancien château, au bord de l'étang du Cam, évoque le terrible quotidien des poilus, mais aussi des populations en 1914-18.

Renseignements : 03 22 83 14 18.

Château de PIERREFONDS

Ce château féodal totalement reconstruit au 19 e s. par Viollet-le-Duc occupe, en raison de sa photogénie, une place privilégiée dans l'histoire du septième art.

Renseignements : 03 44 42 72 72.

SENLIS

Cathédrale Notre-Dame

Le Grand Portail, consacré à l'Assomption de la Vierge, et la magnifique flèche, qui a inspiré tant de clochers du Valois, sont remarquables.

Parc Astérix

Royaume de fantaisie qui invite petits et grands à un voyage plein d'humour dans le passé, ce parc offre plusieurs espaces « historiques » aux décors soignés, des attractions et des spectacles.

Renseignements : 03 44 62 34 34.

SOISSONS

Cathédrale St-Gervais-et-St-Protais

La pureté de ses lignes et la simplicité de son ordonnance en font l'un des plus beaux témoins de l'art gothique.

Baie de SOMME

Parc ornithologique du Marquenterre

Ce paradis concédé aux oiseaux et aux admirateurs de la nature, sans cesse redessiné au gré des marées, est le fruit d'un combat entre l'homme, la mer, le sable et le vent.

Renseignements : 03 22 25 68 99.

Abbaye et jardins de VALLOIRES

Au creux du val d'Authie, l'abbaye est implantée dans un site d'une beauté particulière, selon la tradition cistercienne. Les jardins, avec plus de 5 000 variétés de plantes, sont un lieu enchanteur.

Renseignements : 03 22 29 62 33.

Comité Régional du Tourisme de Picardie
3, rue Vincent Auriol
80011 AMIENS CEDEX
Tél : 03.22.22.33.66
Fax : 03.22.22.23.67
E-Mail : contact@picardietourisme.com
http://www.cr-picardie.fr

Liesse-Notre-Dame

Accueil spirituel

A26 - Sortie : N°13 Laon - N2 - N44, D977
Carte Michelin : 306
SNCF : Laon - Bus
Aéroport : Roissy-Charles-de-Gaulle

Centre spirituel Notre-Dame-de-Liesse
5, rue de la Plume au Vent
02350 Liesse-Notre-Dame
Tél. : 03 23 22 08 79
Fax : 03 23 22 98 34
Site : http://diocesedesoissons.cef.fr
Email : centrespirituel@tiscali.fr
Contact : Mlle Anna Hong

Halte spirituelle. Cadre de verdure propice au recueillement près de la basilique Notre-Dame de Liesse. Lieu d'écoute, d'accueil et de prière. Groupes, individuels et familles. Ermitage. Chaque jour : offices de la communauté.
Capacité d'accueil maximale : 45 pers. - Ch. simple(s) : 21 - Ch. double(s) : 4 - Ch. familiale(s) : 2 - Dortoir : 1
Langue(s) parlée(s) : Français

		Adultes	Enfants	Groupes
Hébergement	*Nuit*	13,30€	9,10€	-
Demi-pension	*Jour*	23,20€	14,70€	-
Pension complète	*Jour*	31,70€	19,00€	-

Paiements acceptés : Espèces, Chèques
Tarifs communiqués à titre indicatif. Pour plus de précisions, contacter directement la maison d'accueil.

Sanitaire : Individuel et Collectif

Equipement audio-visuel

10 km 2 km 25 km 2 km

Office de Tourisme - 7, rue Général de Gaulle
02350 Liesse-Notre-Dame
Tél : 03 23 22 21 05
Email : tourisme.liesse@wanadoo.fr

Brumetz

Accueil spirituel

A4 - Sortie : N°19 - N2, D9
Carte Michelin : 312
SNCF : Crouy-sur-Ourcq
TGV : Marne-la-Vallée - Taxi
Aéroport : Roissy-Charles-de-Gaulle - Taxi

Maison de la Trinité
Cerfroid
02810 Brumetz
Tél. : 03 23 71 41 85
Fax : 03 23 71 23 04
Site : http://trinitairescerfroid.free.fr
Email : cerfroid@wanadoo.fr

La Maison Sainte-Trinité et des Captifs, fondée en 1193, berceau de l'ordre des trinitaires, au sein d'un cadre naturel magnifique, offre la possibilité de se ressourcer et de faire une expérience de vie spirituelle centrée sur la Trinité. Merci de vous inscrire auprès de la Maison de la Trinité - Couvent Cerfroid - 02810 Brumetz.
Capacité d'accueil maximale : 30 pers. - Ch. simple(s) : 27 - Ch. double(s) : 3 - Camping : oui - Linge de maison fourni
Langue(s) parlée(s) : Français, Anglais, Espagnol

		Adultes	Enfants	Groupes
Hébergement	*Nuit*	15€	12€	-
Demi-pension	*Jour*	25€	22€	-
Pension complète	*Jour*	33€	30€	-

Paiements acceptés : Espèces, Chèques
Tarifs communiqués à titre indicatif. Pour plus de précisions, contacter directement la maison d'accueil.

Sanitaire : Individuel et Collectif

Equipement audio-visuel

20 km 6 km 25 km 20 km

Office de Tourisme - 31, rue de la Chaussée
02460 La Ferté-Milon
Tél : 03 23 96 77 42

2
10 km

Belleu

Accueil spirituel

A26 - Sortie : N°13 Laon - N2 Soissons
Carte Michelin : 306
SNCF : Soissons - Taxi
Aéroport : Roissy-Chrle-de-Gaulle - Taxi - Navette

Maison Sainte-Croix
60, rue du Val
02200 Belleu
Tél./Fax : 03 23 73 22 25
Fax : 03 23 73 22 25
Email : sainte-croix-belleu@wanadoo.fr
Contact : Mr et Mme Vermeersch

Dans un cadre agréable, au cœur d'un parc boisé de 11 ha, qui favorise détente et recueillement, jeunes et adultes trouvent à Belleu un lieu calme pour partager, rechercher, approfondir, se former, prier… Groupes constitués, institutions scolaires, mouvements ou services ecclésiaux sont accueillis sur demande pour retraites, récollections, sessions.
Capacité d'accueil maximale : 87 pers. - Ch. simple(s) : 32 - Ch. double(s) : 16 - Ch. familiale(s) : 1 - Linge de maison fourni
Langue(s) parlée(s) : Français
Dates de fermeture : Août

		Adultes	Enfants	Groupes
Hébergement	*Nuit*	13,30€	11,30€	-
Demi-pension	*Jour*	21,80€	17,20€	-
Pension complète	*Jour*	31,70€	25€	-

Paiements acceptés : Espèces, Chèques
Tarifs communiqués à titre indicatif. Pour plus de précisions, contacter directement la maison d'accueil.

Sanitaire : Individuel et Collectif

Equipement audio-visuel

5 km 1 km

Office de Tourisme - 16, place Fernand Marquigny
02200 Soissons
Tél : 03 23 53 17 37

60 km 40 km

Ermenonville

Accueil spirituel

A1 - Sortie : N°7 Direction Plailly-Ermenonville
Carte Michelin : 305
SNCF : Survilliers-Fosses, 9 km
TGV : Roissy - Taxi
Aéroport : Roissy - Taxi

Centre spirituel diocésain
Loisy
60950 Ermenonville
Tél. : 03 44 54 31 32
Fax : 03 44 54 33 72
Site : http://loisy60.cef.fr
Email : csd@loisy.cef.fr
Contact : Anne et Jean Fumex

Situé au centre d'un parc boisé de 15 ha, à la lisière de la forêt d'Ermenonville, le Centre Spirituel Diocésain de Loisy met à la disposition de ses hôtes une de ses 6 structures d'accueil réparties dans le parc, en fonction de leurs besoins.
Capacité d'accueil maximale : 65 à 100 pers. - Ch. simple(s) : 25 - Ch. double(s) : 20 - Autres : ermitage
Langue(s) parlée(s) : Français, Anglais, Allemand

		Adultes	Enfants	Groupes
Hébergement	*Nuit + pdj*	13€	-	-
Demi-pension	*Jour*	24€	-	-
Pension complète	*Jour*	32€	-	-

Paiements acceptés : Espèces, Chèques
Tarifs communiqués à titre indicatif. Pour plus de précisions, contacter directement la maison d'accueil.

Sanitaire : Individuel et Collectif

Troussures

Accueil spirituel

A16 - A15 - Sortie : Beauvais ou Méru - N1 - N31, D2 - D981
Carte Michelin : 305
SNCF : Beauvais
TGV : Paris - Taxi - Navette
Aéroport : Beauvais - Taxi - Navette

Communauté Saint-Jean
Prieuré Notre-Dame de Cana
60390 Troussures
Tél. : 03 44 47 86 05
Fax : 03 44 47 54 17
Site : www.troussures.stjean.com
Email : stjean.troussures@wanadoo.fr
Contact : Frère Mayeul

Le Prieuré est situé dans un parc de 8ha. Des Pères de la Communauté St Jean y animent des retraites de formation philosophique ou théologique sur le week-end ou pendant 4 jours. 1 samedi par trimestre : halte spirituelle réservée aux hommes; 1 vendredi par mois, enseignement sur St Jean.
Capacité d'accueil maximale : 60 pers. - Ch. simple(s) : 35 - Ch. double(s) : 15
Langue(s) parlée(s) : Français

Pour connaître les prestations complètes et les tarifs, veuillez vous renseigner auprès de la maison d'accueil.

Paiements acceptés : Espèces, Chèques

Sanitaire : Individuel et Collectif

Equipement audio-visuel

20 km 3 km 20 km 20 km

Office de Tourisme - 11, place de Verdun
60850 Saint Germer de Fly
Tél : 03 44 82 62 74

Trosly Breuil

Accueil spirituel

A1 - Sortie : N° 9 Compiègne Sud - N31
Carte Michelin : 305
SNCF : Compiègne
TGV : Paris - Taxi - Bus
Aéroport : Paris Charles de Gaulle - RER + Train (Gare du Nord)

La Ferme de Trosly
BP 21 - 23, rue d'Orléans
60350 Trosly Breuil
Tél. : 03 44 85 34 70
Fax : 03 44 85 34 71
Site : www.lafermediffusion.com, www.larchefrance.org
Email : accueil@lafermedetrosly.com
Contact : Mlle Alina Zakrzewska

La Ferme est au sein de l'Arche de Jean Vanier, un foyer de prière et d'accueil, fondée par P. Thomas Philippe O.P. Nous proposons des retraites, des fêtes liturgiques et des séjours individuels de ressourcement dans l'environnement des plus pauvres. Le programme est envoyé sur demande. Proche de la belle forêt de Compiègne.
Capacité d'accueil maximale : 40 pers. - Ch. simple(s) : 13 - Ch. double(s) : 8 - Ch. familiale(s) : 1 - Dortoir : 1 - Appartement(s) : oui - Linge de maison fourni
Langue(s) parlée(s) : Français, Anglais, Allemand, Italien, Polonais

		Adultes	Enfants	Groupes
Hébergement	*Nuit*	17€	Possible	-
Demi-pension	*Jour*	25€	Possible	-
Pension complète	*Jour*	35€	Possible	-

Paiements acceptés : Espèces, Chèques
Tarifs communiqués à titre indicatif. Pour plus de précisions, contacter directement la maison d'accueil.

Sanitaire : Individuel

Equipement audio-visuel

4 km
Autres activités : - Promenades en forêt

Office de Tourisme - Place Hôtel de Ville
60200 Compiègne
Tél : 03 44 40 23 28

80 km 80 km

Amiens

Accueil spirituel

A16 - A29 - Sortie : Saint Fuscien - Ailly Sur Noye (n°32) - N16, D7
Carte Michelin : 52
SNCF : Amiens
TGV : Haute Picardie (navette jusqu'à gare d'Amiens) - Taxi - Bus n°9
Aéroport : Beauvais - Tillé - Taxi

Centre spirituel Saint-François-de-Sales
384, rue Saint Fuscien - BP 45
80092 Amiens
Tél. : 03 22 33 27 10
Fax : 03 22 95 14 03
Email : centre-st-francois@diocese-amiens.com
Contact : Secrétariat

Un centre spirituel à mi-chemin entre Amiens et Paris, dans un cadre entièrement rénové, chambres tout confort, nombreuses salles de réunion, au milieu d'un jardin arboré, dans l'ancien Monastère des Visitandines. Vous y trouverez calme, silence, à dix minutes de la Cathédrale.
Capacité d'accueil maximale : 52 pers. - Ch. simple(s) : 15 - Ch. double(s) : 14 - Ch. familiale(s) : 1 - Linge de maison fourni
Langue(s) parlée(s) : Français
Dates de fermeture : Nous consulter

		Adultes	Enfants	Groupes
Hébergement	*Jour*	13 à 28€	- de 5 ans	-
Demi-pension	-	31€	gratuit	-
Pension complète	-	40€	-	-

Paiements acceptés : Espèces, Chèques
Tarifs communiqués à titre indicatif. Pour plus de précisions, contacter directement la maison d'accueil.

Sanitaire : Individuel et Collectif

Equipement audio-visuel

3 km

Office de Tourisme - 6 bis, rue Dusevel
80000 Amiens
Tél : 03 22 71 60 50

Argoules

Maison de repos

Résidence retraités

A16 - Sortie : N°25 - N1, D12
Carte Michelin : 301
SNCF : Rue, 16 km - Taxi

Résidence Thérèse Papillon
Foyer d'Accueil Temporaire - Association de Valloires
80120 Argoules
Tél. : 03 22 29 62 62
Fax : 03 22 29 62 60
Contact : Mr Jean Venier

Petite structure pour personnes âgées aux conditions d'accueil très souples : de un jour à six mois. Cadre de repos idéal, accès au programme culturel et aux magnifiques jardins de l'Abbaye où se situe la Résidence. Faire en sorte que chaque jour soit réussi, tel est le pari de toute l'équipe.
Capacité d'accueil maximale : 18 pers. - Ch. simple(s) : 10 - Ch. double(s) : 4
Langue(s) parlée(s) : Français

Pour connaître les prestations complètes et les tarifs, veuillez vous renseigner auprès de la maison d'accueil.

Sanitaire : Individuel et Collectif

Office de Tourisme - 1000, avenue de la Plage
80790 Fort-Mahon-Plage
Tél : 03 22 23 36 00

Notes

Poitou-Charentes

Index des départements de la Région Poitou-Charentes

■ **ANGOULÊME**
La ville haute
Elle se découvre en faisant le tour complet des remparts qui la cernent. Le nord est sillonné de rues étroites tandis que le sud est coupé de voies spacieuses bordées de façades aristocratiques.

■ **AULNAY**
Église St-Pierre
Ce chef-d'œuvre de l'art roman poitevin exhibe des lignes harmonieuses et un somptueux décor sculpté, dans le cadre campagnard du grand chemin de St-Jacques-de-Compostelle.
Renseignements : 05 46 33 14 44.

■ **Tumulus de BOUGON**
Les cinq tumulus (jusqu'à 4 700 ans avant J.-C), sépultures monumentales de pierre et de terre, représentent l'une des plus anciennes formes d'architecture funéraire connues dans le monde.

■ **Phare de CORDOUAN**
Sur son îlot rocheux encerclé par les eaux tourmentées de l'estuaire de la Garonne, le phare Renaissance de Cordouan, haut de 66 m, est un vigile pas banal.
Renseignements : 05 56 09 62 93.

■ **MARAIS POITEVIN**
Le Marais mouillé
Plonger dans le monde aquatique et végétal du Marais mouillé, la zone la plus captivante du Marais poitevin, c'est percer le mystère d'un immense labyrinthe de bras d'eau et de chemins. Coulon est le principal point de départ pour les promenades en barque à travers cette « Venise verte ».

■ **Château d'OIRON**
Le magnifique château Renaissance d'Oiron connaît, depuis 1993, l'expérience réussie d'un mariage entre art ancien et art contemporain.
Renseignements : 05 49 96 51 25.

■ **Zoo de La PALMYRE**
Ce parc animalier qui compte plus de 1 600 animaux de tous les continents, un des plus beaux de France, est installé dans le superbe cadre de la forêt et des dunes de La Palmyre.
Renseignements : 05 46 22 46 06.

■ **POITIERS**
Église N.-D.-la-Grande
Elle témoigne de la perfection de l'art roman par son architecture harmonieuse, aux lignes équilibrées. L'œil est immédiatement attiré par la façade, qui a récemment fait l'objet d'une admirable restauration.

Parc du FUTUROSCOPE
Aux portes de Poitiers, ce parc à l'architecture futuriste dispose de tout ce qui existe en matière de techniques audiovisuelles, dôme hémisphérique, écrans circulaires, cinéma dynamique... Un féerique spectacle nocturne complète les activités possibles.
Renseignements : 05 49 49 30 80.

■ **ROCHEFORT**
Corderie royale
Avec sa longue et très harmonieuse façade, ce bâtiment classique représente l'un des rares témoignages de l'architecture industrielle du 17e s. La corderie, qui fournit toute la marine en cordages jusqu'à la Révolution, abrite aujourd'hui le Centre international de la Mer.
Renseignements : 05 46 87 81 40.

Château de LA ROCHEFOUCAULD

Sa masse imposante domine la ville de ses tours et hautes toitures d'ardoises. Somptueuse cour d'honneur dont deux façades, bordées de trois étages de galeries à arcades, évoquent celles des palais de la Renaissance italienne.

Renseignements : 05 45 62 07 42.

LA ROCHELLE

Vieux Port

De la tour St-Nicolas, véritable forteresse édifiée au 14ᵉ s., vue sur le très photogénique Vieux Port, fréquenté par les chalutiers, les petits navires de plaisance et les flâneurs.

Renseignements : 05 46 34 11 81.

Aquarium

Grand vaisseau de verre et de bois, l'aquarium abrite de manière originale plus de 10 000 animaux marins de toutes les mers du globe. Amusante entrée dans les profondeurs océanes en sous-marin.

Renseignements : 05 46 34 00 00.

ROYAN

La Grande Côte

La Gironde, la pointe de Grave, le phare de Cordouan, la pointe et le phare de la Coubre forment, avec les immenses plages de sable et les dunes sauvages, un superbe tableau.

Abbaye de SAINT-SAVIN

Elle recèle des fresques d'une valeur universelle, inscrites au patrimoine mondial de l'Unesco. La découverte de ce cycle de peintures bibliques du 11ᵉ s., miraculeusement préservées, est spectaculaire.

Renseignements : 05 49 84 30 00.

SAINTES

Arènes

Un peu à l'écart de la cité, les arènes (en réalité un amphithéâtre), élevées au début du 1ᵉʳ s., comptent parmi les plus anciennes du monde romain.

Renseignements : 05 46 97 73 85.

Comité Régional du Tourisme
de Poitou - Charentes
60, rue Jean-Jaurès • BP 56
86002 POITIERS CEDEX
Tél : 05.49.50.10.50
Fax : 05.49.41.37.28
E-Mail :
poitou-charentes.tourisme@interpc.fr
http://www.poitou-charentes-vacances.com

Bassac

Accueil spirituel

A10 - Sortie : Saintes - N141, D22
Carte Michelin : 324
SNCF : Jarnac, 7 km
Aéroport : Angoulême-Champniers, 20 km

Abbaye de Bassac
Frères Missionnaire Ste-Thérèse
16120 Bassac
Tél. : 05 45 81 94 22
Fax : 05 45 81 98 41
Site : abbayebassac.com
Email : abbayedebassac@aol.com

Au cœur du vignoble cognais, sur la Charente, l'abbaye, fondée en 1009, maison mère des Frères Missionnaires de Ste-Thérèse, propose aujourd'hui un accueil convivial aux personnes, groupes, désireux de vivre un ressourcement humain et spirituel. L'accueil de groupes culturels est aussi possible.
Capacité d'accueil maximale : 90 pers. - Ch. simple(s) : OUI - Ch. double(s) : OUI - Linge de maison fourni
Langue(s) parlée(s) : Français
Dates de fermeture : 17/12 au 02/01

Pour connaître les prestations complètes et les tarifs, veuillez vous renseigner auprès de la maison d'accueil.

Paiements acceptés : Espèces, Chèques

Sanitaire : Collectif

Equipement audio-visuel - Agréments : Jeunesse et sports - Education nationale

20 km — Sur place — 20 km — 15 km
Autres activités : - Canoë

Office de Tourisme - place du Château
16200 Jarnac
Tél : 05 45 81 09 30

40 km

Genouillé

Etape vacances

A10 - Sortie : Saint Jean D'Angily ou Saintes - D114 - D212
SNCF : Surgères, 10 km
TGV : Surgères, 10 km - Navette
Aéroport : La Rochelle, 40 km- Saint Aignant - Rochefort, 25 km - Navette

Hameau de Montifaud
Chambres et tables d'hôtes
17430 Genouillé
Tél. : 05 46 67 15 10
Fax : 05 46 09 52 67
Site : http://gitedemontifaud.free.fr
Email : gitedemontifaud@free.fr
Contact : Mr et Mme Philippe et Jeanne Marie Morisset

En venant en vacances à Montifaud, vous bénéficiez d'un accueil personnalisé et d'un site calm propice au repos et à la méditation. Si vous le désirez, nous pouvons vous accueillir à notre table d'hôte le soir. Nous pouvons nous adapter à la demande de chacun. A bientôt.
Capacité d'accueil maximale : 22 pers. - Ch. double(s) : 4 - Ch. familiale(s) : 2 - Autres : gite - Linge de maison fourni
Langue(s) parlée(s) : Français, Anglais

		Adultes	Enfants	Groupes
Hébergement	*Nuit + pdj*	40 à 45€	-	-
Demi-pension	*Jour*	55 à 75€	-	-
Pension complète	-	Nous contacter	-	-

Paiements acceptés : Espèces, Chèques, Chèques vacances
Tarifs communiqués à titre indicatif. Pour plus de précisions, contacter directement la maison d'accueil.

Sanitaire : Individuel et Collectif

3 km 6 km 10 km Sur place
Autres activités : - Nombreuses visites possibles - (La Rochelle, églises romanes...)

OTSI - Rue Bersot
17700 Surgères
Tél : 05 46 07 20 02

8 km

Corme-Ecluse

Accueil spirituel

Maison de repos

A10 - Sortie : Saintes / Mirambeau - N150, D730
Carte Michelin : 324
SNCF : Saujon
TGV : Saintes - Taxi
Aéroport : Bordeaux-Mérignac - Taxi

Maison d'Accueil des Dominicaines
Les Chaumes
17600 Corme-Ecluse
Tél. : 05 46 02 43 00
Fax : 05 46 02 93 09
Site : www.leschaumes.org
Email : leschaumes@wanadoo.fr
Contact : Mme Routaboul

Toute l'année, la maison reçoit personne seule, en famille ou en groupe, avide de silence, de calme et de repos, dans le respect de ses convictions religieuses. Atmosphère familliale. Espaces verts et parc de 2 hectares. Accès aux plages de l'Atlantique à 12 kilomètres. Région riche en abbayes, églises romanes et sites archéologiques. Etablissement thermal à proximité.
Capacité d'accueil maximale : 25 pers. - Ch. simple(s) : 17 - Ch. double(s) : 4 - Dortoir : oui
Langue(s) parlée(s) : Français

Pour connaître les prestations complètes et les tarifs, veuillez vous renseigner auprès de la maison d'accueil.

Paiements acceptés : Espèces, Chèques

Sanitaire : Individuel et Collectif

0,6 km

Office de Tourisme - 22, place Général de Gaulle
17000 Saujon
Tél : 05 46 02 83 77

Le Château-d'Oléron

Résidence retraités

A10 - Sortie : Saintes - N137, D123
Carte Michelin : 324
SNCF : Rochefort-sur-Mer - Taxi - Car
TGV : La Rochelle

Maison de retraite Notre-Dame
48, rue Pierre-Wiehn
17480 Le Château-d'Oléron
Tél. : 05 46 47 60 66
Fax : 05 46 47 69 54
Site : www.congrega.perso.cegetel.net
Email : notre-dame@cegetel.net
Contact : Mme Lepage

L'établissement est situé au coeur du village, à 100 m de la mer. Vous y trouverez le calme et le silence nécessaires à votre repos, mais aussi la joie de vivre et la convivialité auprès des autres résidents. La maison accueille les personnes à partir de 60 ans, quel que soit leur état de dépendance.
Capacité d'accueil maximale : 57 pers. - Ch. simple(s) : 40 - Ch. double(s) : 8 - Linge de maison fourni
Langue(s) parlée(s) : Français

Pour connaître les prestations complètes et les tarifs, veuillez vous renseigner auprès de la maison d'accueil.

Paiements acceptés : Espèces, Chèques

Sanitaire : Individuel et Collectif

3 km 10 km 4 km

Autres activités : - Plage à proximité

Office de Tourisme - place de la République
17480 Le Château d'Oléron
Tél : 05 46 47 60 51

Saintes cedex

Accueil spirituel

A10 - Sortie : Saintes centre - N137 - N150
Carte Michelin : 324
SNCF : Saintes
TGV : Angoulème - Taxi
Aéroport : Bordeaux-Mérignac -

Séminaire - Maison Diocésaine
80, cours Genêt - BP 511
17119 Saintes cedex
Tél. : 05 46 93 03 29
Fax : 05 46 97 76 31
Email : seminaire17@wanadoo.fr

Fondée pour être un carmel, la maison fut séminaire, aujourd'hui maison diocésaine, située dans un cadre agréable. Elle accueille groupes pour sessions, haltes sur routes de pèlerinage. Saintes, ville réputée pour son patrimoine architectural et culturel.
Capacité d'accueil maximale : 60 pers. - Ch. simple(s) : 17 - Ch. double(s) : 10 - Linge de maison fourni
Langue(s) parlée(s) : Français
Dates de fermeture : 01/08 au 31/08

Pour connaître les prestations complètes et les tarifs, veuillez vous renseigner auprès de la maison d'accueil.

Paiements acceptés : Espèces, Chèques

Sanitaire : Collectif

Equipement audio-visuel

Office de Tourisme - 62, cours National
17100 Saintes
Tél : 05 46 74 23 82

1 2 9

Ligugé

Accueil spirituel

A10 - Sortie : Poitiers Sud - N10, D4
Carte Michelin : 322
SNCF : Ligugé
TGV : Poitiers
Aéroport : Poitiers Biard - Taxi

Abbaye Saint-Martin
2, place Lambert
86240 Ligugé
Tél. : 05 49 55 21 12
Fax : 05 49 55 10 98
Site : www.abbaye-liguge.com
Email : accueil@abbaye-liguge.com
Contact : Frère Louis

Le plus ancien monastère d'occident s'élève à l'emplacement même où St Martin se retira en 361. En 1853, l'Abbaye de Solesmes y restaure la vie monastique. Toutes les personnes qui le désirent sont accueillies pour des retraites individuelles ou en groupes.
Capacité d'accueil maximale : 40 pers. - Ch. simple(s) : 20 - Ch. double(s) : 6 - Ch. familiale(s) : 2 - Linge de maison fourni
Langue(s) parlée(s) : Français, Anglais, Allemand, Espagnol, Italien

Pour connaître les prestations complètes et les tarifs, veuillez vous renseigner auprès de la maison d'accueil.

Paiements acceptés : Espèces, Chèques

Sanitaire : Collectif

Equipement audio-visuel

Syndicat d'Initiative - Place Révérend Père Lambert
86240 Ligugé
Tél : 05 49 55 21 24

1 : 8 km — 2 : 8 km — 9 : 8 km

Bonneuil-Matours

Accueil spirituel
Etape vacances
Maison de repos

A10 - Sortie : N°27 Châtellerault - N10, D749
Carte Michelin : 322
SNCF : Poitiers et Châtellerault
TGV : Poitiers - Navette
Aéroport : Poitiers-Biard - Navette

Monastère des Augustines
Le Val de la Source
86210 Bonneuil-Matours
Tél. : 05 49 85 22 93
Fax : 05 49 85 29 70
Contact : Soeur Hôtelière

Dans un cadre de verdure et de silence, la Communauté des Augustines (AMJ) accueille toute l'année les individuels et groupes divers (retraites, sessions…). La maison d'accueil est située au milieu des bois. Les Sœurs seront heureuses de partager avec vous la vie de silence et leur prière liturgique.
Capacité d'accueil maximale : 80 pers. - Studio(s) : a louer - Camping : oui - Linge de maison fourni
Langue(s) parlée(s) : Français

Pour connaître les prestations complètes et les tarifs, veuillez vous renseigner auprès de la maison d'accueil.

Paiements acceptés : Espèces, Chèques

Sanitaire : Individuel et Collectif

Equipement audio-visuel - Agréments : Jeunesse et sports - MSM - Cavimac

15 km 2 km 7 km
Autres activités : - Randonnées pédestres - Plage : 2 km

Office de Tourisme - 1, rue 8 mai 1945
86210 Bonneuil-Matours
Tél : 05 49 85 08 62

2
15 ou 20

Provence-Alpes-Côte-d'Azur

Index des départements de la Région Provence-Alpes-Côte-d'Azur

ARLES

Les Alyscamps

Les Alyscamps (« Champs Élysées ») ont été, de l'époque gallo-romaine jusqu'à la fin du Moyen Âge, une des plus prestigieuses nécropoles d'Occident. Dans l'allée bordée de grands arbres et d'une double rangée de sarcophages, l'émotion subsiste.

Renseignements : 04 90 49 36 74.

AVIGNON

Le palais des Papes

Cette majestueuse résidence de 15 000 m² aux monumentales proportions se compose de deux édifices distincts : le Palais Vieux (forteresse d'architecture austère datant de 1134) et le Palais Neuf (1342), aux décors somptueux.

Renseignements : 04 90 27 50 00.

LES BAUX

Un éperon dénudé qui se détache des Alpilles, bordé de deux ravins à pic, un château fort détruit et des vieilles maisons constituent l'extraordinaire site minéral du village des Baux.

Massif de l'ESTÉREL

Corniche d'Or

Entre St-Raphaël et La Napoule, le décor rouge de l'Esterel frappe d'admiration. Saisissant, le contraste entre la côte grouillante d'adeptes de la vie balnéaire et les solitudes de l'intérieur ne fait que rendre celles-ci plus extraordinaires.

GORDES

Planté sur sa falaise, Gordes, classé parmi les « plus beaux villages de France », offre au soleil ses pierres dorées par le temps, ses calades, ses maisons et son château mêlés à une végétation méditerranéenne.

La GRAVE

Oratoire du Chazelet

Bien exposé, l'oratoire du Chazelet constitue un balcon incomparable pour dévisager la reine des Écrins, la Meije. Des peintres, comme Foujita en 1913, ont peint cette vue.

LUBERON

Le Mourre Nègre

Le Grand Luberon est dominé par le Mourre Nègre. Du sommet, immense panorama sur la montagne de Lure, la vallée de la Durance, et, en arrière-plan, la montagne Ste Victoire et le mont Ventoux.

MARSEILLE

Centre de la Vieille Charité

Chef d'œuvre conçu par Puget entre 1671 et 1749, cet ancien hospice constitué de plusieurs bâtiments s'ordonnant autour d'une chapelle abrite aujourd'hui une des grandes collections archéologiques de France.

Renseignements : 04 91 14 58 80.

MONACO

Le Rocher

Un véritable décor de théâtre vous accueille, avec de jolies maisons pimpantes du 18ᵉ s., serrées dans un lacis de ruelles engageantes. Vous êtes au cœur de la Principauté, là où se trouvent les principales attractions : le remarquable musée océanographique et la chapelle de la Visitation, la cathédrale et le palais.

NICE

La Promenade des Anglais

Exposée en plein midi, cette magnifique avenue épouse l'immense courbe de la baie des Anges. En contrebas, les plages de galets invitent à la baignade…

Corniche de la RIVIERA

Grande corniche

Entre Nice et Menton, la montagne plonge brusquement dans la mer. Trois routes célèbres sillonnent les hauteurs dominant les plages. Outre ses vues saisissantes, la plus élevée, la Grande corniche, permet de visiter le village perché de Roquebrune.

SAINT-TROPEZ

L'Annonciade

Cette chapelle du 16 e s. accueille des chefs-d'œuvre de la peinture de la fin du 19e s. et du début du 20 e s., pour la plupart interprétations merveilleuses du site tel qu'il se présentait alors.

Renseignements : 04 94 17 84 10.

SAINT-VÉRAN

Intégralement construit en bois, c'est l'un des plus beaux villages de France et, comme le rappelle l'un de ses 15 cadrans solaires, « la plus haute commune ou se mange le pain de Dieu », à 2 040 m.

Montagne SAINTE-VICTOIRE

La montagne Ste-Victoire ou la Sainte, comme on l'appelle affectueusement, immortalisée par Cézanne, avec sa silhouette reconnaissable entre toutes, plus qu'une montagne est un symbole pour la Provence.

Abbaye de SENANQUE

Une douce lumière baigne cette abbaye austère et paisible, magnifique illustration de l'art cistercien, nichée dans son écrin de lavande.

Renseignements : 04 90 72 05 72.

Lac de SERRE-PONCON

Ennemis des lacs artificiels, la beauté de la plus grande retenue d'Europe va vous faire plonger. Des routes superbes contournent l'immense lac bleu.

TOULON

Mont Faron

Le massif calcaire du mont Faron (alt. 584 m) domine Toulon. La montée est l'occasion de découvrir de belles vues sur la ville, les rades, St-Mandrier, le cap Sicié et Bandol.

Renseignements (téléphérique) :
04 94 92 68 25.

Gorges du VERDON

Route de la Corniche Sublime

Elle va à la recherche des points de vue et des passages les plus extraordinaires et donnent le spectacle grandiose, sans rival en Europe, de parois vertigineuses dans une nature sauvage.

Comité Régional du Tourisme
de Provence-Alpes-Côte d'Azur
Les Docks • 10, place de la Joliette
Atrium 10.5 BP 46214
13567 MARSEILLE CEDEX CEDEX 02
Tél : 04.91.56.47.00
Fax : 04.91.56.47.01
E-Mail : information@crt-paca.fr
http://www.crt-paca.fr

Faucon-de-Barcelonnette

Etape vacances

A51 - Sortie : Tallard - N85, D900
Carte Michelin : 334
SNCF : Gap, 70 km - Navette - Car Gap Barcelonnette
Aéroport : Marseille-Marignane - Navette

Alpes Montjoie
La famille d'Alpes Montjoie
04400 Faucon-de-Barcelonnette
Tél. : 04 92 81 50 08
Fax : 04 92 81 08 32
Site : www.alpesmontjoie.com
Email : jpfalpes@wanadoo.fr
Contact : Mr Fontaine

Sous le soleil de la Haute-Provence, au cœur de l'Ubaye, nous vous accueillons dans une ambiance familiale faite de rencontre et de convivialité. Nature, sports, culture et repos seront au rendez-vous pour que votre séjour reste inoubliable. L'équipe vous dit à bientôt.
Capacité d'accueil maximale : 65 pers. - Ch. familiale(s) : 24
Langue(s) parlée(s) : Français, Anglais
Dates de fermeture : 01/09 au 30/09

Pour connaître les prestations complètes et les tarifs, veuillez vous renseigner auprès de la maison d'accueil.

Paiements acceptés : Espèces, Chèques, Chèques vacances

Sanitaire : Collectif

Equipement audio-visuel - Agréments : Jeunesse et sports - Education nationale - Maison familiale de vacances

3 km 3 km 3 km

Autres activités : Ski alpin / fond : 3 km - Parapente - Canyoning - Rafting - Terrain de jeu

Office de Tourisme - place Frédéric Mistral - BP 4
04400 Barcelonnette
Tél : 04 92 81 04 71

Faucon-de-Barcelonnette

Accueil spirituel

Maison de repos

A51 - Sortie : Tallard - N85 - N94, D900
Carte Michelin : 334
SNCF : Gap, 70 km
TGV : Grenoble, 180 km - Bus Gap-Barcelonnette -
Aéroport : Marseille-Marignane - Navette
Autres moyens de transfert : Bus Marseille-Barcelonnette

Maison Saint-Jean de Matha
Ordre de la Très Sainte Trinité
04400 Faucon-de-Barcelonnette
Tél. : 04 92 81 09 17
Fax : 04 92 81 49 26
Email : couvent.matha@wanadoo.fr
Contact : Père Jean-Marc Carbonell

Les frères trinitaires vous accueillent au lieu de naissance de leur fondateur, seul ou en groupe dans un magnifique cadre de silence, propice au repos et à la prière. Climat idéal (1 200 m d'altitude), sec et ensoleillé. Randonnées possibles en Ubaye et au-delà.
Capacité d'accueil maximale : 31 pers. - Ch. simple(s) : 9 - Ch. double(s) : 11 - Studio(s) : oui - Linge de maison fourni
Langue(s) parlée(s) : Français, Anglais, Espagnol, Italien

Pour connaître les prestations complètes et les tarifs, veuillez vous renseigner auprès de la maison d'accueil.

Paiements acceptés : Espèces, Chèques

Sanitaire : Collectif

Equipement audio-visuel

5 km 2 km 5 km
Autres activités : Ski alpin / fond - Parapente (Ecole) : 2 km - Canyoning - Rafting

Office de Tourisme - place Frédéric Mistral
04400 Barcelonnette
Tél : 04 92 81 04 71

Digne-les-Bains

Etape vacances
Maison de repos
Résidence retraités

A51 - Sortie : Peyruis-les-Mées - N85
Carte Michelin : 334
SNCF : Saint-Auban
TGV : Aix-en-Provence - Taxi - Navette
Aéroport :

Maison Saint-Vincent
15, rue du Prévôt
04000 Digne-les-Bains
Tél. : 04 92 32 09 12
Fax : 04 92 36 00 13
Email : saint.vincent@wanadoo.fr
Contact : Mr Duquennoy

La maison Saint-Vincent, médicalisée, accueille prêtres, religieux, laïcs hommes ou femmes. Séjours temporaires dans la limite des places disponibles. Située dans un quartier calme, non loin du centre ville, elle dispose d'un jardin ombragé. Climat agréable, excursions.
Capacité d'accueil maximale : 21 pers. - Ch. simple(s) : 23 - Studio(s) : oui - Appartement(s) : oui - Linge de maison fourni
Langue(s) parlée(s) : Français, Anglais, Tanul, Turque

		Adultes	Enfants	Groupes
Hébergement	-	Voir	-	-
Demi-pension	-	Voir	-	-
Pension complète	*Jour*	43.91€	-	-

Paiements acceptés : , Chèques
Tarifs communiqués à titre indicatif. Pour plus de précisions, contacter directement la maison d'accueil.

Sanitaire : Individuel

Equipement audio-visuel - Agréments : - MSM - CAMAC

1 km 2 km 6 km
Autres activités : - Cure thermale : Digne

Office de Tourisme - place de Tampiret
04000 Digne-les-Bains
Tél : 04 92 36 62 62

Revel Meolans

Etape vacances

Résidence retraités

60 - Sortie : Gap
Carte Michelin : 334
SNCF : Gap
TGV : Marseille-Aix - Taxi - Navette
Aéroport : Marseille- Marignane - Taxi - Navette

Relais Cap France Lou Riouclar

04340 Revel Meolans
Tél. : 04 92 80 75 75
Fax : 04 92 80 75 80
Site : www.louriouclar.com
Email : auger.bertrand@wanadoo.fr
Contact : Mr Bertrand Auger

Cadre paradisiaque, ambiance et accueil familial, table et animation de qualité. Toute l'équipe de Lou Riouclar vous attend pour une découverte active de cette belle vallée de l'Ubaye. Randonnées ou excursions vous sont proposées à la carte pour votre plus grand plaisir.
Capacité d'accueil maximale : 300 pers. - Ch. simple(s) : 15 - Ch. double(s) : 40 - Ch. familiale(s) : 45 - Appartement(s) : oui - Linge de maison fourni
Langue(s) parlée(s) : Français, Anglais
Dates de fermeture : 21/10/06 au 19/11/06

Pour connaître les prestations complètes et les tarifs, veuillez vous renseigner auprès de la maison d'accueil.

Paiements acceptés : Espèces, Cartes bancaires, Chèques, Chèques vacances

Sanitaire : Individuel

Equipement audio-visuel - Agréments : Jeunesse et sports - Education nationale - Santé Tourisme

Sur place Sur place 15 km

Autres activités : - Escalade - Tir à l'arc - Sports d'eau vive et aérien - Espace de remise en forme : Sur place

Seyne les Alpes

Etape vacances

A51 - Sortie : Les Fées ou Tallard - N85, D900 et D900B
Carte Michelin : 334
SNCF : Gap à 45 km - Taxi
TGV : Aix-en-provence à 100 km - Taxi
Aéroport : Marseille-Marignane - Taxi

Relais Pays Cap France "Air Soleil"
04140 Seyne les Alpes
Tél. : 04 92 35 06 55
Fax : 04 92 35 28 57
Site : www.air-soleil.net
Email : airsoleil@wanadoo.fr
Contact : Mme Véronique Wery

Au coeur d'une vallée préservée, non loin des champs d'oliviers, "Air Soleil" vous accueille à 1260 m d'altitude, à 250 m du village tous commerces de Seyne les Alpes dans une ambiance familiale. Venez participer aux activités ludiques, sportives et gourmandes. Equipe dynamique
Capacité d'accueil maximale : 100 pers. - Ch. simple(s) : 5 - Ch. double(s) : 5 - Ch. familiale(s) : 20 - Linge de maison fourni
Langue(s) parlée(s) : Français, Anglais

Pour connaître les prestations complètes et les tarifs, veuillez vous renseigner auprès de la maison d'accueil.

Paiements acceptés : Espèces, Cartes bancaires, Chèques, Chèques vacances, Euro chèques

Sanitaire : Individuel

Equipement audio-visuel - Agréments : Jeunesse et sports - Education nationale - Habilitation touristique

250 m 250 m 45 km 1 km Sur place

Autres activités : - Terrain de pétanque, de volley : Sur place - Aire de jeux popur enfants : Sur place - Stade de foot, salle de gym : A proximité - Table de ping-pong, poteau de basket : A proximité

Office de tourisme - Vallée de la Blarche
Maison de Pays
04140 Seyne les Alpes

Saint-Veran

Etape vacances

A51 - Sortie : La Saulce Sisteron - N94, D5 - D902
Carte Michelin : 334
SNCF : Montdauphin-Guillestre, 35 km
TGV : Valence / Grenoble - Navette (04 92 46 71 56)
Aéroport :

Association "Les Amis de la Montagne"
Gîte de séjours / MFV - Les Perce-Neige
05350 Saint-Veran
Tél./Fax : 04 92 45 82 23
Fax : 04 92 45 82 23
Contact : Mr Mathieu

Au sommet du Queyras à 2040 m d'alt., nous vous accueillons dans un chalet typique, avec simplicité et bonne humeur ! Nombreuses randonnées, patrimoine préservé, architecture passionnante et soleil vous raviront ! 38 km de pistes, 14 téléskis, 1 télésiège. Draps fournis au delà de 5 jours. Lavabo dans les chambres.
Capacité d'accueil maximale : 30 pers. - Ch. familiale(s) : 16
Langue(s) parlée(s) : Français, Anglais
Dates de fermeture : 01/09 au 20/12, 15/04 au 25/06

Pour connaître les prestations complètes et les tarifs, veuillez vous renseigner auprès de la maison d'accueil.

Paiements acceptés : Espèces, Chèques, Chèques vacances

Sanitaire : Individuel et Collectif

11 km 5 km Sur place
Autres activités : Ski alpin / fond : Sur place - Raquette : Sur place - Randonnées à pieds, à skis : Sur place

Bureau de Tourisme -
05350 Saint-Véran
Tél : 04 92 45 82 21
Email : office@saintveran.com

Chateauroux-les-Alpes

Etape vacances

A51 - Sortie : La Saulce - N 94 - N 75 - N 85
SNCF : Montdauphin - Guillestre
TGV : Valence - Grenoble - Navette
Aéroport :

Gîte de Saint-Alban
05380 Chateauroux-les-Alpes
Tél./Fax : 04 92 45 10 40
Fax : 04 92 45 10 40
Site : www.gite-saint-alban.com
Email : contact@gite-saint-alban.com
Contact : Annick et Daniel Mignot

Venez vous ressourcer au soleil des Alpes du Sud : Daniel et Annick vous accueillent pour partager une vie simple et vraie, et goûter une cuisine biologique riche en saveurs. Calme, nature, randonnées et activités sportives sont à portée de main, avec notamment le parc national des Ecrins, le lac de Serre-Ponçon et le parc régional du Queyras.
Capacité d'accueil maximale : 37 pers. - Ch. simple(s) : 1 - Ch. double(s) : 4 - Ch. familiale(s) : 4 - Dortoir : oui - Autres : gîte : location - Linge de maison fourni
Langue(s) parlée(s) : Français, Espagnol

Pour connaître les prestations complètes et les tarifs, veuillez vous renseigner auprès de la maison d'accueil.

Paiements acceptés : Espèces, Cartes bancaires, Chèques, Chèques vacances

Sanitaire : Individuel et Collectif

Agréments : Jeunesse et sports - Education nationale - Gîte de France 3 épis, Rando Plume Affillié FFRP

12 km 7 km 50 km 2 km sur place

Autres activités : Ski alpin / fond : 25 km - Randonnées : Sur place - Escalade : 10 km - Raft : 2 km - Raquettes à neige : Sur place

Comité de promotion de l'Embrunais Serre - Ponçon - Maison Boyer-Bd Pasteur - BP 71
05200 Embrun Cedex
Tél : 04 92 43 77 43

Saint-Etienne-le-Laus

Accueil spirituel
Etape vacances
Maison de repos

A51 et RN85 - Sortie : La Saulce ou Gap - N85 ou Gap N94, D942
Carte Michelin : 334
SNCF : Gap, 20 - Navette (11€ la course)
Aéroport : Marseille-Marignane - Car (SCAL)
Autres moyens de transfert : Gare routière (Escale depuis Grenoble, Nice, Marseille et Barcelonnette)

Hôtellerie Notre-Dame-du-Laus
05130 Saint-Etienne-le-Laus
Tél. : 04 92 50 30 73
Fax : 04 92 50 90 77
Site : www.notre-dame-du-laus.com
Email : accueil@notre-dame-du-laus.com
Contact : Mme Mautino

Un site grandiose baigné de soleil dans un pays de moyenne altitude (980 m) où tout concourt à la douceur du climat sec. Ce lieu de pèlerinage, vieux de 300 ans, peut recevoir familles en vacances, personnes seules et groupes. Accueil chaleureux.
Capacité d'accueil maximale : 400 pers. - Ch. simple(s) : 120 - Ch. double(s) : 107 - Ch. familiale(s) : 24 - Dortoir : oui - Camping : oui - Autres : gîtes - Linge de maison fourni
Langue(s) parlée(s) : Français, Anglais, Italien, Polonais

		Adultes	Enfants	Groupes
Hébergement	*Nuit + pdj*	18,50 à 28,50€	-15%	-
Demi-pension	*Jour*	29,50 à 39,50€	-15%	-
Pension complète	*Jour*	40 à 50€	-15%	-

Paiements acceptés : Espèces, Cartes bancaires, Chèques, Chèques vacances
Tarifs communiqués à titre indicatif. Pour plus de précisions, contacter directement la maison d'accueil.

Sanitaire : Individuel et Collectif

Equipement audio-visuel - Agréments : Jeunesse et sports - MSM - CAMAC

15 km 15 km 15 km 15 km

Office de Tourisme - 12, rue Faure du Serre
05000 Gap
Tél : 04 92 52 56 56

7

Nice

Etape vacances

A8 - Sortie : Nice centre - N7 - N202
Carte Michelin : 341
SNCF : Nice
TGV : Nice - Taxi - Bus
Aéroport : Nice-Côte d'Azur - Taxi - Bus

Association Marie-Clotilde
42, boulevard de la Madeleine
06000 Nice
Tél. : 04 92 15 55 00
Fax : 04 92 15 55 18
Site : www.7ici.org/asso_marie-clotide
Email : association-marie-clotilde@wanadoo.fr

Les sœurs de Sainte-Clotilde accueillent pour des périodes d'une semaine à trois mois en studios ou appartements tout équipés. L'établissement dispose d'un beau jardin méditerranéen, il est proche de la mer et de centres culturels. Agréable toute l'année.
Capacité d'accueil maximale : 45 pers. - Studio(s) : 5 simples et 11 doubles - Appartement(s) : 5 - Linge de maison fourni
Langue(s) parlée(s) : Français, Italien

Pour connaître les prestations complètes et les tarifs, veuillez vous renseigner auprès de la maison d'accueil.

Paiements acceptés : Espèces, Chèques

Sanitaire : Individuel

Equipement audio-visuel

Office de Tourisme - 5, promenade des Anglais
06000 Nice
Tél : 04 92 14 48 00

8

Cannes

Accueil spirituel
Etape vacances

A8 - Sortie : Cannes - N7 / N85
Carte Michelin : 341
SNCF : Cannes
TGV : Cannes - Taxi
Aéroport : Nice-Côte d'Azur - Navette

CIMEM
Lochabair-Assomption - 37, avenue du Commandant Bret
06400 Cannes
Tél. : 04 97 06 66 70
Fax : 04 97 06 66 76
Site : www.cimem.com
Email : contact@cimem.com

Entre mer et colline, le CIMEM a le charme et l'agrément d'un parc magnifique. La maison, depuis 1879, ouverte toute l'année, offre un espace de convivialité, propice au repos, à la détente, à la réflexion, au ressourcement culturel et spirituel. Cotisation individuelle : 10€. Cotisation famille : 20€.
- Ch. simple(s) : 21 - Ch. double(s) : 41 - Ch. familiale(s) : 16 - Linge de maison fourni
Langue(s) parlée(s) : Français, Anglais, Italien

		Adultes	Enfants	Groupes
Hébergement	-	35 à 55€	-	-
Demi-pension	*Jour*	34,40 à 82,10€	18,40 à 27€	-
Pension complète	*Jour*	46 à 64€	24,20 à 34€	-

Paiements acceptés : Espèces, Cartes bancaires, Chèques
Tarifs communiqués à titre indicatif. Pour plus de précisions, contacter directement la maison d'accueil.

Sanitaire :

Equipement audio-visuel - Agréments : - MSM

0,5 km

5 km

Office de Tourisme - Palais des Festivals
1, La Croisette - BP 272 - 06400 Cannes
Tél : 04 92 99 84 22
Email : semoftou@palis-festival-cannes.fr

Sospel

Etape vacances

A8 - Sortie : Menton - N7, D2566
Carte Michelin : 341
SNCF : Sospel - Taxi
TGV : Nice - Taxi
Aéroport : Nice - Train - taxi

Domaine du Paraïs
La Vasta Supérieure
06380 Sospel
Tél./Fax : 04 93 04 15 78
Fax : 04 93 04 15 78
Site : www.
Email : domaine.du.paris@wanadoo.fr
Contact : Mme Marie Mayer

Une authentique demeure de l'arrière-pays en pleine nature pour retrouver sa beauté austère. Son atmosphère de quiétude face à un ancien monastère en fait un lieu à part propice à l'intériorité et à des vacances culturelles. Vallée de la Roya et des merveilles à une heure.
Capacité d'accueil maximale : 7 pers. - Ch. double(s) : 2 - Ch. familiale(s) : 1 - Linge de maison fourni
Langue(s) parlée(s) : Français, Anglais, Allemand

Pour connaître les prestations complètes et les tarifs, veuillez vous renseigner auprès de la maison d'accueil.

Paiements acceptés : Espèces, Chèques

Sanitaire : Individuel

3 km 2 km 2,8 km 500 m 3 km

Autres activités : - Randonnées

Office de tourisme - 19, avenue Jean Mèdecin
06380 Sospel

8

18 km

Saint-Paul

Accueil spirituel
Etape vacances
Maison de repos

A8 - Sortie : Cagnes sur Mer - N7
Carte Michelin : 341
SNCF : Cagnes sur Mer
TGV : Nice - Antibes - Taxi - Navette
Aéroport : Nice-Côte d'Azur - Taxi

Dominicaines de la Sainte-Famille
Passe-Prest
06570 Saint-Paul
Tél. : 04 93 32 53 93
Fax : 04 93 32 83 09
Email : couventpasseprest@wanadoo.fr

Les religieuses vous accueillent toute l'année dans une ambiance familiale. La maison et son jardin sont au calme et vous profiterez des nombreux buts de promenade, d'excursions et visites de musées dans l'arrière-pays niçois ou sur la côte. Altitude 200 m.
Capacité d'accueil maximale : 15 pers. - Ch. simple(s) : 9 - Ch. double(s) : 3 - Linge de maison fourni
Langue(s) parlée(s) : Français, Anglais, Coréen

Pour connaître les prestations complètes et les tarifs, veuillez vous renseigner auprès de la maison d'accueil.

Paiements acceptés : Espèces, Chèques

Sanitaire : Individuel

Equipement audio-visuel

4 km 4 km

Office de Tourisme - Maison de la Tour - 2, rue Grande
06570 Saint-Paul-de-Vence
Tél : 04 93 32 86 95

Grasse

Etape vacances

A8 - Sortie : Cannes - N85
Carte Michelin : 341
SNCF : Cannes
TGV : Cannes - Navette
Aéroport : Nice-Côte d'Azur - Navette

Foyer Féminin Saint-Antoine
6, boulevard Gambetta
06130 Grasse
Tél. : 04 93 36 21 72
Fax : 04 93 36 10 60
Site : www.foyer-stantoine.com
Email : foyer.stantoine@wanadoo.fr
Contact : Soeur Paule-Xavier

Les religieuses accueillent toute l'année, dans un cadre de vie chaleureux et familial, dames ou petits groupes pour séjour d'une semaine minimum. La maison et son patio bénéficient de calme afin de procurer repos et détente. Notre maison est le point de départ de nombreuses excursions.
Capacité d'accueil maximale : 22 pers. - Linge de maison fourni
Langue(s) parlée(s) : Français

Pour connaître les prestations complètes et les tarifs, veuillez vous renseigner auprès de la maison d'accueil.

Paiements acceptés : Espèces, Chèques

Sanitaire : Individuel

Equipement audio-visuel - Agréments : - MSM - CAMAC

Office de Tourisme - 22, cours Honoré Cresp
06130 Grasse
Tél : 04 93 36 66 66

Menton

Accueil spirituel
Etape vacances
Maison de repos

A8 - Sortie : Menton
Carte Michelin : 341
SNCF : Menton
TGV : Menton - Taxi
Aéroport : Nice-Côte d'Azur - Taxi - Navette

Maison d'accueil "Le Home"
6, rue du Louvre
06500 Menton
Tél. : 04 93 35 75 51
Fax : 04 92 10 38 34
Site : www.homelouvre.fr.st
Email : lestravailleusesmissionaires@wanadoo.fr

Les travailleuses missionnaires de l'Immaculée accueillent pour des séjours de quelques jours à quelques mois des personnes seules ou en famille qui veulent prendre un temps de repos ou de vacances. La maison située en centre ville, à proximité de la mer, offre un cadre agréable.
Capacité d'accueil maximale : 40 pers. - Ch. simple(s) : 26 - Ch. double(s) : 7
Langue(s) parlée(s) : Français, Anglais, Espagnol, Italien

Pour connaître les prestations complètes et les tarifs, veuillez vous renseigner auprès de la maison d'accueil.

Paiements acceptés : Espèces, Chèques

Sanitaire :

Equipement audio-visuel - Agréments : - MSM - CAMAC

1 km 0,5 km 5 km

Office de Tourisme - Palais de l'Europe
Avenue Boyer - BP 239
06500 Menton
Tél : 04 92 41 76 76

8

Mougins

Maison de repos

Résidence retraités

A8 - Sortie : Cannes - Mougins - N85, D35
Carte Michelin : 341
SNCF : Cannes
TGV : Cannes - Taxi - Navette
Aéroport : Nice-Côte d'Azur - Taxi - Navette

Maison Jean Dehon
Domaine de la Peyrière - 745, avenue du Golf
06250 Mougins
Tél. : 04 92 92 49 49
Fax : 04 93 75 81 57

Une situation privilegiée au centre d'un grand parc. Maison de retraite médicalisée, habilitée aide sociale. Accueil de prêtres, religieux(ses) en repos-convalescence. Chambres individuelles.
Capacité d'accueil maximale : 52 pers. - Linge de maison fourni
Langue(s) parlée(s) : Français, Anglais, Italien

Pour connaître les prestations complètes et les tarifs, veuillez vous renseigner auprès de la maison d'accueil.

Paiements acceptés : Espèces, Chèques

Sanitaire : Individuel et Collectif

Equipement audio-visuel - Agréments : - MSM - CAMAC - Cavimac

3 km 4 km 0,5 km

Office de Tourisme - 96, avenue Moulin de la Croix
06250 Mougins
Tél : 04 93 75 87 67

Vence cedex

Accueil spirituel

Etape vacances

A8 - Sortie : N° 47 Cagnes sur Mer
Carte Michelin : 341
SNCF : Cagnes sur Mer
TGV : Antibes - Taxi - Bus
Aéroport : Nice-Côte d'Azur - Taxi - Bus

Maison Lacordaire
Route de Saint-Jeannet - 466, avenue Henri Matisse - BP 33
06141 Vence cedex
Tél. : 04 93 58 03 26
Fax : 04 93 58 21 10
Site : www.maison-lacordaire.com
Email : dominicaines@wanadoo.fr
Contact : Soeur Myriam

La maison accueille dans 2 villas qui entourent la chapelle du Rosaire de Matisse. Les jardins en terrasse, les locaux, permettent le repos, le calme, la détente pour un temps de vacances, de réflexion, d'échanges ou de silence. A 350 m d'altitude, Vence est au centre d'une région riche en promenades.
Capacité d'accueil maximale : 30 pers. - Ch. simple(s) : 8 - Ch. double(s) : 14 - Ch. familiale(s) : 2 - Linge de maison fourni
Langue(s) parlée(s) : Français

Pour connaître les prestations complètes et les tarifs, veuillez vous renseigner auprès de la maison d'accueil.

Paiements acceptés : Espèces, Cartes bancaires, Chèques

Sanitaire : Individuel

2 km 1 km 5 km

Office de Tourisme - 8, place du Grand Jardin
06140 Vence
Tél : 04 93 58 06 38

Nice

Accueil spirituel

A8 - Sortie : Nice Nord - N7
Carte Michelin : 341
SNCF : Nice
TGV : Nice - Taxi - Bus
Aéroport : Nice-Côte d'Azur - Taxi - Bus

Monastère Sainte-Claire
30, avenue Sainte-Colette
06100 Nice
Tél. : 04 93 81 04 72
Fax : 04 93 81 34 88

La communauté des clarisses accueille toute l'année prêtres, religieuses, dames, jeunes filles, pour des haltes spirituelles de 8 jours maximum, dans un cadre de silence sur les hauteurs de la ville (bus vers le centre ville à 300 m). Participation à la prière de l'office et à la messe quotidienne.
- Ch. simple(s) : 12 - Ch. double(s) : 2 - Linge de maison fourni
Langue(s) parlée(s) : Français, Anglais, Allemand, Italien, Philippin

Pour connaître les prestations complètes et les tarifs, veuillez vous renseigner auprès de la maison d'accueil.

Paiements acceptés : Espèces, Chèques

Sanitaire : Collectif

Office de Tourisme - 5, promenade des Anglais
06000 Nice
Tél : 04 92 14 48 00

La Trinité

Accueil spirituel
Etape vacances

A8 - Sortie : N°57 La Turbie - D2204
Carte Michelin : 341
SNCF : Nice
TGV : Nice - Taxi - Navette
Aéroport : Nice-Côte d'Azur - Taxi - Navette

Sanctuaire de Notre-Dame de Laghet
06340 La Trinité
Tél. : 04 92 41 50 50
Fax : 04 92 41 50 59
Site : http://nice.cef.fr/laghet
Email : sanctuairelaghet@free.fr
Contact : Soeur Hôtelière

Le plus célèbre pèlerinage marial du comté de Nice. Ici, des prêtres du diocèse et les bénédictines du Sacré-Cœur-de-Montmartre vous accueillent seul, en famille ou en groupe. Le sanctuaire se blottit au cœur des côteaux verdoyants, entre la Méditerranée et les cimes.
Capacité d'accueil maximale : 50 pers. - Ch. simple(s) : 12 - Ch. double(s) : 13 - Ch. familiale(s) : 5 - Linge de maison fourni
Langue(s) parlée(s) : Français, Anglais, Italien

		Adultes	Enfants	Groupes
Hébergement	*Nuit*	20€	- 50%	-
Demi-pension	*Jour*	27€	- 50%	-
Pension complète	*Jour*	35€	- 50%	-

Paiements acceptés : Espèces, Cartes bancaires, Chèques
Tarifs communiqués à titre indicatif. Pour plus de précisions, contacter directement la maison d'accueil.

Sanitaire : Collectif

Equipement audio-visuel

5 km 2 km

Office de Tourisme - place du Général de Gaulle
06360 Eze
Tél : 04 93 41 26 00

8

Utelle

Accueil spirituel

Etape vacances

A8 - Sortie : Saint-Isidore - N202
Carte Michelin : 341
SNCF : Nice-Ville
TGV : Nice-Ville - Navette
Aéroport : Nice-Côte d'Azur - Navette
Autres moyens de transfert : Voiture du Sanctuaire

Sanctuaire Notre-Dame des Miracles
La Madone d'Utelle
06450 Utelle
Tél. : 04 93 03 19 44
Fax : 04 93 03 11 35
Site : www.madone.utelle.free.fr
Email : madone.utelle@free.fr

Un cadre unique avec vue exceptionnelle sur la Baie des Anges et jusqu'aux sommets du Mercantour. Une nature préservée et un calme serein. Une ambiance amicale dans une petite structure simple et agréable.
Capacité d'accueil maximale : 15 pers. - Ch. simple(s) : 5 - Ch. double(s) : 4 - Linge de maison fourni
Langue(s) parlée(s) : Français, Anglais, Italien
Dates de fermeture : 24/12 au 31/01

		Adultes	Enfants	Groupes
Hébergement	*Nuit*	20€	-	-
Demi-pension	*Jour*	25€	-	-
Pension complète	*Jour*	35€	-	-

Paiements acceptés : Espèces, Chèques
Tarifs communiqués à titre indicatif. Pour plus de précisions, contacter directement la maison d'accueil.

Sanitaire : Collectif

Equipement audio-visuel

5 km 5 km 10 km

10 km

Menton

Etape vacances

A8 - Sortie : Menton
Carte Michelin : 341
SNCF : Menton, 0,5 km
TGV : Menton, 0,5 km - Taxi - Navette
Aéroport : Nice-Côte d'Azur - 40 km - Taxi - Navette
Autres moyens de transfert : Gare routière à 150 m

SCI La Consolation
2, montée du Lutétia
06500 Menton
Tél. : 04 93 41 33 02 / 06 11 85 43 43
Contact : Mme Raimondo

Cadre familial et chaleureux plongé dans une ambiance de verdure avec ses odeurs d'agrumes. Salle de restaurant proposant une cuisine familiale et traditionnelle et pouvant accueillir 35 personnes l'hiver et davantage l'été, grâce à ses terrasses. Possibilité de séjour longue durée pour les séniors.
Capacité d'accueil maximale : 14 pers. - Ch. simple(s) : 4 - Ch. double(s) : 3 - Studio(s) : oui - Linge de maison fourni
Langue(s) parlée(s) : Français, Italien

Pour connaître les prestations complètes et les tarifs, veuillez vous renseigner auprès de la maison d'accueil.

Paiements acceptés : Espèces, Chèques

Sanitaire : Individuel

Equipement audio-visuel

1 km 1 km 5 km

Office de Tourisme - Palais de l'Europe
Avenue Boyer - BP 239
06500 Menton
Tél : 04 92 41 76 76

Tarascon

Accueil spirituel

A7 - Sortie : Avignon Sud - N570, D970
Carte Michelin : 340
SNCF : Tarascon-sur-Rhône ou Avignon, 12 km
TGV : Avignon, 17 km - Taxi
Aéroport : Marseille-Marignane - 90 km - Taxi

Abbaye "Saint-Michel-de-Frigolet"

Hôtellerie Monastique Saint-Augustin
13150 Tarascon
Tél. : 04 90 95 70 07
Fax : 04 90 90 79 23
Site : www.frigolet.com
Email : abbaye@frigolet.com
Contact : Frère

Les Frères de Saint-Michel-de-Frigolet(Ordre de Prémontré)offrent aux personnes seules ou petits groupes la possibilité de vivre quelques jours de recueillement, de retraite... Repas en silence avec la Communauté. Structures d'accueil variées disponibles pour des groupes plus importants avec la possibilité de gestion libre(mouvements, aumôneries...).
Capacité d'accueil maximale : 12 pers. - Ch. simple(s) : 12 - Ch. double(s) : 8 - Ch. familiale(s) : 34 (places) - Dortoir : 36 - Appartement(s) : 16 - Autres : gestion libre - Linge de maison fourni
Langue(s) parlée(s) : Français, Anglais, Allemand, Italien, Néerlandais

Pour connaître les prestations complètes et les tarifs, veuillez vous renseigner auprès de la maison d'accueil.

Paiements acceptés : Espèces, Chèques

Sanitaire : Collectif

Office de Tourisme - 59, rue des Halles
13150 Tarascon
Tél : 04 90 91 03 52

Lambesc

Accueil spirituel

A7 N°26 / A8 Aix-en-Provence - N7, D517 - D15
Carte Michelin : 340
SNCF : Marseille, 60 km
TGV : Marseille 60 km - Aix, 40 km - Taxi - Bus
Aéroport : Marseille-Marignane - Taxi

Foyer de Charité de Provence
Sufferchoix lieu-dit - BP 63
13410 Lambesc
Tél. : 04 42 57 14 86
Fax : 04 42 57 10 70
Site : http://sufferchoix.foyer.fr
Email : sufferchoix@foyer.fr

Communauté de laïcs conduite par un prêtre, en service d'accueil pour tout public, soit pour des retraites prêchées dans un climat de silence, soit pour des sessions où s'équilibrent harmonieusement détente, réflexion, ouverture spirituelle.
Capacité d'accueil maximale : 60 pers. - Ch. simple(s) : 21 - Ch. double(s) : 17 - Ch. familiale(s) : 2 - Linge de maison fourni
Langue(s) parlée(s) : Français

Pour connaître les prestations complètes et les tarifs, veuillez vous renseigner auprès de la maison d'accueil.

Paiements acceptés : Espèces, Chèques

Sanitaire : Individuel et Collectif

Equipement audio-visuel

5 km 5 km 10 km

Autres activités : - Randonnées

Office de Tourisme - Hôtel de Ville - BP 61
13410 Lambesc
Tél : 04 42 17 00 62

Aix-en-Provence

Accueil spirituel

Etape vacances

A8 - Sortie : Pont-de-l'Arc - N8, D9
Carte Michelin : 340
SNCF : Aix-en-Provence
TGV : Aix-en-Provence - Taxi - Bus
Aéroport : Marseille-Marignane - Taxi - Bus

La Baume

Centre Culturel et Spirituel - Chemin de la Blaque
13090 Aix-en-Provence
Tél. : 04 42 16 10 30
Fax : 04 42 26 88 67
Site : labaumeaix.com
Email : la.baume@wanadoo.fr

Une équipe de laïcs et de Jésuites accueille, dans une propriété nichée au cœur d'un parc de 12 hectares, des groupes pour des séminaires professionnels, formations, colloques. Le centre propose aussi un programme de retraites, formations et un accueil pour retraite accompagnée, sur demande écrite.
Capacité d'accueil maximale : 130 pers. - Ch. simple(s) : 6 - Ch. double(s) : 64 - Linge de maison fourni
Langue(s) parlée(s) : Français, Anglais, Allemand

Pour connaître les prestations complètes et les tarifs, veuillez vous renseigner auprès de la maison d'accueil.

Paiements acceptés : Espèces, Chèques

Sanitaire : Individuel et Collectif

Equipement audio-visuel

2 km 2 km 5 km 5 km

Autres activités : - Randonnées

Office de Tourisme - 2, place du Général de Gaulle
13090 Aix-en-Provence
Tél : 04 42 16 11 61
Email : infos@aixenprovencetourisme.com

Arles

Accueil spirituel

A54 - Sortie : Arles - N113, D570 Saintes Marie de la Mer
Carte Michelin : 340
SNCF : Arles
TGV : Avignon - Taxi - Navette SNCF
Aéroport : Marseille - Marignane - Taxi

Prieuré Notre-Dame-des-Champs
Domaine de Bouchaud
13200 Arles
Tél. : 04 90 97 00 55
Fax : 04 90 97 00 74
Email : prieure-n-d-des-champs@wanadoo.fr
Contact : Frère Hôtelier

Ce monastère bénédictin de la congrégation Notre-Dame-d'Espérance reçoit toute l'année pour une durée d'une journée à trois semaines, des adultes, individuellement ou en groupe. Vous vivrez dans un très ancien mas de Camargue caché dans un environnement de verdure propre au silence et au recueillement.
Capacité d'accueil maximale : 31 pers. - Ch. simple(s) : 9 - Ch. double(s) : 4 - Dortoir : 3 - Camping : oui - Linge de maison fourni
Langue(s) parlée(s) : Français

Pour connaître les prestations complètes et les tarifs, veuillez vous renseigner auprès de la maison d'accueil.

Paiements acceptés : Espèces, Chèques

Sanitaire : Collectif

8 km 8 km 10 km

Office de Tourisme - 43, boulevard de Craponne
13200 Arles
Tél : 04 90 18 41 20

Salernes

Accueil spirituel

A8 - Sortie : Le Muy - N7 - N755, D557
Carte Michelin : 340
SNCF : Les Arcs-Draguignan - Taxi - Car

Dominicaines Notre-Dame-de-Clarté
Monastère
83690 Salernes
Tél. : 04 98 10 20 00
Fax : 04 98 10 20 01
Site : www.dominicianes-notre-dame-de-clarte.com
Email : hote.dominicaines.salernes@tiscali.fr

Le monastère accueille toute personne désireuse d'une halte spirituelle, du mardi au samedi. Retraite en silence (écoute de Dieu), possibilité d'accompagnement personnel. Le monastère et son sanctuaire sont situés dans une pinède, sur la route des Gorges du Verdon.
Capacité d'accueil maximale : 12 pers. - Ch. simple(s) : 11 - Ch. double(s) : 1 - Linge de maison fourni
Langue(s) parlée(s) : Français, Anglais, Italien

Pour connaître les prestations complètes et les tarifs, veuillez vous renseigner auprès de la maison d'accueil.

Paiements acceptés : Espèces, Chèques

Sanitaire : Individuel

Office de Tourisme - place Gabriel Péri
83690 Salernes
Tél : 04 94 70 69 02

Plan d'Aups Sainte-Baume

Accueil spirituel
Etape vacances
Maison de repos

A8 - Sortie : N°34 Saint-Maximin - N560 - N7, D80 - D95
Carte Michelin : 340
SNCF : Marseille Saint-Charles, 48
TGV : Marseille Saint-Charles, 48 - Taxi - Navette
Aéroport : Marseille-Marignane - Taxi - Navette

Hôtellerie de la Sainte-Baume
La Sainte-Baume
83640 Plan d'Aups Sainte-Baume
Tél. : 04 42 04 54 84
Fax : 04 42 62 55 56
Contact : Soeur Hôtelière

A proximité de la grotte de Sainte-Marie-Madeleine, les bénédictines du Sacré-Cœur-de-Montmartre vous accueillent toute l'année seul ou en groupe. Offices monastiques, adoration du Saint-Sacrement - 750 m d'altitude, nombreux chemins de randonnées dans le massif de la Sainte-Baume.
Capacité d'accueil maximale : 200 pers. - Ch. simple(s) : 13 - Ch. double(s) : 31 - Ch. familiale(s) : 22 - Dortoir : oui - Autres : gîte - Linge de maison fourni
Langue(s) parlée(s) : Français, Anglais, Allemand

		Adultes	Enfants	Groupes
Hébergement	*Nuit*	11€	6,50€	-
Demi-pension	*Jour*	25,50€	12,50€	-
Pension complète	*Jour*	36,50€	17€	-

Paiements acceptés : Espèces, Cartes bancaires, Chèques
Tarifs communiqués à titre indicatif. Pour plus de précisions, contacter directement la maison d'accueil.

Sanitaire : Collectif

Equipement audio-visuel

20 km 8 km 8 km 8 km 8 km
Autres activités : - Randonnées à dos d'Ane : 3 km

Office de Tourisme - place de la Mairie
83640 Plan d'Aups-Sainte-Baume
Tél : 04 42 62 57 57

8
5 km

Callas

Accueil spirituel

Etape vacances

A8 - Sortie : N°36 Draguignan - Le Muy - N7, D25
Carte Michelin : 340
SNCF : Les Arcs
TGV : Saint-Raphaël - Taxi - Navette
Aéroport : Nice-Côte d'Azur - Taxi - Navette

Maison Saint-Dominique
Place de l'Eglise
83830 Callas
Tél. : 04 94 39 09 30
Fax : 04 94 76 74 30
Contact : Soeur Marie-Noël Durand

Petite hôtellerie de style monastique tenue par des dominicaines contemplatives au cœur d'un village provençal, situé à 400 m d'altitude et à 30 km des Gorges du Verdon. Climat méditerranéen. Lieu calme, reposant. Ambiance familiale. Nombreuses excursions aux environs. Sites splendides.
Capacité d'accueil maximale : 10 pers. - Ch. simple(s) : 2 - Ch. double(s) : 4 - Ch. familiale(s) : 1 - Studio(s) : 1 - Linge de maison fourni
Langue(s) parlée(s) : Français, Allemand

Pour connaître les prestations complètes et les tarifs, veuillez vous renseigner auprès de la maison d'accueil.

Paiements acceptés : Espèces, Chèques

Sanitaire : Individuel

Equipement audio-visuel

Office de Tourisme - place du 18 juin 1940
83830 Callas
Tél : 04 94 39 06 77

8

La Croix Valmer

Accueil spirituel

Etape vacances

Maison de repos

A8 - Sortie : N°37 / N°38 - N7 - N98, D559
Carte Michelin : 340
SNCF : St Raphaël
TGV : Toulon - Taxi - Car
Aéroport : Toulon-Hyères - 60 - Taxi - Car

Maison Saint-Esprit
boulevard des Villas - BP 81
83420 La Croix Valmer
Tél. : 04 94 55 10 00
Fax : 04 94 79 50 92

La maison accueille en priorité prêtres, religieux(ses) et dans la mesure des places disponibles, des laïcs en repos. Ressourcement spirituel pour des séjours de 8 à 35 jours. Située à 1,5 km du centre ville, en position dominante à 90 m. d'altitude, la maison est entourée d'un parc verdoyant.
Capacité d'accueil maximale : 90 pers. - Linge de maison fourni
Langue(s) parlée(s) : Français
Dates de fermeture : 01/10 au 31/10

Pour connaître les prestations complètes et les tarifs, veuillez vous renseigner auprès de la maison d'accueil.

Paiements acceptés : Espèces, Chèques

Sanitaire : Individuel et Collectif

Office de Tourisme - avenue Ambroise Thomas
83400 Hyères
Tél : 04 94 01 84 50

8

Blauvac

Accueil spirituel

A7 - Sortie : Avignon Nord - N7, D942 - D150
SNCF : Avignon
TGV : Avignon - Taxi - Navette
Aéroport : Avignon - Taxi

Abbaye Notre-Dame de Bon-Secours
La Trappe
84570 Blauvac
Tél. : 04 90 61 81 17
Fax : 04 90 61 98 07
Site : www.abbaye-blauvac.com
Email : blauvac.economat@wanadoo.frblauvac.ab@wanadoo.fr
Contact : Sœur Hôtelière

Ancienne abbaye cistercienne trappiste appartenant à l'Ordre de Cîteaux. Autrefois à Maubec, près de montélimar, la communauté des soeurs est installée dans le Vaucluse, depuis 1991 au coeur du village de Blauvac au milieu des collines boisées qui entourent le Ventoux. Vie de prière, de travail et de silence.
- Ch. simple(s) : 9 - Ch. double(s) : 6 - Dortoir : oui - Linge de maison fourni
Langue(s) parlée(s) : Français

Pour connaître les prestations complètes et les tarifs, veuillez vous renseigner auprès de la maison d'accueil.

Paiements acceptés : Espèces, Chèques

Sanitaire : Individuel et Collectif

Equipement audio-visuel

15 km 15 km 15 km 15 km 15 km

Office de tourisme - Place Aristid Briand - Hôtel Dieu
84200 Carpentras
Tél : 04 90 63 00 78

Goult

Etape vacances

Maison de repos

A7 - Sortie : Avignon / Cavaillon - N100
Carte Michelin : 332
SNCF : Avignon
TGV : Avignon - Navette
Aéroport : Avignon - Taxi

Hôtellerie "Notre-Dame de Lumières"**
Hameau de Lumières
84220 Goult
Tél. : 04 90 72 22 18
Fax : 04 90 72 38 55
Site : www.notredamedelumieres.com
Email : hotellerie@notredamedelumieres.com
Contact : Mr Vinot

L'hôtellerie classée 2** vous accueille seul, en famille ou en groupe, situé dans un joli village provençal au cœur du Lubéron avec un parc de 30 ha. Chambres équipées : téléphone, TV 12 chaînes. Menus provençaux. Bar, piscine chauffée ouverte d'avril à novembre. Chambres climatisées avec supplément. Tarifs enfants exceptionnels.
Capacité d'accueil maximale : 162 pers. - Ch. simple(s) : 2 - Ch. double(s) : 31 - Ch. familiale(s) : 18 - Linge de maison fourni
Langue(s) parlée(s) : Français, Anglais, Allemand

		Adultes	Enfants	Groupes
Hébergement	-	45 à 70.50€	-	-
Demi-pension	*Jour/Pers.*	44.80 à 64€	14 à 22€	-
Pension complète	*Jour/Pers.*	+ 10 e€	+ 3 à 5€	-

Paiements acceptés : Espèces, Cartes bancaires, Chèques, Chèques vacances
Tarifs communiqués à titre indicatif. Pour plus de précisions, contacter directement la maison d'accueil.

Sanitaire : Individuel

Equipement audio-visuel - Agréments : Jeunesse et sports - Habilitation tourisme

Sur place 1,5 km 20 km 15 km En location

Autres activités : - Salle de Fitness : Sur place - Terrain de Boules : Sur place - Ping-Pong - Billard : Sur place - Jeux Enfants : Sur place - Terrains Football / Voleyball : Sur place - 4 Randonnée au départ de l'hôtel

Office de Tourisme - Le Château
84220 Gordes
Tél : 04 90 74 03 18

Villedieu

Etape vacances

A7 - Sortie : N°19 Bollène - N7, D75
Carte Michelin : 332
SNCF : Orange
TGV : Avignon - Taxi
Aéroport : Marseille-Marignanne - Taxi

La Cardeline
Rue des Sources
84110 Villedieu
Tél. : 04 90 28 93 43
Fax : 04 90 28 95 81
Email : cardeline@lamerci.net

Au cœur du charmant village provençal de Villedieu, La Cardeline vous accueille toute l'année. Vous découvrirez ici la vie et l'histoire de la Provence, ses parfums, ses traditions régionales. Maison d'hôtes de charme, confortable et chaleureuse.
Capacité d'accueil maximale : 10 pers. - Ch. double(s) : 5
Langue(s) parlée(s) : Français

Pour connaître les prestations complètes et les tarifs, veuillez vous renseigner auprès de la maison d'accueil.

Paiements acceptés : Espèces, Chèques, Chèques vacances, ANCV

Sanitaire :

Equipement audio-visuel

7 km | Sur place | 25 km | 4 km

Office de Tourisme - avenue Chanoine Sautel
84110 Vaison-la-Romaine
Tél : 04 90 36 02 11
Email : ot.vaison@axit.fr

Villedieu

Etape vacances

A7 - Sortie : N°19 Bollène - N7, D75
Carte Michelin : 332
SNCF : Orange, 30
TGV : Avignon, 50 - Taxi - Navette
Aéroport : Marseille-Marignanne - 120 - Navette

La Magnanarié
84110 Villedieu
Tél./Fax : 04 90 28 92 58
Fax : 04 90 28 92 58
Site : www.magnanarie.com
Email : info@magnanarie.com
Contact : Mme Armelle Denereaz-Tredez

Maison d'accueil. Ancien moulinage de soie du XIX ème siècle près de Villedieu, village templier et de Vaison-la-Romaine. Groupes, stages variés, ambiance familiale, cuisine soignée, grand jardin ombragé au cœur de la campagne provençale. Nombreuses excursions possibles.
Capacité d'accueil maximale : 58 pers. - Ch. simple(s) : 2 - Ch. double(s) : 8 - Ch. familiale(s) : 14 - Linge de maison fourni
Langue(s) parlée(s) : Français, Anglais, Allemand
Dates de fermeture : Janvier - Décembre

		Adultes	Enfants	Groupes
Hébergement	*Nuit*	20€	15€	-
Demi-pension	*Jour*	44€	27€	32€
Pension complète	*Jour*	50€	32€	37€

Paiements acceptés : Espèces, Chèques, Chèques vacances
Tarifs communiqués à titre indicatif. Pour plus de précisions, contacter directement la maison d'accueil.

Sanitaire : Individuel et Collectif

Equipement audio-visuel - Agréments : Jeunesse et sports - Education nationale

Sur place 1 km 30 km 5 km
Autres activités : - Randoonées pédestres

Office de Tourisme - avenue Chanoine Sautel
84110 Vaison-la-Romaine
Tél : 04 90 36 02 11
Email : ot.vaison@axit.fr

Notes

Rhône-Alpes

Index des départements de la Région Rhône-Alpes

ANNECY

Palais de l'Île

Le curieux bâtiment du palais de l'Île, amarré au milieu du Thiou, est le tableau le plus classique de la « Venise savoyarde ».

Renseignements : 04 50 33 87 30.

Lac d'Annecy

Son décor est majestueux et la lumière y joue avec les eaux d'un bleu profond, assombries parfois par l'ombre des sommets aux corniches tourmentées qui dominent le lac.

Gorges de L'ARDÈCHE

Aven d'Orgnac

Magnifique réseau d'immenses salles façonnées par des eaux souterraines et décorées d'une grande variété de concrétions.

Renseignements : 04 75 38 65 10.

Haute Corniche

C'est la partie la plus spectaculaire des gorges, où les belvédères offrent des vues parfois saisissantes sur les gorges, l'une des plus imposantes curiosités naturelles du Midi de la France.

BOURG-EN-BRESSE

Monastère royal de Brou

Dans cet ancien prieuré bénédictin, où le gothique flamboyant est pénétré par l'art de la Renaissance, les tombeaux constituent le point culminant de l'épanouissement de la culture flamande en Bourgogne.

Renseignements : 04 74 22 83 83.

CHAMONIX

La mer de Glace

Par le chemin de fer et la télécabine du Montenvers, on accède à ce site fameux, majestueux fleuve de glace qui a fasciné les premiers découvreurs de cimes et qui garde intact son attrait.

Renseignements : 04 50 53 12 54.

Aiguille du Midi

Le téléphérique de l'aiguille du Midi devrait laisser sans voix les amateurs d'émotions fortes. Le Plan de l'Aiguille (2 317 m) est situé au pied des arêtes déchiquetées des aiguilles de Chamonix. La vue est déjà dégagée sur les régions supérieures du Mont-Blanc.

Renseignements : 04 50 53 30 80.

CRUSSOL

La montagne de Crussol, l'un des sites les plus grandioses de la vallée du Rhône, porte, 200 m au-dessus de la plaine, les célèbres ruines du château de Crussol. À l'intérieur du donjon, un belvédère offre une superbe vue.

GRENOBLE

Musée de Grenoble

L'espace intérieur de ce musée, l'un des plus importants de France, est un modèle de sobriété. Il abrite les œuvres du 16e au 19e s. Toutes les grandes tendances contemporaines sont également évoquées.

Renseignements : 04 76 63 44 44.

Abbaye de HAUTECOMBE

C'est dans ce lieu romantique, au milieu du lac du Bourget, que les souverains de la maison de Savoie ont choisi d'être inhumés. Un magnifique lieu de recueillement dans un cadre inoubliable.

Renseignements : 04 79 54 58 80.

LYON

Musée des Beaux-Arts

Il figure parmi les plus beaux musées de France et présente un

exceptionnel panorama représentatif de l'art mondial.
Renseignements : 04 72 10 17 40.

Musée des Tissus
Aménagé dans un hôtel du 18e s., ce musée constitue un véritable « conservatoire » du tissu d'art. Les prestigieuses collections sont organisées autour de deux grands pôles : l'Occident et l'Orient.
Renseignements : 04 78 38 42 00.

Massif de l'OISANS
L'Oisans est, par l'altitude – plus de 4 000 m à la barre des Écrins –, le deuxième massif de France. Plus secret et plus sauvage que son brillant rival, il attire les amoureux de la haute montagne.

PÉROUGES
Couronnant une colline, protégé par ses remparts, ce véritable joyau d'architecture médiévale se découvre au fil de ses rues tortueuses bordées de vieilles maisons.

Le PILAT
Ce sont des paysages, beaux et variés : au bord du Rhône, des vergers et des vignobles font place, sur les plateaux, aux pâturages, puis, en altitude, à des forêts de hêtres et de sapins.

Panorama du mont REVARD
Magnifiques vues plongeantes sur le lac du Bourget et Aix-les-Bains et beau point de vue sur le mont Blanc.

UZÈS
Tour Fenestrelle
Ce vestige roman de l'ancienne cathédrale est l'unique exemple en France de clocher rond.

Le VERCORS
Grands Goulets
Les Grands Goulets constituent la curiosité naturelle la plus sensationnelle du Vercors. La lumière arrive à peine jusqu'à la route. Quand, par une flamboyante journée d'été, on entre dans la quasi-obscurité de ce défilé, c'est impressionnant.

VIENNE
La magie naît de l'alliance réussie d'une cathédrale gothique, d'un temple et d'un théâtre romains, d'un cloître roman et de hautes façades colorées.

YVOIRE
Le village médiéval
Le vieux quartier de cette ancienne place forte a conservé de cette époque une partie de ses remparts, son château, et quelques maisons anciennes. Il est bon de rêver devant l'immensité du lac Léman et le vaste spectacle des montagnes.

Comité Régional du Tourisme
de Rhône-Alpes
104, route de Paris
69260 CHARBONNIERES LES BAINS
Tél : 04.72.59.21.59
Fax : 04.72.59.21.60
E-Mail : crt@rhonealpes-tourisme.com
http://www.rhonealpes-tourisme.com

Saint-Rambert-en-Bugey

Accueil spirituel

Maison de repos

A42 - Sortie : N°8 - N504 direct. Chambéry
Carte Michelin : 328
SNCF : Saint-Rambert-en-Bugey - 2 trains/jour, 1,5 - Gare SNCF Ambérieu-en-Bugey + Taxi (12 km)

Abbaye Saint-Rambert-en-Bugey
L'Abbaye
01230 Saint-Rambert-en-Bugey
Tél. : 04 74 36 31 99
Fax : 04 74 36 27 20
Email : rndmabbaye@wanadoo.fr
Contact : Soeur Hôtelière

La maison vous reçoit, seul ou en groupes, pour des retraites, haltes spirituelles, sessions et séminaires ou des séjours de repos. Située à 350 m d'altitude, sur le site d'une ancienne abbaye bénédictine, au milieu d'un parc, elle offre un cadre de paix et de silence.
Capacité d'accueil maximale : 50 pers. - Ch. simple(s) : 30 - Ch. double(s) : 10 - Ch. familiale(s) : 3 - Dortoir : oui
Langue(s) parlée(s) : Français, Anglais, Vietnamien

		Adultes	Enfants	Groupes
Hébergement	*Nuit*	18,50€	18,50€	-
Demi-pension	*Jour*	22€	20€	-
Pension complète	*Jour*	32€	27,50€	-

Paiements acceptés : Espèces, Chèques
Tarifs communiqués à titre indicatif. Pour plus de précisions, contacter directement la maison d'accueil.

Sanitaire : Collectif

Equipement audio-visuel

8 km
Autres activités : - Pêche - Randonnée

Office de Tourisme - 7, avenue de l'Europe
01230 Saint-Rambert-en-Bugey
Tél : 04 74 36 32 86

Izieu

Accueil spirituel

Etape vacances

A43 - Sortie : N°11 Belmont Tramonet - N516, D592
Carte Michelin : 328
SNCF : St-André-le-Gaz, 20
TGV : Chambéry - Taxi
Aéroport :
Autres moyens de transfert : Cars VFD Lyon - Part Dieu - Cremieu AosteArrêt Pont de St Didier - distance 6 km

Maison Béthanie

01300 Izieu
Tél. : 04 79 87 24 22
Fax : 04 73 87 28 12
Site : http://vivreenbethanie.free.fr
Email : vivreenbethanie@free.fr
Contact : Mr Jean Verdet

Dans un village typiquement bugiste à la limite de l'Ain et à moins de 10 km de la Savoie et de l'Isère, cette maison permet un temps de détente, avec possibilité d'une vie fraternelle selon l'esprit de Béthanie. Un prêtre est permanent à la maison, il peut accueillir ceux qui le souhaitent. Les groupes sont également les bienvenus.
Capacité d'accueil maximale : 10 pers. - Ch. simple(s) : 2 - Ch. double(s) : 2 - Ch. familiale(s) : 1 - Linge de maison fourni
Langue(s) parlée(s) : , Anglais, Italien

Pour connaître les prestations complètes et les tarifs, veuillez vous renseigner auprès de la maison d'accueil.

Paiements acceptés : Espèces, Chèques

Sanitaire : Collectif

Equipement audio-visuel

10 km 3 km 10 km

Autres activités : - Plan d'eau : 3 km

Office de Tourisme - Le village
01680 Lhuis
Tél : 04 74 39 80 92

4
5 km

Bourg-en-Bresse

Accueil spirituel

Etape vacances

A40 - Sortie : Bourg Nord ou Sud
Carte Michelin : 328
SNCF : Bourg-en-Bresse
TGV : Bourg-en-Bresse - Taxi
Aéroport : Saint-Exupéry - Taxi

Maison Jean-Marie Vianney
27, rue du Docteur Nodet
01000 Bourg-en-Bresse
Tél. : 04 74 32 86 70
Fax : 04 74 32 86 71
Site : www.diocese.belley-ars1@tiscali.fr
Contact : Mr Brazier

La maison diocésaine, située en ville, dans un parc de verdure, avec un important parking, facile d'accès, à proximité d'un plan d'eau et d'une forêt pour une détente saine, reçoit des groupes pour des séjours religieux et culturels, sessions, ou séminaires, avec possibilité d'hébergement et de restauration.
Capacité d'accueil maximale : 205 pers. - Ch. simple(s) : 6 - Ch. double(s) : 25 - Dortoir : oui (149 lits)
Langue(s) parlée(s) : Français, Anglais
Dates de fermeture : 20/07 au 16/08

		Adultes	Enfants	Groupes
Hébergement	*Nuit*	9,60€	7,90€	-
Demi-pension	*Jour*	22,40€	18,50€	-
Pension complète	*Jour*	32,10€	28,20€	-

Paiements acceptés : Espèces, Chèques
Tarifs communiqués à titre indicatif. Pour plus de précisions, contacter directement la maison d'accueil.

Sanitaire : Collectif

Equipement audio-visuel - Agréments : Jeunesse et sports - Education nationale

0,5 km 1,5 km 2 km 2 km

Autres activités : - Sentiers pédestres en forêt

Syndicat d'Initiative - 6, avenue Alsace-Lorraine
01000 Bourg-en -Bresse
Tél : 04 74 22 49 40

Belley

Etape vacances
Maison de repos
Résidence retraités

A43 - Sortie : Chimilin - N504, D992
Carte Michelin : 328
SNCF : Virieu le Grand
TGV : Culoz - Aix-les-Bains - Navette
Aéroport : Lyon-Satolas - Navette

Maison Saint-Anthelme
37 rue Sainte-Marie
01300 Belley
Tél. : 04 79 81 02 29 / 04 79 81 02 29
Fax : 04 79 81 02 78
Site : http://maisonsaintanthelme.com
Email : stanthelme@aol.com
Contact : Mr Frédéric Laval

Maison d'accueil située à Belley dans l'Ain. 2 salles de restaurant. Accueil de groupes et de vacanciers. La maison comprend de nombreuses salles de réunion pour séminaires...
Capacité d'accueil maximale : 230 pers. - Ch. simple(s) : 43 - Linge de maison fourni
Langue(s) parlée(s) : Français, Anglais

Pour connaître les prestations complètes et les tarifs, veuillez vous renseigner auprès de la maison d'accueil.

Paiements acceptés : Espèces, Chèques, Chèques vacances

Sanitaire : Individuel

Equipement audio-visuel

5 km 5 km 5 km

Office de Tourisme - 34, Grande rue
01300 Belley
Tél : 04 79 81 29 06

du 28/8 au lundi 11/9 ap.-m.

34,50

Ars-sur-Formans

Accueil spirituel

A6 - Sortie : Villefranche-sur-Saône - N6 - N7, D904
Carte Michelin : 328
SNCF : Villefranche-sur-Saône, 8
TGV : Lyon - Taxi - Navette
Aéroport : Lyon-Saint-Exupéry - Taxi - Navette

Maison Saint-Jean

Soeurs de Saint-François d'Assise - Allée Abbé Nodet
01480 Ars-sur-Formans
Tél. : 04 74 00 73 13
Fax : 04 74 08 11 76
Email : maison-saint-jean-ars@wanadoo.fr

Toute l'année, les sœurs de Saint-François-d'Assise vous accueillent dans la paix, seul ou en groupes auprès du Saint-Curé-d'Ars. Temps d'un ressourcement, week-ends spirituels, retraites. La maison Saint-Jean, entourée d'un parc, se situe à côté de la basilique. Tourisme : Dombes, Bresse, Bugey, Val de Saône..
Capacité d'accueil maximale : 35 pers. - Ch. simple(s) : 21 - Ch. double(s) : 7 - Linge de maison fourni
Langue(s) parlée(s) : Français, Anglais, Italien

Pour connaître les prestations complètes et les tarifs, veuillez vous renseigner auprès de la maison d'accueil.

Paiements acceptés : Espèces, Chèques

Sanitaire : Individuel et Collectif

Equipement audio-visuel

5 km · sur place · 10 km · 2 km

Autres activités : - Pêche en plan d'eau

Office de Tourisme - rue Jean-Marie Vianney
01480 Ars-sur-Formans
Tél : 04 74 08 10 76
Email : ot.ars.pod@wanadoo.fr

4

Saint-Laurent-Les-Bains

Accueil spirituel

A75 - Sortie : Aubrac - N102 - N88, D906
SNCF : La Bastide - Puy Laurent
TGV : Valence ou Nîmes - de Nîmes : train - de Valence : voiture 2h
Aéroport : Le Puy Loudes, Lyon Saint-Exupéry - de Lyon 2h30 en voiture - du Puy 1h

Abbaye Notre-Dame des Neiges
07590 Saint-Laurent-Les-Bains
Tél. : 04 66 46 59 00/11
Fax : 04 66 46 59 08
Site : www.notredamedesneiges.com
Email : info@notredamedesneiges.com
Contact : Frère Hôtelier

L'Abbaye du Père de Foucauld, entre Cévennes et Vivarais, est un écrin de paix à 1100 m d'altitude. Les moines cisterciens y cherchent Dieu dans le silence. Ils y produisent aussi des vins dont la qualité depuis 1880, n'est plus à prouver. La boutique monastique est incontournable.
Capacité d'accueil maximale : 30 pers. - Ch. simple(s) : 20 - Ch. double(s) : 12 - Camping : oui - Autres : gite - Linge de maison fourni
Langue(s) parlée(s) : Français, Anglais, Latin
Dates de fermeture : Janvier

Pour connaître les prestations complètes et les tarifs, veuillez vous renseigner auprès de la maison d'accueil.

Paiements acceptés : Espèces, Cartes bancaires, Chèques

Sanitaire : Individuel et Collectif

Equipement audio-visuel

18 km 10 km 3 km

Autres activités : - Randonnées - Lacs : 20 km

Office du tourisme -
07590 Saint Laurent les Bains

4 — 60 km
8 — Sur place

Lalouvesc

Etape vacances

A7 - Sortie : Tain-l'Hermitage ou Chanas - N86 - N7, D578 - D532
Carte Michelin : 76
SNCF : Péage de Roussillon, 50
TGV : Valence, 60 - Car
Aéroport :

Abri du Pèlerin
BP 14
07520 Lalouvesc
Tél. : 04 75 67 82 63

A 1100 m d'altitude, animé par des bénévoles, l'Abri cultive un esprit familial. Coin cuisine à disposition. Au printemps et à l'automne, groupes en gestion libre. Pèlerinage à Saint-Régis. Nombreux sentiers balisés en forêt.
Capacité d'accueil maximale : 99 pers. - Ch. simple(s) : 2 - Ch. double(s) : 17 - Ch. familiale(s) : 11 - Dortoir : oui - Linge de maison fourni
Langue(s) parlée(s) : Français
Dates de fermeture : 01/11 au 30/04

Pour connaître les prestations complètes et les tarifs, veuillez vous renseigner auprès de la maison d'accueil.

Paiements acceptés : Espèces, Chèques, Chèques vacances

Sanitaire : Collectif

11 km — 0,1 km — 2 km

Office de Tourisme - rue Saint-Jean-François Régis
07520 Lalouvesc
Tél : 04 75 67 84 20
Email : ot.lalouvesc@wanadoo.fr

24 km

Vanosc

Accueil spirituel

A7 - Sortie : Chanas - N86 - N7, D121
Carte Michelin : 331
SNCF : St-Rambert-d'Allon
TGV : Lyon - Taxi
Aéroport : Lyon-Satolas - Taxi

Accueil Saint-Joseph de Vanosc
07690 Vanosc
Tél. : 04 75 34 62 95
Fax : 04 75 34 78 08
Email : maison.stjoseph@wanadoo.fr

Dans un village à flan de colline (634 m d'altitude), la maison reçoit toute l'année, des groupes ayant leur organisation propre, des personnes isolées pour des séjours de 10 jours mximum et des personnes désireuses de prendre un temps de solitude et de ressourcement. En juillet/ août, elle accueille uniquement pour des retraites spirituelles. Possibilité d'accompagnement spirituel.
Capacité d'accueil maximale : 38 pers. - Ch. simple(s) : 31 - Ch. double(s) : 4 - Linge de maison fourni
Langue(s) parlée(s) : Français

Pour connaître les prestations complètes et les tarifs, veuillez vous renseigner auprès de la maison d'accueil.

Paiements acceptés : Espèces, Chèques

Sanitaire : Individuel et Collectif

Equipement audio-visuel

12 km 3 km

Office de Tourisme - Place des Cordeliers
07100 Annonay
Tél : 04 75 33 24 51

3,5 km

Saint-Julien-Vocance

Accueil spirituel

A7 - Sortie : Chanas - N82, D121
Carte Michelin : 331
SNCF : Annonay - Car
TGV : Lyon - Navette
Aéroport : Lyon-Satolas - Taxi

Foyer Marie Jean
Maison de la Source d'Eau Vive
07690 Saint-Julien-Vocance
Tél. : 04 75 34 73 11
Fax : 04 75 34 75 64
Contact : Soeur Hôtelière

De jeunes frères et sœurs vous accueillent en récollection, retraite, session, temps de désert. La beauté des intérieurs, de la liturgie, de la montagne, associée aux enseignements et au silence, ouvre à la présence maternelle de Marie, à la paix de Dieu.
Capacité d'accueil maximale : 68 pers. - Ch. simple(s) : 12 - Ch. double(s) : 28
Langue(s) parlée(s) : Français, Anglais, Allemand, Italien

Pour connaître les prestations complètes et les tarifs, veuillez vous renseigner auprès de la maison d'accueil.

Paiements acceptés : Espèces, Chèques

Sanitaire : Individuel

18 km 18 km 22 km 10 km 8 km

Syndicat d'Initiative - Le Bourg
43290 Saint-Bonnet-le-Froid
Tél : 04 71 65 64 41

4

Viviers

Accueil spirituel

A7 - Sortie : Montélimar Sud - N86 - N7
Carte Michelin : 331
SNCF : Montélimar
TGV : Montélimar - Taxi - Navette - Bus
Aéroport : Lyon-Satolas - Taxi - Navette - Train

Grand séminaire

Place Riquet
07220 Viviers
Tél. : 04 75 52 62 23 / 06 63 40 96 04
Fax : 04 75 49 83 37
Email : grand.seminaire.viviers@wanadoo.fr
Contact : Mr Pélissier

La grande capacité de cet établissement facilite l'organisation d'assemblées, congrès régionaux ou nationaux. Nombreuses salles, parking, espaces ombragés. A proximité de lieux touristiques : Drôme, Ardèche, village médiéval classé, cathédrale. A mi-chemin entre Lyon et Marseille.
Capacité d'accueil maximale : 300 pers. - Ch. simple(s) : 23 - Ch. double(s) : 100 - Ch. familiale(s) : 30 - Linge de maison fourni
Langue(s) parlée(s) : Français
Dates de fermeture : 24/12 au 03/01

		Adultes	Enfants	Groupes
Hébergement	*Nuit + pdj*	12€	0 à 9€	-
Demi-pension	*Journée*	23€	0 à 11.50€	-
Pension complète	*Journée*	31€	0 à 25€	-

Paiements acceptés : Espèces, Chèques
Tarifs communiqués à titre indicatif. Pour plus de précisions, contacter directement la maison d'accueil.

Sanitaire : Collectif

Equipement audio-visuel

Sur place

Office de Tourisme - place Riquet
07220 Viviers
Tél : 04 75 52 77 00

Saint-Peray

Accueil spirituel

Etape vacances

A7 - Sortie : Valence - D533
Carte Michelin : 331
SNCF : Valence-Ville, 4
TGV : Valence, 18 - Taxi - Navette - Bus N°20
Aéroport : Lyon-Satolas

Maison diocésaine de Beauregard

07130 Saint-Peray
Tél. : 04 75 40 32 58
Fax : 04 75 81 05 08
Contact : Mlle Gentes

Bâtie à 250 m d'altitude, très proche de Valence, la maison possède parc et jardin. Elle reçoit uniquement des groupes constitués pour sessions, retraites, réunions, détente...
Capacité d'accueil maximale : 40 pers. - Ch. simple(s) : 16 - Ch. familiale(s) : 7 (3 à 4 places) - Linge de maison fourni
Langue(s) parlée(s) : Français
Dates de fermeture : 01/08 au 31/08

Pour connaître les prestations complètes et les tarifs, veuillez vous renseigner auprès de la maison d'accueil.

Paiements acceptés : Espèces, Chèques

Sanitaire : Collectif

Equipement audio-visuel

Office de Tourisme - 45, rue de la République
07130 Saint-Peray
Tél : 04 75 40 46 75

Genestelle

Etape vacances

A7 - Sortie : N°16 Loriol - Le Pouzin - Dir. Privas
Carte Michelin : 331
SNCF : Montélimar, 70
TGV : Valence, 70 - Taxi - Navette - Ter
Aéroport :

Maison Familiale "Là où naissent les étoiles".
Le Village
07530 Genestelle
Tél. : 04 75 88 20 84
Fax : 04 75 88 23 80
Site : www.la-ou-naissent-les-etoiles.com
Email : mfvgenestelle@aol.com
Contact : Mr Durand

Au cœur de la chataigneraie cévenole, dominant la vallée d'Aubenas, notre maison vous ouvrira ses portes au cœur des montagnes sauvages. L'air est sain, et lorsque les cigales se taisent, il faut s'allonger dans l'herbe et regarder les étoiles.
Capacité d'accueil maximale : 70 pers. - Ch. familiale(s) : 26
Langue(s) parlée(s) : Français, Anglais
Dates de fermeture : 01/12 au 15/12, 05/01 au 31/01

Pour connaître les prestations complètes et les tarifs, veuillez vous renseigner auprès de la maison d'accueil.

Paiements acceptés : Espèces, Chèques, Chèques vacances

Sanitaire : Individuel et Collectif

Agréments : Jeunesse et sports - Education nationale

Sur place 6 km

Autres activités : - Animation adultes (en été seulement) : Sur Place - Club enfants (en été seulement) : Sur Place

Office de Tourisme - Le village
07530 Antraigues-sur-Valane
Tél : 04 75 88 23 06

4
50 km

Saint-Etienne-de-Lugdarès

Accueil spirituel
Etape vacances
Maison de repos

A7 - Sortie : Montélimar Sud - N102, D19
Carte Michelin : 331
SNCF : La Bastide
TGV : Montélimar - Taxi
Aéroport : Le Puy-Loudes - Taxi

Maison Saint-Joseph
07590 Saint-Etienne-de-Lugdarès
Tél. : 04 66 46 60 33
Fax : 04 66 46 68 34
Contact : Mlle Thérèse Robert

Implantée à ain-Etienne-de-Lugdarès depuis 1833, la maison Saint-Joseph propose aux prêtres, religieux, laïcs, un accueil simple et fraternel. Dans ce village, à 1030 m d'altitude, la nature est belle en toute saison. Cadre idéal pour repos et ressourcement.
Capacité d'accueil maximale : 36 pers. - Ch. simple(s) : 29 - Ch. double(s) : 5 - Appartement(s) : oui - Linge de maison fourni
Langue(s) parlée(s) : Français

		Adultes	Enfants	Groupes
Hébergement	*Nuit*	12€	-	-
Demi-pension	*Jour*	19€	-	-
Pension complète	*Jour*	28€	-	-

Paiements acceptés : Espèces, Chèques
Tarifs communiqués à titre indicatif. Pour plus de précisions, contacter directement la maison d'accueil.

Sanitaire : Individuel et Collectif

Equipement audio-visuel - Agréments : - MSM - CAMAC

17 km Sur place 19 km 30 km
Autres activités : Ski alpin / fond - Escalade - Randonnées - Pêche

Office de Tourisme - Le Village
07590 Saint-Etienne-de-Lugdares
Tél : 04 66 46 65 36

60 km

Lalouvesc

Accueil spirituel

A7 - Sortie : Chamas - Tain l'Hermitage - N86, D532 - D578
SNCF : Annonay
TGV : Lyon ou Valence - Taxi
Aéroport : Lyon - Taxi

Maison Thérèse Couderc
14, rue de la Fontaine - BP 13
07520 Lalouvesc
Tél. : 04 75 67 83 01
Fax : 04 75 67 86 35
Site : http://ndcenacle.free.fr
Email : cenacle.lalouvesc@wanadoo.fr
Contact : Mme Peyronnaud

Toute l'année, la communauté accueille pour des retraites, haltes spirituelles, initiation à la prière, familles et individuels. Pééerinages à Sainte-Thérèse Couderc, fondatrice de la congrégation Notre-Dame-du-Cénacle. Le village est à 1080 m d'altitude.Point de départ de 250 km de sentiers balisés.
Capacité d'accueil maximale : 75 pers. - Ch. simple(s) : 31 - Ch. double(s) : 23 - Ch. familiale(s) : 5
Langue(s) parlée(s) : Français
Dates de fermeture : Janvier

Pour connaître les prestations complètes et les tarifs, veuillez vous renseigner auprès de la maison d'accueil.

Paiements acceptés : Espèces, Chèques

Sanitaire : Individuel et Collectif

Office de Tourisme - rue Saint-Jean-François Régis
07520 Lalouvesc
Tél : 04 75 67 84 20
Email : ot.lalouvesc@wanadoo.fr

72 km

Piegros-la-Clastre

Accueil spirituel

Etape vacances

A7 - Sortie : Loriol - N7, D104
Carte Michelin : 332
SNCF : Crest
TGV : Valence - Taxi - Navette - Bus
Aéroport : Lyon - Taxi - TrainTrain

L'Aube
26400 Piegros-la-Clastre
Tél. : 04 75 40 03 24
Fax : 04 75 40 07 26
Site : www.aube-association.com
Email : aube-association@wanadoo.fr
Contact : Mr Antoine Ferrer

Située au pied du parc naturel du Vercors, près de la vaste forêt de Saoû, à 250 m d'altitude au cœur de la vallée de la Drôme, l'Aube vous accueille dans un cadre naturel fait de calme et de beauté favorisant la détente, le recueillement et le ressourcement.
Capacité d'accueil maximale : 35 pers. - Ch. simple(s) : 7 - Ch. double(s) : 12 - Dortoir : oui - Linge de maison fourni
Langue(s) parlée(s) : Français, Anglais

		Adultes	Enfants	Groupes
Hébergement	*Nuit*	18 à 31€	0 à 22,50€	-
Demi-pension	*Jour*	35 à 48€	0 à 39,50€	-
Pension complète	*Jour*	46,50 à 59,50€	0 à 51€	-

Paiements acceptés : Espèces, Chèques
Tarifs communiqués à titre indicatif. Pour plus de précisions, contacter directement la maison d'accueil.

Sanitaire : Individuel et Collectif

Equipement audio-visuel

8 km 8 km 8 km
Autres activités : - Canoë - Kayak - Randonnée - Baignade dans la Drôme

Office de Tourisme - place du Dr Rozier
26400 Crest
Tél : 04 75 25 11 38

Marsanne

Accueil spirituel

Etape vacances

A7 - Sortie : Montélimar Nord - N7, D6
Carte Michelin : 332
SNCF : Montélimar, 15
TGV : Valence, 40 - Taxi
Aéroport :

Maison d'accueil Saint-Joseph
Fresneau
26740 Marsanne
Tél. : 04 75 90 32 50
Fax : 04 75 90 02 74
Email : accueilfresneau@wanadoo.fr
Contact : Mme Laurence Anguila

La maison accueille en séjour individuel et en groupe des personnes ayant besoin de repos, de calme, de prière. Située à proximité d'un village médiéval, vous pourrez participer au pèlerinage marial de Notre-Dame-de-Fresneau le 8 septembre.
Capacité d'accueil maximale : 36 pers. - Ch. simple(s) : 9 - Ch. double(s) : 8 - Ch. familiale(s) : 1 - Linge de maison fourni
Langue(s) parlée(s) : Français

		Adultes	Enfants	Groupes
Hébergement	*Nuit*	17€	17€ (-11 ans)	-
Demi-pension	*Jour*	32 à 34€	24€	-
Pension complète	*Jour*	37 à 39€	29€	-

Paiements acceptés : Espèces, Chèques
Tarifs communiqués à titre indicatif. Pour plus de précisions, contacter directement la maison d'accueil.

Sanitaire : Collectif

6 km   Sur place
Autres activités : - Randonnée : Sur place

Office de Tourisme - Mairie de Marsanne
26740 Marsanne
Tél : 04 75 90 31 59

Crest

Accueil spirituel

A7 - Sortie : Loriol - N7
Carte Michelin : 332
SNCF : Crest
TGV : Valence
Aéroport : Lyon-Satolas

Monastère de Sainte-Claire
53, rue des Auberts
26400 Crest
Tél. : 04 75 25 49 13
Fax : 04 75 25 28 80
Email : crest.clarisse@wanadoo.fr

Les moniales clarisses reçoivent toute l'année toute personne, famille ou groupe désireux de passer 8 jours maximum au monastère, dans une ambiance franciscaine. Le Monastère est entouré d'un vaste espace vert.
- Autres : petit appartement avec cuisine
Langue(s) parlée(s) : Français
Dates de fermeture : 01/09 au 21/09

		Adultes	Enfants	Groupes
Hébergement	*Nuit*	10 à 12€	1/2 tarif	-
Demi-pension	*Jour*	Possibilité	1/2 tarif	-
Pension complète	*Jour*	20 à 25€	1/2 tarif	-

Paiements acceptés : Espèces, Chèques
Tarifs communiqués à titre indicatif. Pour plus de précisions, contacter directement la maison d'accueil.

Sanitaire : Collectif

Equipement audio-visuel

1 km   1 km

Office de Tourisme - place du Dr Rozier
26400 Crest
Tél : 04 75 25 11 38

Bonlieu-sur-Roubion

Accueil spirituel

A7 - Sortie : Montélimar-Nord - N7, D74
Carte Michelin : 332
SNCF : Montélimar
TGV : Valence - Taxi
Aéroport : Lyon-Satolas - Taxi

Monastère Sainte-Anne
26160 Bonlieu-sur-Roubion
Tél. : 04 75 53 92 23
Fax : 04 75 53 86 50
Site : www.mondaye.com/prieures/bonlieu
Email : sainte-anne.de.bonlieu@mondaye.com
Contact : Frère Hôtelier

Frères et sœurs prémontrés (Saint-Norbert) accueillent toute l'année. Monastère fondé en 1171. Un parc et un jardin vous procureront un cadre paisible pour vous ressourcer. Lieu de calme, de prière, de silence et de soleil aux portes de la Provence. La maison n'assure pas de régimes alimentaires particuliers.
Capacité d'accueil maximale : 45 pers. - Ch. simple(s) : 4 - Ch. double(s) : 6 - Ch. familiale(s) : 1 - Dortoir : 2 - Linge de maison fourni
Langue(s) parlée(s) : Français, Anglais, Allemand, Italien, Néerlandais

		Adultes	Enfants	Groupes
Hébergement	*Nuit*	27€	17€ (- 12 ans)	-
Demi-pension	*Jour*	35€	27€ (- 12 ans)	-
Pension complète	*Jour*	42€	32€ (- 12 ans)	-

Paiements acceptés : Espèces, Chèques
Tarifs communiqués à titre indicatif. Pour plus de précisions, contacter directement la maison d'accueil.

Sanitaire : Individuel et Collectif

Equipement audio-visuel

5 km 8 km 8 km 4 km

Office de Tourisme - Mairie de Marsanne
26740 Marsanne
Tél : 04 75 90 31 59

Bouvante-le-Haut

Etape vacances

A49 - Sortie : La Baume d'Hostun - N532, D131
Carte Michelin : 332
SNCF : St Hilaire - St Nazaire, 20
TGV : Valence, 60 - Taxi
Aéroport : Lyon-St Exupéry - 140 - Taxi

Relais Cap France "La Jacine"
26190 Bouvante-le-Haut
Tél. : 04 75 48 57 14 / 04 75 48 57 14
Fax : 04 75 48 57 71
Site : www.lajacine.com
Email : lajacine@lajacine.com
Contact : Mr Paul Sauvajon

Remarquablement situé dans le parc naturel du Vercors, dans un petit vallon dominant le lac, la Jacine est un relais très convivial aménagé par des passionnés : nature, culture, convivialité sont les maîtres mots du lieu.
Capacité d'accueil maximale : 100 pers. - Ch. simple(s) : 5 - Ch. double(s) : 20 - Ch. familiale(s) : 6 - Dortoir : oui - Camping : oui - Autres : chalet / gestion libre
Langue(s) parlée(s) : Français
Dates de fermeture : 15/11 au 28/12

Pour connaître les prestations complètes et les tarifs, veuillez vous renseigner auprès de la maison d'accueil.

Paiements acceptés : Espèces, Chèques, Chèques vacances, Bons-vacances CAF

Sanitaire : Individuel et Collectif

Equipement audio-visuel - Agréments : Jeunesse et sports - Education nationale - Ministère santéMairieComission de sécurité

Sur place 15 km 25 km 15 km 30 km

Autres activités : - Pétanque - Aire de jeux enfants - Parcours de santé - Pêche : Sur place

Office de Tourisme - place de l'Eglise
26190 Saint-Jean-en-Royans
Tél : 04 75 48 61 39

Saint-Hilaire-du-Touvet

Accueil spirituel

Etape vacances

A4 - Sortie : Saint-Ismier/Crolles - N90, D30
Carte Michelin : 333
SNCF : Grenoble
TGV : Grenoble - Navette - Car
Aéroport : Lyon-Saint-Exupéry - Taxi - Car pour Grenoble

Maison d'accueil "L'Etang Notre-Dame"
Les Margains - 46, route des 3 Villages
38660 Saint-Hilaire-du-Touvet
Tél. : 04 76 08 61 00
Contact : Mlle Albiges

Association accueillant familles ou groupes, avec personnes handicapées ayant besoin d'un temps de repos, de ressourcement et d'un climat de prière et d'amitié. Ambiance chaleureuse dans un cadre de beauté, de paix et de bon air. Site privilégié à 1000 m d'altitude. Espaces verts. Les hôtes font eux-mêmes la cuisine, les logements étant équipées selon l'usage des gîtes ruraux.
Capacité d'accueil maximale : 8(+6) pers. - Ch. simple(s) : 1 - Ch. double(s) : 3 - Ch. familiale(s) : 2 - Dortoir : oui - Studio(s) : oui - Appartement(s) : oui - Autres : gîte de 8 pers. chalet de 6 pers.
Langue(s) parlée(s) : Français

Pour connaître les prestations complètes et les tarifs, veuillez vous renseigner auprès de la maison d'accueil.

Paiements acceptés : Espèces, Chèques, Chèques vacances

Sanitaire : Individuel et Collectif

Equipement audio-visuel

10 km   0,3 km

Autres activités : Ski alpin / fond : 1,50 km - Delta plane / Vol libre / Parapente - Cheval et poney (été) - Rando et rando à thème - Lac : 12 km - Trampolines, accrobranche - .

Office de Tourisme - Les Gaudes
38660 Saint-Hilaire-du-Touvet
Tél : 04 76 08 33 99

Roybon

Accueil spirituel

A49 - Sortie : Saint-Marcellin - N532, D71
Carte Michelin : 333
SNCF : Saint-Marcellin
TGV : Valence - Taxi
Aéroport : Saint-Etienne-de-Saint-Geoir

Monastère de la Trappe de Chambarand
200, impasse du Monastère
38940 Roybon
Tél. : 04 76 36 22 68
Fax : 04 76 36 29 64/28 65
Site : www.chambarand.com
Email : chambarand.ab@wanadoo.fr

Les Sœurs Cisterciennes reçoivent, pour des retraites spirituelles d'une semaine, des personnes seules et des groupes. Cadre silencieux, favorable à la prière.
Capacité d'accueil maximale : 25 pers. - Ch. simple(s) : 14 - Ch. double(s) : 4 - Ch. familiale(s) : 7 - Linge de maison fourni
Langue(s) parlée(s) : Français, Anglais, Allemand, Espagnol, Hongrois
Dates de fermeture : 01/01 au 31/01

Pour connaître les prestations complètes et les tarifs, veuillez vous renseigner auprès de la maison d'accueil.

Paiements acceptés : Espèces, Chèques

Sanitaire : Collectif

Office de Tourisme - 114, Grande rue
38 940 Roybon
Tél : 04 76 36 25 86

Vif

Accueil spirituel

Maison de repos

A51 - Sortie : N°12 Vif - N75
Carte Michelin : 333
SNCF : Vif, 2
TGV : Grenoble - Taxi - Bus
Aéroport :

Monastère de la Visitation
Montée de l'Uriol
38450 Vif
Tél. : 04 76 72 51 18

Toute l'année, religieuses, prêtres, dames, couples, personnes seules ou groupes (30 pers. maximum) pour repos, calme, ressourcement spirituel. Jardin, parc, vue sur Belledonne. Excursions dans la nature pittoresque du Vercors. A voir : Notre-Dame-de-la-Salette, Notre-Dame-de-l'Osier, la Grande Chartreuse.
Capacité d'accueil maximale : 30 pers. - Ch. simple(s) : 20 - Ch. double(s) : 10 - Linge de maison fourni
Langue(s) parlée(s) : Français

Pour connaître les prestations complètes et les tarifs, veuillez vous renseigner auprès de la maison d'accueil.

Paiements acceptés : Espèces, Cartes bancaires, Chèques

Sanitaire : Collectif

Office de Tourisme - 105, chemin de la Patinoire
38250 Villard-de-Lans
Tél : 04 76 95 10 38

Saint-Bernard-du-Touvet

Accueil spirituel

A41 - Sortie : N°23 Le Touvet - N90
Carte Michelin : 333
SNCF : Grenoble, 30
TGV : Grenoble, 30 - Taxi - Car Eyraud
Aéroport : Lyon-Satolas - 100 - Car

Monastère Notre-Dame des Petites Roches
38660 Saint-Bernard-du-Touvet
Tél. : 04 76 08 31 13
Fax : 04 76 08 32 17
Site : www.bernardinecistercians.org
Email : cte.petitesroches@wanadoo.fr

Le monastère accueille, pour 15 jours maximum, toute personne seule ou groupes, prêtres, religieuses et laïcs pour un temps de prière, de repos, de silence et de calme. Le monastère est situé à 1000 m d'altitude, sur le plateau des Petites Roches entre Grenoble et Chambéry.
Capacité d'accueil maximale : 55 pers. - Ch. simple(s) : 8 - Ch. double(s) : 8 - Dortoir : 3
Langue(s) parlée(s) : Français, Anglais

Pour connaître les prestations complètes et les tarifs, veuillez vous renseigner auprès de la maison d'accueil.

Paiements acceptés : Espèces, Chèques

Sanitaire : Collectif

Office de Tourisme - Les Gaudes
38660 Saint-Hilaire-du-Touvet
Tél : 04 76 08 33 99

Vinay

Accueil spirituel

A49 - Sortie : Vinay - Tullins - N92, D532
Carte Michelin : 333
SNCF : Vinay, 4
TGV : Valence, 35
Aéroport : Saint-Etienne-de-Saint-Geoirs - 20

Sanctuaire de Notre-Dame-de-l'Osier
Diocèse de Grenoble - Maison paroissiale
2, place du 11 Novembre 1918
38470 Vinay
Tél. : 06 76 36 70 44

La basilique et la chapelle sont ouvertes tous les jours. Pour les groupes, possibilité de prière, messe, vidéo, pique-nique. Des journées de pèlerinages sont organisées le 15 août, le 08 septembre et le 08 décembre.
Capacité d'accueil maximale : 150 pers.
Langue(s) parlée(s) : Français

Pour connaître les prestations complètes et les tarifs, veuillez vous renseigner auprès de la maison d'accueil.

Paiements acceptés : Espèces, Chèques

Sanitaire :

Equipement audio-visuel - Agréments : Jeunesse et sports

Office de Tourisme - 3, place du Champ-de-Mars
38470 Vinay
Tél : 04 76 36 69 90

La Salette-Fallavaux

Accueil spirituel

A43 - Sortie : Grenoble - N85, D212
Carte Michelin : 333
SNCF : Gap, 55
TGV : Grenoble, 75 - Taxi - Car Grenoble/La Salette
Aéroport :

Sanctuaire Notre-Dame-de-la-Salette
Centre de pèlerinages internationaux
38970 La Salette-Fallavaux
Tél. : 04 76 30 00 11
Fax : 04 76 30 03 65
Site : www.nd-la-salette.com
Email : infos@nd-la-salette.com

La Communauté des Missionnaires de Notre-Dame-de-la-Salette et l'Association des Pèlerins, situées à 1800 m d'altitude, accueillent toute l'année toute personne seule, en famille ou en groupe. Animation du pèlerinage, de Pâques à octobre. Visite guidée, musée.
Capacité d'accueil maximale : 650 pers. - Ch. simple(s) : OUI - Ch. double(s) : OUI - Ch. familiale(s) : oui - Dortoir : oui - Autres : refuges
Langue(s) parlée(s) : Français, Anglais, Allemand, Italien, Polonais
Dates de fermeture : 01/11 au 30/11

Pour connaître les prestations complètes et les tarifs, veuillez vous renseigner auprès de la maison d'accueil.

Paiements acceptés : Espèces, Cartes bancaires, Chèques

Sanitaire : Individuel et Collectif

Equipement audio-visuel

Syndicat d'Initiative - route Napoléon
38970 Corps
Tél : 04 76 30 03 85

Pelussin

Etape vacances
Maison de repos
Résidence retraités

A7 - Sortie : Ampuis-Condrieu - N86, D19
Carte Michelin : 327
SNCF : Saint-Clair-les-Roches à 15 km
TGV : Lyon Part-Dieu à 55 km - Navette
Aéroport : Lyon-Satolas à 60 km - Taxi

Les Bleuets du Pilat
2, allée des Bleuets - BP 13
42410 Pelussin
Tél. : 04 74 87 60 78
Fax : 04 74 87 78 59
Email : lesbleuetsdupilat@wanadoo.fr
Contact : Béatrice Rivory

Les sœurs de Marie-Thérèse vous reçoivent au cœur du parc du Pilat, à 450 m d'altitude. Retirée du centre de Pélussin (1 km), la maison offre calme et détente. Attention : les mois de juillet et août sont réservés en priorité aux prêtres et religieuses. Séjours 10 jours minimum.
Capacité d'accueil maximale : 42 pers. - Ch. simple(s) : 34 - Ch. double(s) : 4 - Linge de maison fourni
Langue(s) parlée(s) : Français

Pour connaître les prestations complètes et les tarifs, veuillez vous renseigner auprès de la maison d'accueil.

Paiements acceptés : Espèces, Chèques

Sanitaire : Individuel

Equipement audio-visuel - Agréments : - MSM - CAVIMAC

1 km   1 km

Maison du Tourisme du Pilat - Moulin de Virieu - BP 57
42410 Pelussin
Tél : 04 74 87 52 00
Email : info.tourisme@parc-naturel-pilat.fr

Noiretable

Accueil spirituel
Etape vacances
Maison de repos

A72 - Sortie : Les Salles - N89, D53
Carte Michelin : 327
SNCF : Noirétable, 7 - Taxi

Notre-Dame-de-l'Hermitage
42440 Noiretable
Tél. : 04 77 96 20 30
Fax : 04 77 96 20 34
Email : ndh42@wanadoo.fr

Les sœurs de Notre-Dame-de-la-Salette reçoivent toute l'année, sauf en novembre, individuels, familles, groupes, religieuses, prêtres. Isolé à 1110 m d'altitude, vous dominerez un panorama sauvage et boisé, les collines et vallées de la Durolle et du Forez.
Capacité d'accueil maximale : 35 à 70 pers. - Ch. simple(s) : 38 - Ch. double(s) : 19 - Dortoir : oui - Linge de maison fourni
Langue(s) parlée(s) : Français
Dates de fermeture : Novembre

		Adultes	Enfants	Groupes
Hébergement	*Nuit*	15,50€	1/2 Tarif de 3 à 8 ans	-
Demi-pension	*Jour*	30€	1/2 Tarif de 3 à 8 ans	-
Pension complète	*Jour*	29 à 38€	1/2 Tarif de 3 à 8 ans	-

Paiements acceptés : Espèces, Chèques
Tarifs communiqués à titre indicatif. Pour plus de précisions, contacter directement la maison d'accueil.

Sanitaire : Individuel et Collectif

Equipement audio-visuel

Office de Tourisme - 8, rue Tilleuls
42440 Noiretable
Tél : 04 71 24 93 04
Email : noiretable.office-tourisme@wanadoo.fr

3 4

Francheville

Accueil spirituel

Etape vacances

A6 - Sortie : Porte de Valvert - N7, D42
Carte Michelin : 327
SNCF : Francheville, 8
TGV : Lyon-Perrache, 12 - Taxi - Bus n°30
Aéroport : Lyon-Satolas - 30 - Taxi - Navette

La Chardonnière
Association Pauline Jaricot - 65, Grande Rue
69340 Francheville
Tél. : 04 78 59 09 86
Fax : 04 78 59 48 97
Site : htpp://chardonniere-lyon.cef.fr
Email : chardonniere@wanadoo.fr
Contact : Service Accueil-Réservation

Dans un parc de 5 ha, aux portes de Lyon, un lieu de vie, d'accueil et de rencontre, fondé sur les valeurs franciscaines. Reçoit des groupes qui contribuent au développement des personnes qu'ils soient chrétiens, spirituels, humains, sociaux, éducatifs, éthiques.
Capacité d'accueil maximale : 102 pers. - Ch. simple(s) : 19 - Ch. double(s) : 22 - Ch. familiale(s) : 11 - Dortoir : oui - Camping : oui - Linge de maison fourni
Langue(s) parlée(s) : Français, Anglais

Pour connaître les prestations complètes et les tarifs, veuillez vous renseigner auprès de la maison d'accueil.

Paiements acceptés : Espèces, Chèques

Sanitaire : Individuel et Collectif

Equipement audio-visuel - Agréments : Jeunesse et sports - N° 069-089-436

1 km 1 km 1 km

Office de Tourisme de Lyon - 6, place Bellecour
69002 Lyon

4 5

Saint-Clément-sous-Valsonne

Maison de repos

Résidence retraités

A6 - Sortie : Villefranche - N6
Carte Michelin : 327
SNCF : Tarare
TGV : Lyon - Navette
Aéroport : Lyon-Satolas - Taxi

Maison de retraite
Saint-François-d'Assise
69170 Saint-Clément-sous-Valsonne
Tél. : 04 74 05 12 02
Fax : 04 74 05 12 64
Email : mr.stfrancois@fr
Contact : Mme Cornet

Maison de retraite agréée et médicalisée. Située à 500 m d'altitude (vue panoramique sur la Vallée) dans un cadre de verdure en bordure des coteaux du Beaujolais. Séjours de toutes durées.
Capacité d'accueil maximale : 44 pers. - Ch. simple(s) : 32 - Ch. double(s) : 6 - Autres : dépendance - Linge de maison fourni
Langue(s) parlée(s) : Français

Pour connaître les prestations complètes et les tarifs, veuillez vous renseigner auprès de la maison d'accueil.

Paiements acceptés : , Chèques, Virements

Sanitaire : Individuel et Collectif

Equipement audio-visuel

4 km 1 km 5 km

Office de Tourisme - 6, place de la Madeleine
69170 Tarare
Tél : 04 74 63 06 65

Francheville

Accueil spirituel

Etape vacances

A6 ou A7 - Sortie : Porte du Valvert ou La Mulatière - N86
Carte Michelin : 327
SNCF : Lyon - Perrache
TGV : Lyon - Part-Dieu - Taxi - Transport en commun
Aéroport : Lyon Saint-Exupéry - Taxi - Navette - Transports en commun

Maison Saint-Joseph
Chantegrillet
69340 Francheville
Tél. : 04 78 59 22 35
Fax : 04 78 59 48 97
Site : www.maisonsaintjoseph-lyon.cef.fr
Email : maisonsaintjoseph@wanadoo.fr

A 6 km de Lyon, parc de 5 ha, cadre exceptionnel, vue sur les monts du Lyonnais. Restauration (350 pers.), 20 salles de réunion (10 à 200 pers.). Accueil de groupes et d'individuels. Ambiance familiale et conviviale, tranquillité et sérénité des lieux. Accès : chemin des Fonts - allée Jean Paul II - Sainte-Foy-lès-Lyon.
Capacité d'accueil maximale : 250 pers. - Ch. simple(s) : 42 - Ch. double(s) : 69 - Ch. familiale(s) : 4 - Camping : oui
Langue(s) parlée(s) : Français, Anglais, Allemand, Espagnol, Italien

		Adultes	Enfants	Groupes
Hébergement	*Nuit + pdj*	27€	1/2 tarif	-
Demi-pension	*Jour*	38€	jusqu'à	-
Pension complète	*Jour*	51,25€	12 ans	-

Paiements acceptés : Espèces, Chèques, Chèques vacances
Tarifs communiqués à titre indicatif. Pour plus de précisions, contacter directement la maison d'accueil.

Sanitaire : Collectif

Equipement audio-visuel

2 km 4 km

Autres activités : - Parc City Aventure : 4 km - Terrains de sport

Office de Tourisme de Lyon - 6, place Bellecour
69002 Lyon

4
1 km

Ecully cedex

Accueil spirituel

Etape vacances

A6 - Sortie : Ecully - N7 / N6, D77
Carte Michelin : 327
SNCF : Lyon à 5 km
TGV : Lyon - Taxi
Aéroport : Lyon-Satolas à 35 km - Taxi
Autres moyens de transfert : Bus 19 + Métro D

Valpré
1, chemin de Chalin - BP 165
69131 Ecully cedex
Tél. : 04 72 18 05 05
Fax : 04 72 18 05 99
Site : www.valpre.com
Email : accueil@valpre.com
Contact : Mr Faivre d'Arcier

Valpré, un site d'accueil exceptionnel à Lyon. A 10 mn de Bellecour, Valpré ouvre ses portes au calme, dans un parc magnifique. Les assomptionnistes assurent la spiritualité. Parking, restauration familiale, hébergement sont disponibles. Location de salles.
Capacité d'accueil maximale : 350 pers. - Ch. simple(s) : 90 - Ch. double(s) : 20 - Ch. familiale(s) : 15 - Dortoir : oui - Linge de maison fourni
Langue(s) parlée(s) : Français, Anglais, Allemand, Espagnol, Italien, Vietnamien
Dates de fermeture : 05/08 au 18/08

		Adultes	Enfants	Groupes
Hébergement	*Nuit*	32€	-	-
Demi-pension	*Jour*	45€	-	-
Pension complète	*Jour*	57€	-	-

Paiements acceptés : Espèces, Cartes bancaires, Chèques
Tarifs communiqués à titre indicatif. Pour plus de précisions, contacter directement la maison d'accueil.

Sanitaire : Individuel et Collectif

Equipement audio-visuel

2 km
Autres activités : - Volley-ball - Football

Office de Tourisme de Lyon - 6, place Bellecour
69002 Lyon

4
4,5 km

Belmont-Tramonet

Accueil spirituel

A43 - Sortie : N°11 Belley - Saint-Genix-sur-Guiers - N6, D916
Carte Michelin : 333
SNCF : Pont de Beauvoisin
TGV : Chambéry - Lyon - Taxi
Aéroport : Chambéry-Aix Saint-Exupéry, Lyon Bron - Taxi - Navette

Abbaye Saint-Joseph-de-la-Rochette
73330 Belmont-Tramonet
Tél. : 04 76 37 05 10
Fax : 04 76 37 06 41
Email : larochettemambre@wanadoo.fr
Contact : Soeur Anne-Marie

Les Moniales Bénédictines vous accueillent seul ou en groupe, pendant 10 jours maximum, pour des rencontres spirituelles, des retraites, des récollections à thème, organisées par les groupes hébergés. Parcours spirituels proposés aux jeunes durant l'été.
Capacité d'accueil maximale : 40 pers. - Ch. simple(s) : 11 - Ch. double(s) : 17 - Dortoir : oui - Linge de maison fourni
Langue(s) parlée(s) : Français, Anglais, Allemand, Espagnol, Italien
Dates de fermeture : 01/01 au 31/01

Pour connaître les prestations complètes et les tarifs, veuillez vous renseigner auprès de la maison d'accueil.

Paiements acceptés : Espèces, Chèques

Sanitaire : Collectif

5 km

Office de Tourisme - rue de Faubourg
73240 Saint-Génix-sur-Guiers
Tél : 04 76 31 63 16

4

5 km

Challes-les-Eaux

Accueil spirituel

A43 - Sortie : N°21 Chignin - N6
Carte Michelin : 333
SNCF : Chambéry
TGV : Chambéry - Bus N°8
Aéroport : Chambéry-Aix - Navette

Dominicaines Notre-Dame-de-Clarté
79, chemin de la Combe
73190 Challes-les-Eaux
Tél. : 04 79 72 81 11
Fax : 04 79 71 15 36
Site : http:// perso.wanadoo.fr/soeursdominicainendclarte
Email : nd-de-clarte@wanadoo.fr
Contact : Soeur Hôtelière

Accueil personnes seules de 8 à 10 jours pour retraite ou séjour calme. Possibilité famille dans maison séparée. Village calme, jardin fleuri. Vie liturgique. Accompagnement spirituel avec une sœur. Environs à découvrir : Chambéry, massif des Bauges, massif de la Chartreuse, Albertville...
Capacité d'accueil maximale : 10 pers. - Ch. simple(s) : 5 - Ch. double(s) : 4
Langue(s) parlée(s) : Français

Pour connaître les prestations complètes et les tarifs, veuillez vous renseigner auprès de la maison d'accueil.

Paiements acceptés : Espèces, Chèques

Sanitaire : Collectif

5 km Sur place

Autres activités : - Vol à voile - Plan d'eau : 1 km - Mini Golf - Pêche

Office de Tourisme et Thermal -
73190 Challes-les-Eaux
Tél : 04 79 72 86 19

Aix-les-Bains

Etape vacances
Maison de repos
Résidence retraités

A41 - Sortie : N°14 Aix-les-Bains Sud - N201
Carte Michelin : 333
SNCF : Aix-les-Bains
TGV : Aix-les-Bains - Taxi
Aéroport : Chambéry-Aix - 15 - Taxi

Hôtel Notre-Dame-des-Eaux
6, boulevard des côtes - BP 521
73105 Aix-les-Bains
Tél. : 04 79 61 13 87
Fax : 04 79 34 06 96
Site : www.notredamedeseaux.fr
Email : contact@notredamedeseaux.fr
Contact : Mme Albert

L'établissement accueille de fin février à début décembre prêtres, religieuses et laïcs pour séjours de repos ou cure thermale. Grand jardin ombragé. Chambres rénovées, caractère familial et convivial. Proximité des thermes et du centre ville. Parking privé fermé gratuit.
Capacité d'accueil maximale : 80 pers. - Ch. simple(s) : 22 - Ch. double(s) : 36 - Ch. familiale(s) : 2 - Linge de maison fourni
Langue(s) parlée(s) : Français, Anglais
Dates de fermeture : 01/12 au 01/03

		Adultes	Enfants	Groupes
Hébergement	*Nuit*	40€	-	-
Demi-pension	*Jour*	56€	-	-
Pension complète	*Jour*	60€	-	-

Paiements acceptés : Espèces, Cartes bancaires, Chèques, Chèques vacances
Tarifs communiqués à titre indicatif. Pour plus de précisions, contacter directement la maison d'accueil.

Sanitaire : Individuel

2 km 2 km 2 km 2 km

Office de Tourisme - place Maurice Mollard - BP 111
73101 Aix-les-Bains
Tél : 04 79 88 68 00

Myans

Accueil spirituel

Etape vacances

A43 - Sortie : N°20 Myans / N°21 Les Marches - N6, D201
Carte Michelin : 333
SNCF : Montmélian
TGV : Chambéry - Taxi
Aéroport : Chambéry-Aix - Taxi - Car

Maison de rencontres spirituelles
Notre-Dame-de-Myans
73800 Myans
Tél. : 04 79 28 11 65
Fax : 04 79 28 09 94
Email : missionnaires-myans@wanadoo.fr
Contact : Mr Philippe Simon

La maison accueille particuliers ou groupes pour retraites, pèlerinages ou sessions à caractère spirituel. Toute personne désirant trouver un cadre accueillant, se ressourcer, se détendre, prier peut organiser son séjour avec son prédicateur. Située dans un village à 350 m d'altitude, la maison est entourée d'un jardin dans un environnement champêtre.
Capacité d'accueil maximale : 57 pers. - Ch. simple(s) : 8 - Ch. double(s) : 23 - Linge de maison fourni
Langue(s) parlée(s) : Français, Anglais

		Adultes	Enfants	Groupes
Hébergement	*Nuit*	12€	6€	-
Demi-pension	*Jour*	21€	10,50€	-
Pension complète	*Jour*	31€	15,50€	-

Paiements acceptés : Espèces, Chèques
Tarifs communiqués à titre indicatif. Pour plus de précisions, contacter directement la maison d'accueil.

Sanitaire : Individuel et Collectif

Equipement audio-visuel

7 à 10 km 7 à 10 km 7 à 10 km

Office de Tourisme - 24, boulevard de la Colonne
73000 Chambéry
Tél : 04 79 33 42 47

Moutiers

Etape vacances

Résidence retraités

A41
Carte Michelin : 333
SNCF : Gares de Moutiers
TGV : Gares de Moutiers (l'hiver) - Taxi - A 2 mn à pied
Aéroport : Chambéry ou Annecy - Taxi - Navette

Maison diocésaine
38, place de l'Hôtel de Ville - BP 51
73602 Moutiers
Tél. : 04 79 24 21 15
Fax : 04 79 24 38 26
Email : evechedemoutiers@wanadoo.fr
economat.moutiers@wanadoo.fr
Contact : Mme Laura Ramos

La maison diocésaine reçoit toute l'année prêtres et aides aux prêtres pour vacances, repos, détente, cure thermale, excursions, ski, ballades en montagne. Esprit convivial au carrefour des quatre vallées de la Tarentaise. Environnement exceptionnel.
Capacité d'accueil maximale : 12 pers. - Ch. simple(s) : 6 - Ch. double(s) : 3 - Linge de maison fourni
Langue(s) parlée(s) : Français, Anglais, Espagnol, Italien

		Adultes	Enfants	Groupes
Hébergement	*Nuit*	11,55€	-	-
Demi-pension	*Jour*	24,70€	-	-
Pension complète	*Jour*	35,50€	-	-

Paiements acceptés : Espèces, Chèques
Tarifs communiqués à titre indicatif. Pour plus de précisions, contacter directement la maison d'accueil.

Sanitaire : Individuel et Collectif

Equipement audio-visuel

6 km   Sur place   28 km   6 km

Office de Tourisme - Place St Pierre
73600 Moutiers
Tél : 04 79 24 04 23

Saint-Gervais-les-Bains

Accueil spirituel

Etape vacances

A40 - Sortie : Le Fayet - N205, D902
Carte Michelin : 328
SNCF : Saint-Gervais à 8 km
TGV : Saint-Gervais - Taxi
Aéroport : Genève à 70 km - Taxi - Train

Assomption Fleur des Neiges
287, chemin des Granges d'Orsin
74170 Saint-Gervais-les-Bains
Tél. : 04 50 93 41 96
Fax : 04 50 93 49 56
Site : www.assomption-ra.org/saint-gervais
Email : assomption.fleurdesneiges@wanadoo.fr
Contact : Sœur de l'Assomption

A 930 m d'altitude, la communauté reçoit toute l'année pour un temps de repos, de halte spirituelle, de retraite, des familles, des personnes seules, des prêtres, des religieux(ses). Priorité donnée à l'accueil des familles pendant les vacances scolaires. Dans une ambiance familiale de convivialité, les hôtes peuvent partager la vie de prière de la communauté.
Capacité d'accueil maximale : 31 pers. - Ch. simple(s) : 13 - Ch. double(s) : 4 - Ch. familiale(s) : 5 - Linge de maison fourni
Langue(s) parlée(s) : Français, Anglais, Espagnol
Dates de fermeture : 15 au 30/11

Pour connaître les prestations complètes et les tarifs, veuillez vous renseigner auprès de la maison d'accueil.

Paiements acceptés : Espèces, Chèques, Chèques vacances

Sanitaire : Collectif

Equipement audio-visuel

2 km 2 km 2 km 2 km

Autres activités : Ski alpin / fond : 5 km - Randonnées - Raquettes : 5 km - Terrain de jeux

Office de Tourisme
115, avenue du Mont Paccard - BP 5
74170 Saint-Gervais
Tél : 04 50 47 76 08

Montriond-le-Lac

Accueil spirituel

Etape vacances

A40 - Sortie : N°19 Cluses - N205, D902
Carte Michelin : 328
SNCF : Cluses, 35
TGV : Thonon - Taxi - Navette
Aéroport : Genève-Cointrin - 50 - Taxi

Centre de vacances "Les Albertans"

A L E A J
74110 Montriond-le-Lac
Tél. : 04 50 75 91 08
Fax : 04 50 74 73 86
Site : www.salesien.com/oeuv/oep44.htm
Email : marc.muffat@wanadoo.fr
Contact : Mr Marc Muffat

Les chalets sont situés à 500 m du lac de Montriond, à 1100 m d'altitude, hors de toute circulation, au bord du torrent des Ardents, à proximité des domaines skiables de Morzine, des Gets et d'Avoriaz. Gestion libre uniquement. Tarifs variables selon les saisons, la durée et le nombre de personnes. Camping réservé aux groupes de jeunes et leur encadrement.
Capacité d'accueil maximale : 100 pers. - Ch. simple(s) : 1 - Ch. double(s) : 12 - Ch. familiale(s) : 16 - Dortoir : oui - Studio(s) : oui - Appartement(s) : oui - Camping : oui - Autres : paj (point accueil jeunes)
Langue(s) parlée(s) : Français, Anglais
Dates de fermeture : 01/10 au 30/11

Pour connaître les prestations complètes et les tarifs, veuillez vous renseigner auprès de la maison d'accueil.

Paiements acceptés : Espèces, Chèques, Chèques vacances

Sanitaire : Individuel et Collectif

Agréments : Jeunesse et sports - Education nationale - DASS

6 km 5 km 15 km 5 km 6 km

Autres activités : Ski alpin / fond : 1 km - Raquettes en hiver : Sur place - Randonnées : Sur place - Canoë-Kayak sur le lac : 0,5 km

Office de Tourisme - Chef lieu
74110 Montriond
Tél : 04 50 79 12 81
Email : info@montriond-portesdusoleil.com

Les Houches

Etape vacances

A40 - Sortie : Les Houches - N204
Carte Michelin : 328
SNCF : Les Houches
TGV : St-Gervais - Le Fayet
Aéroport : Genève-Cointrin - Navette

Chalet Cap France "Les Campanules "
route de Coupeau
74310 Les Houches
Tél. : 04 50 54 40 71
Fax : 04 50 54 57 23
Site : www.hotel-campanules.com
Email : hotel-campanules@wanadoo.fr
Contact : Mr Mansart

Situé à 1000 m d'altitude, le châlet accueille familles et individuels et organise des séjours pour les groupes, les clubs séniors et les classes. L'été, des randonnées sont organisées au départ du chalet et l'hiver, vous pourrez skier sur le domaine de la station.
Capacité d'accueil maximale : 120 pers. - Ch. simple(s) : 5 - Ch. double(s) : 30 - Ch. familiale(s) : 20 - Linge de maison fourni
Langue(s) parlée(s) : Français, Anglais
Dates de fermeture : 01/11 au 31/11

		Adultes	Enfants	Groupes
Hébergement	*Chambre double*	40 à 70€	-	-
Demi-pension	*Jour*	35 à 53€	28 à 43€	-
Pension complète	*Jour*	42 à 60€	34 à 48€	-

Paiements acceptés : Espèces, Cartes bancaires, Chèques, Chèques vacances
Tarifs communiqués à titre indicatif. Pour plus de précisions, contacter directement la maison d'accueil.

Sanitaire : Individuel

Equipement audio-visuel - Agréments : Jeunesse et sports - Education nationale

5 km 1 km 7 km 5 km
Autres activités : Ski alpin / fond : 1 km - Randonnée - Raquette

Office de Tourisme - Chef Lieu
74310 Les Houches
Tél : 04 50 55 50 62

Annecy-le-Vieux

Accueil spirituel

Maison de repos

A40 - Sortie : Annecy Nord - Bellegarde-Lyon
Carte Michelin : 328
SNCF : Annecy
TGV : Annecy - Taxi - Bus ligne N°1
Aéroport : Saint-Exupéry, Genève ou Metz-Tessy - Taxi

Diocèse d'Annecy
Association Centre Jean XXIII - 10, chemin du Bray
74940 Annecy-le-Vieux
Tél. : 04 50 23 13 72
Fax : 04 50 23 69 61
Site : www.centrejean23.org
Email : notredamelumière@wanadoo.fr
Contact : Sœur Marie-Annie

Maison calme située près des lieux de pèlerinage à Saint-François-de-Sales et Sainte-Jeanne-de-Chantal. Chambres avec vue sur le lac et les montagnes, parc arboré. Notre centre accueille pèlerins, prêtres, religieuses pour et des groupes pour congrès, séminaires et formations.
Capacité d'accueil maximale : 60 à 150 (repas) pers. - Ch. simple(s) : 45 - Ch. double(s) : 12 - Linge de maison fourni
Langue(s) parlée(s) : Français, Anglais
Dates de fermeture : 20/12 au 07/01

Pour connaître les prestations complètes et les tarifs, veuillez vous renseigner auprès de la maison d'accueil.

Paiements acceptés : Espèces, Chèques

Sanitaire : Collectif

Equipement audio-visuel

5 km 15 km 20 km

Maison du Tourisme - Centre Bonlieu
1, rue Jean Jaurès
74940 Annecy
Tél : 04 50 45 00 33

Les Houches-Chamonix-Mt-Blanc

Etape vacances

A40 - Sortie : Les Houches - N205
Carte Michelin : 328
SNCF : Les Houches
TGV : St Gervais - Le Fayet - Taxi
Aéroport : Lyon-Satolas, Lyon-Genève , 30 mn - Taxi - Navette
Autres moyens de transfert : CarNavette-Bus (gratuite)

La Farandole - Chalet Aiguille du Midi
1476, avenue des Alpages - Le Pont
74310 Les Houches-Chamonix-Mt-Blanc
Tél. : 04 79 59 01 85
Fax : 04 79 83 30 62
Contact : Mme Lapierre

A 1100 m d'altitude, entouré d'un parc de 7 ha, le chalet, situé au cœur d'un village montagnard de la Vallée Blanche, vous accueille seul ou en groupe, pour sport d'hiver, tourisme, alpinisme, classes de neiges, classes vertes, étapes de groupes. Face au mont-Blanc, c'est un bel espace de repos.
Capacité d'accueil maximale : 120 pers. - Ch. simple(s) : 10 - Ch. double(s) : 10 - Ch. familiale(s) : 70 (2 à 4 pers.) - Linge de maison fourni
Langue(s) parlée(s) : Français, Italien
Dates de fermeture : A déterminer

Pour connaître les prestations complètes et les tarifs, veuillez vous renseigner auprès de la maison d'accueil.

Paiements acceptés : Espèces, Chèques, Chèques vacances

Sanitaire : Individuel et Collectif

Equipement audio-visuel - Agréments : Jeunesse et sports - Education nationale - D.D.A.S.S.

4 km 1 km 4 km 1 km 1 km

Autres activités : Ski alpin / fond - Rafting - Escalade - Tourisme (Italie - Suisse)

Office de Tourisme - Chef Lieu
74310 Les Houches
Tél : 04 50 55 50 62

Saint-Nicolas-de-Veroce

Etape vacances

Maison de repos

A40 - Sortie : N°22 St-Gervais - N205, D43
Carte Michelin : 328
SNCF : St Gervais-les-Bains - Le Fayet, 13
TGV : Annecy - Taxi
Aéroport : Genève-Cointrin - Taxi - Navette

Le Caillou Blanc
1612, route de Saint-Nicolas
74190 Saint-Nicolas-de-Veroce
Tél. : 04 50 93 20 08
Fax : 04 50 93 10 74
Email : lecailloublanc2@wanadoo.fr
Contact : Soeur Monique Glemen

Au pied du Mont-Blanc à 1150 m d'altitude, Le Caillou Blanc animé par les Sœurs de la Retraite, vous permettra, dans une ambiance conviviale, de vous reposer et de vous détendre dans le respect du rythme de chacun. Nombreuses promenades dans un cadre grandiose.
Capacité d'accueil maximale : 20 pers. - Ch. simple(s) : 15 - Ch. double(s) : 2 - Linge de maison fourni
Langue(s) parlée(s) : Français

Pour connaître les prestations complètes et les tarifs, veuillez vous renseigner auprès de la maison d'accueil.

Paiements acceptés : Espèces, Chèques

Sanitaire : Individuel et Collectif

Equipement audio-visuel - Agréments : - MSM - Mutuelles Belges - CAVIMAC

6 km 6 km 4 km 2,5 km
Autres activités : Ski alpin / fond : 4 km - Raquettes - Parcours de Santé : 4 km - Chemin du Baroque (culturel)

Office de Tourisme - route Saint-Nicolas
74190 Saint-Nicolas-de-Véroce
Tél : 04 50 47 76 08

Sévrier

Etape vacances

Maison de repos

Résidence retraités

A41 - Sortie : Annecy Sud - N508
Carte Michelin : 328
SNCF : Annecy
TGV : Annecy - Taxi
Aéroport : Annecy - Meythet - Taxi
Autres moyens de transfert : Bus

Le Clos Savoyard
179, route du Col de Leschaux - BP 8
74320 Sévrier
Tél. : 04 50 52 62 69
Fax : 04 50 52 67 85
Email : clos.sav@club-internet.fr
Contact : Mr et Mme Josiane Jérôme ou

Au cœur d'un parc de 2 hectares dominant le lac d'Annecy, nous vous accueillons dans une ambiance familiale. Une cuisine régionale de qualité vous sera servie. Draps fournis.
Capacité d'accueil maximale : 60 pers. - Ch. simple(s) : 19 - Ch. double(s) : 20 - Ch. familiale(s) : 2
Langue(s) parlée(s) : Français, Anglais

		Adultes	Enfants	Groupes
Hébergement	*Nuit + Pdj*	20 à 28€	-	-
Demi-pension	*Jour*	30 à 38€	-	-
Pension complète	*Jour*	35 à 57€	0 à 30€	-

Paiements acceptés : Espèces, Chèques, Chèques vacances
Tarifs communiqués à titre indicatif. Pour plus de précisions, contacter directement la maison d'accueil.

Sanitaire : Individuel et Collectif

Equipement audio-visuel - Agréments : Jeunesse et sports

3 km 0,5 km 15 km 1 km 0,5 km

Autres activités : - Voile : 0,5 km - Pédalos : 0,5 km - Plongée : 0,5 km - Lac : 0,5 km

Office de Tourisme - place de la Mairie
74320 Sévrier
Tél : 04 50 52 40 56

Veyrier-du-Lac

Etape vacances

Maison de repos

A41 - Sortie : N°17 - N201 Aix les Bains, D909
Carte Michelin : 328
SNCF : Annecy
TGV : Annecy - Taxi - Navette
Aéroport : Genève-Cointrin - Taxi - Navette

Maison Saint-Alexis "Les Murailles"
48, rue de la Voûte
74290 Veyrier-du-Lac
Tél. : 04 50 60 26 84
Fax : 04 50 60 10 10
Email : maisonstalexis@wanadoo.fr
Contact : Soeur Marie-Elisabeth Verdon

Les Sœurs de Saint-Joseph-d'Annecy accueillent pour 8 jours minimum, prêtres, religieux(ses) et laïcs, à la recherche de calme et détente, dans une ambiance familiale. Orientée vers l'ouest, à 504 m d'altitude, la maison offre une belle vue sur le lac d'Annecy. Excursions multiples. Réservation souhaitée plusieurs mois à l'avance.
Capacité d'accueil maximale : 18 pers. - Ch. simple(s) : 14 - Ch. double(s) : 1 - Studio(s) : oui - Linge de maison fourni
Langue(s) parlée(s) : Français, Anglais
Dates de fermeture : Octobre

Pour connaître les prestations complètes et les tarifs, veuillez vous renseigner auprès de la maison d'accueil.

Paiements acceptés : Espèces, Chèques

Sanitaire : Individuel et Collectif

Equipement audio-visuel - Agréments : - MSM - CAVIMAC

5 km 1 km 2 km 2 km

Office de Tourisme - 31, rue de la Tournette
74290 Veyrier-du-Lac
Tél : 04 50 60 22 71

Evian

Accueil spirituel

A40 - Sortie : N°14 - N5, D11
Carte Michelin : 328
SNCF : Evian
TGV : Lyon - Taxi
Aéroport : Genève - Navette

Prieuré Saint-François-de-Sales

Thony - 12, rue du Monastère
74500 Evian
Tél. : 04 50 75 24 20
Fax : 04 50 70 76 33
Site : www.evian-prieure.com
Email : evian.monatiscali@wanadoo.fr
Contact : Frère Hôtelier

La communauté de vie monastique du Prieuré Saint-François-de-Sales propose des séjours de retraite d'une semaine environ, dans un cadre agréable surplombant la ville et offrant à la contemplation un vaste panorama où se rejoignent Pré-Alpes, Lac Léman, Suisse Romande et Jura. Pension complète.
Capacité d'accueil maximale : 12 pers. - Ch. simple(s) : 6 - Ch. double(s) : 5 - Linge de maison fourni
Langue(s) parlée(s) : Français

Pour connaître les prestations complètes et les tarifs, veuillez vous renseigner auprès de la maison d'accueil.

Paiements acceptés : Espèces, Chèques

Sanitaire : Individuel et Collectif

2 km · 1 km · 0,5 km · 1 km · 2 km

Office de Tourisme - place Allinges
74500 Evian-les-Bains
Tél : 04 50 75 04 26

Annecy-le-Vieux

Etape vacances

A40/A41 - Sortie : Annecy - N508, N201, D909
Carte Michelin : 328
SNCF : Annecy
TGV : Annecy - Taxi - Bus N°1 - Arrêt Vignières
Aéroport : Genève-Cointrin, Lyon-Saint-Exupéry à 60 km - Taxi - Bus

Résidence Pré-Saint-Jean
11, chemin du Bray
74940 Annecy-le-Vieux
Tél. : 04 50 66 36 81
Fax : 04 50 66 20 99
Site : www.presaintjean.com
Email : residence.presaintjean@wanadoo.fr
Contact : Mme Vidal

A 400 m d'altitude, dans un cadre magnifique, la résidence et son parc de 3 ha dominent le lac et la ville d'Annecy. Salon, jeux, terrains de sport, espaces verts. Cuisine aménagée par bâtiment. En juillet et août, accueil réservé aux groupes et individuels en stage sportif ou culturel.
Capacité d'accueil maximale : 180 pers. - Ch. simple(s) : 80 - Ch. double(s) : 120 - Linge de maison fourni
Langue(s) parlée(s) : Français, Anglais

Pour connaître les prestations complètes et les tarifs, veuillez vous renseigner auprès de la maison d'accueil.

Paiements acceptés : Espèces, Chèques

Sanitaire : Individuel

Equipement audio-visuel - Agréments : Jeunesse et sports

3 km 1,5 km 5 km 2 km
Autres activités : - Lac : 1,5 km - Escalade : 2 km

Maison du Tourisme - Centre Bonlieu
1, rue Jean Jaurès
74940 Annecy
Tél : 04 50 45 00 33

Les Contamines-Montjoie

Etape vacances

A40 - Sortie : Saint-Gervais - Passy - Le Fayet - D902
Carte Michelin : 328
SNCF : Saint-Gervais - Le Fayet
TGV : Genève - Navette
Aéroport : Genève-Cointrin - Taxi

Vacances et Montagne
213, chemin des Drets - Les Loyers-BP 16
74170 Les Contamines-Montjoie
Tél. : 04 50 47 03 62
Fax : 04 50 47 14 55
Site : http://perso.libertysurf.fr/vacances.montagne
Email : pierrick.hugel@wanadoo.fr
Contact : Mr Pierrick Hugel

Chalet situé à 400 m du centre d'un village haut-savoyard pittoresque sur le passage du tour du Mont Blanc.Tote l'équipe s'efforcera de vous offrir un séjour agréable, dans une ambiance conviviale fondée sur le respect mutuel.
Capacité d'accueil maximale : 108 pers. - Ch. simple(s) : 1 - Ch. double(s) : 5 - Ch. familiale(s) : 3 - Dortoir : oui
Langue(s) parlée(s) : Français, Anglais

Pour connaître les prestations complètes et les tarifs, veuillez vous renseigner auprès de la maison d'accueil.

Paiements acceptés : Espèces, Chèques, Chèques vacances

Sanitaire : Collectif

Equipement audio-visuel - Agréments : Jeunesse et sports - Education nationale

9 km 9 km 2 km 2 km 1 km

Autres activités : Ski alpin / fond - Parc de loisirs : 2 km

Office de Tourisme
18, route Notre-Dame de la Gorges
74170 Les Contamines-Montjoie
Tél : 04 50 47 01 58

Saint-Gervais-les-Bains

Etape vacances

A40 - Sortie : Saint-Gervais Le Fayet
Carte Michelin : 328
SNCF : Saint-Gervais Le Fayet
TGV : Saint-Gervais Le Fayet - Taxi - Bus
Aéroport : Genève - Taxi - Bus

Village de vacances "Les Glycines"
Passage Montjoux
74170 Saint-Gervais-les-Bains
Tél. : 04 50 78 31 22
Fax : 04 50 78 09 18
Site : www.lesglycines.com
Email : infos@lesglycines.com
Contact : Mme Nicole Delbos

Les vertus du climat bienfaisant et régénérateur de Saint-Gervais sont connues depuis 1806. C'est l'oxygénation et le bien-être assurés. En plein cœur du village, notre relais est à proximité de tous les services : commerces, santé, culte (église à 50 mètres).
Capacité d'accueil maximale : 65 pers. - Ch. simple(s) : 3 - Ch. double(s) : 15 - Ch. familiale(s) : 8
Langue(s) parlée(s) : Français, Anglais

Pour connaître les prestations complètes et les tarifs, veuillez vous renseigner auprès de la maison d'accueil.

Paiements acceptés : Espèces, Cartes bancaires, Chèques, Chèques vacances

Sanitaire : Individuel

Equipement audio-visuel - Agréments : Jeunesse et sports

0,5 km 0,5 km 15 km 8 km 0,5 km

Autres activités : - Patinoire

Office de Tourisme
115, avenue du Mont Paccard - BP 5
74170 Saint-Gervais
Tél : 04 50 47 76 08

Notes

Saint-Jacques de Compostelle

En route vers Saint-Jacques !

VERS LE MILIEU DU XIIe SIÈCLE, un manuscrit recueillait la tradition du culte de l'apôtre Saint-Jacques, réputé évangélisateur de l'Espagne et dont le tombeau était à l'origine d'un célèbre pèlerinage à Saint-Jacques de Compostelle, à l'extrémité du monde connu alors. Pour accomplir sa dévotion, le pèlerin médiéval sillonnait les routes du continent européen pour visiter corps saints et reliques. D'étape en étape, sur l'un des cinq grands itinéraires français le conduisant jusqu'aux cols pyrénéens et vers Compostelle, il était accueilli dans les églises et chapelles, dans des hôpitaux ou par des communautés religieuses.

L'importance de ce culte et du pèlerinage ont nourri l'imaginaire des artistes et des terroirs parcourus, léguant ainsi un vaste patrimoine spirituel et culturel. Ces voyageurs ont laissé des traces tangibles de leurs passages au point que la tradition de la pérégrination vers Compostelle en est aujourd'hui revivifiée. Être face à soi, se dépasser, affronter l'espace, mettre ses pas dans ceux de milliers de destins à travers les siècles, être alors ensemble avec eux devient une forme de recueillement, une voie de découverte d'un Ailleurs que chacun porte en soi. « Compostelle ne serait-il pas un voyage à l'envers, le touriste visite et le pèlerin est visité ? ». À vous d'éprouver, le chemin vous y invite...

L'UNESCO en a reconnu la valeur universelle exceptionnelle en inscrivant les Chemins de Saint-Jacques de Compostelle en Espagne et en France sur la liste du patrimoine de l'Humanité.

Quelques conseils pratiques...

De nombreux ouvrages et associations peuvent vous aider dans le choix d'un itinéraire. Quoi qu'il en soit, prenez le temps de bien préparer votre voyage.

Où vous adresser pour préparer votre voyage

Il existe de multiples publications et associations grâce auxquelles vous pouvez obtenir les informations nécessaires. Parmi les associations les plus actives et complètes, nous vous proposons :

- Association de Coopération Interrégionale des Chemins de Compostelle :
  4, rue Clémence Isaure - 31000 Toulouse - Tel. : 33 (0)5 62 27 00 05
  Fax : 33 (0)5 62 27 12 40 - E-mail : chemins.de.compostelle@wanadoo.fr
  Site Internet : www.chemins-compostelle.com
- Société Française des Amis de Saint-Jacques-de-Compostelle :
  8, rue des Canettes - 75006 Paris - Tel./fax : 33 (0)1 43 54 32 90
  Permanence les mardi, mercredi et jeudi de 14 h 30 à 18 h 30
  Site Internet : www.compostelle.asso.fr

Association de Coopération Interrégionale

Les chemins de Saint-Jacques de Compostelle

L'Association regroupe des collectivités locales, des offices de tourisme, des associations et des particuliers qui œuvrent en commun pour la revitalisation des anciens itinéraires de pèlerinage vers Compostelle. Elle est soutenue par les régions Midi-Pyrénées et Aquitaine et par la ville de Toulouse.

Ses actions :

PROMOUVOIR les significations contemporaines de ces lieux de mémoire,

PERMETTRE la pérégrination par l'information des publics, documentations à la demande, coédition des guides pratiques, organisation de manifestations culturelles, coordination de projets de valorisation de ces anciennes voies de pèlerinage,

FORMER les prestataires de l'accueil.

Vous souhaitez des informations sur les chemins de Compostelle, contactez-nous :

Association de Coopération Interrégionale
« Les chemins de Saint-Jacques de Compostelle »
4 rue Clémence Isaure - 31000 Toulouse

Tél : 00 33 (0)5 62 27 00 05 • **Fax :** 00 33 (0)5 62 27 12 40
E-mail : chemins.de.compostelle@wanadoo.fr
Site Internet : http://www.chemins-compostelle.com
Bulletin d'informations trimestriel : « Chemins... »

Itinéraires européens

Route du Danemark
2
Arthus
Kolding
Flensburg
Lubeck
Hambourg
Brême
Route de Pologne
3
Gdansk
Szczecin
Berlin
Magdebourg
Gottingen
Kasse
Murbourg
Hanovre
Poznam
Varsovie
Route des Pays-Bas
1
Amsterdam
Bruges
Breda
Gand
Anvers
Tournai
Lille
Bruxelles
Mons
Liège
Aix-la-Chapelle
Münster
Valenciennes
Namur
Laon
Paris
Coblence
Trèves
Frankfurt
Luxembourg
Verdun
Châlons-en-Champagne
Troyes
Prague
Stuttgart
Ulm
München
Reutlingen
Fribourg-en-Brisgau
Vézelay
Besançon
Bâle
Lucerne
Chalon-sur-Saône
Berne
Fribourg
Lausanne
Mâcon
Genève
Lyon
Le Puy
Innsbruck
Kitzbühel
Wels
Linz
Salzbourg
Vienne
Bratislava
Sopron
Györ
Esztergom
Budapest
4
Route de Hongrie
5
Route du Brenner
Bolzano
Trente
Vérone
Milan
Plaisance
Briançon
Turin
Gap
Avignon
Forcalquier
Montpellier
Aix-en-Provence
Arles
Marseille
Nice
Fréjus
Menton
Gênes
La Spezia
Parme
Modène
Bologne
Padoue
Venise
Trieste
Postojna
Ljubljana
Zagreb
6
Route de Croatie
Lucques
Pistoia
Forli
Rimini
Ancône
Sienne
Viterbe
Rome
Pescara
Mont Cassin
Foggia
Naples
Bénévent
Bari
7
Route d'Italie
Adriatique
Route d'Italie
8
Méditerranée
Belgrade
Sarajevo
Skopje
Tirana
Palermo
Skikda
Tunis

Itinéraires françai

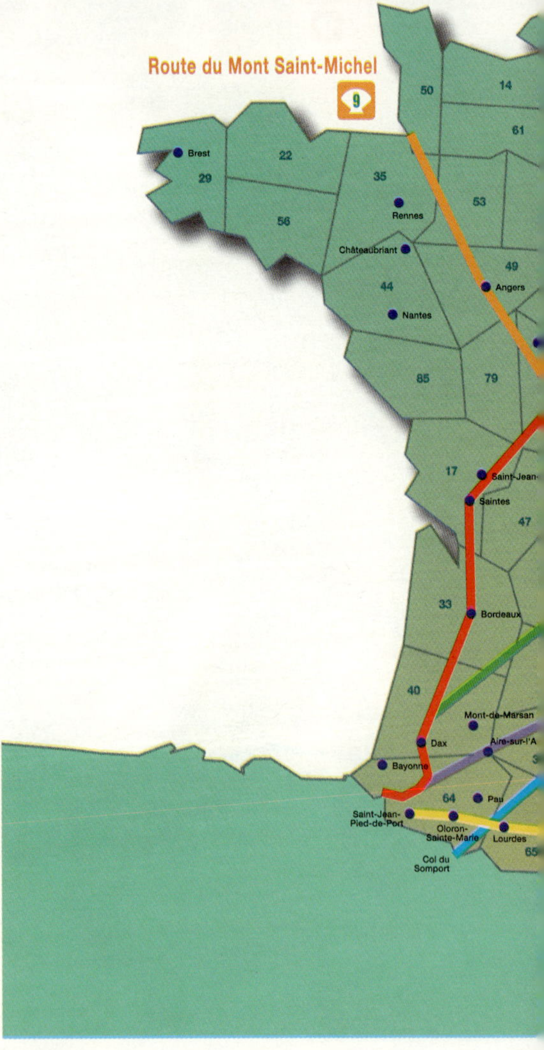

1 Route des Pays-Bas
2 Route du Danemark
3 Route de Pologne
4 Route de Hongrie
5 Route du Brenner
Route d'Italie Adriatique 7
8 Route d'Italie Méditerranée
Lille
Valenciennes
Cambrai
Amiens
Vervins
Laon
Soissons
Senlis
Crépy-en-Valois
Longwy
Verdun
Metz
Sainte-Menehould
Châlons-en-Champagne
Strasbourg
Besançon
Orléans
Blois
Vézelay
Dole
Besançon
La Charité-sur-Loire
Bourges
Châteauroux
Chalon-sur-Saône
Bénévent-l'Abbaye
Mâcon
Villefranche-sur-Saône
Saint-Léonard-de-Noblat
Clermont-Ferrand
Lyon
Saint-Etienne
Grenoble
Le Puy-en-Velay
Briançon
Gap
Figeac
Cahors
Mende
Espalion
Sisteron
Avignon
Forcalquier
Nîmes
Apt
Cavaillon
Menton
Nice
Castres
Montpellier
Arles
Aix-en-Provence
Fréjus
Marseille
Carcassonne
Narbonne

1 Route de Paris (Pays Bas)

	Accueil spirituel	Etape vacances	Maison de repos	Résidence retraités	
BELGIQUE					
Banneux-Notre-Dame-Sprimont - Hospitalité Notre-Dame	X				461
Brugge - Monasterium de Wijngaard	X				463
Pepinster - Centre d'accueil de Chaityfontaine	X	X			460
Tilff - Abbaye Notre-Dame de Brialmont	X				458
FRANCE					
Aquitaine					
40 LANDES					
Saint-Vincent de Paul - Œuvre du Berceau	X	X	X		50
Bourgogne					
58 NIÈVRE					
Nevers - Monastère de la Visitation	X				96
Centre					
28 EURE-ET-LOIR					
Chartres - Maison Saint-Yves	X	X			138
Epernon - Prieuré Saint-Thomas	X	X			139
36 INDRE					
Pouligny-Notre-Dame - Association Re-Source	X	X			140
41 LOIR-ET-CHER					
Blois cedex - Foyer-Hôtellerie Notre-Dame	X	X			145
45 LOIRET					
Meung-sur-Loire - Maison La Ruche	X				146
Ile de France					
78 YVELINES					
Breuil-Bois-Robert - Mr et Mme Van Tilbeurgh		X			206
91 ESSONNE					
Les Granges le Roi - Notre-Dame de l'Ouye	X				212
95 VAL-D'OISE					
Saint-Prix - Massabielle	X	X			219
Limousin					
19 CORRÈZE					
Aubazine - Congrégation des Moniales de la Résurrection	X	X			238
Lorraine					
57 MOSELLE					
Moulins-les-Metz - Ermitage Saint-Jean	X	X	X		249
Nord-pas-de-Calais					
59 NORD					
Godewaersvelde - Abbaye Sainte-Marie Mont-des-Cats	X				288
Solesmes - Institution Saint-Michel		X			291
Pays de la Loire					
85 VENDÉE					
La Flocellière - Dépendances du Château de la Flocellière		X			327
Picardie					
02 AISNE					
Belleu - Maison Sainte-Croix	X				336
Liesse-Notre-Dame - Centre spirituel Notre-Dame-de-Liesse	X				334
60 OISE					
Trosly Breuil - La Ferme de Trosly	X				339
Poitou-Charentes					
16 CHARENTE					
Bassac - Abbaye de Bassac	X				346
17 CHARENTE-MARITIME					
Genouillé - Hameau de Montifaud		X			347
Saintes cedex - Séminaire - Maison Diocésaine	X				350
86 VIENNE					
Ligugé - Abbaye Saint-Martin	X				351

2 Route de Paris (Danemark)

	Accueil spirituel	Etape vacances	Maison de repos	Résidence retraités	
BELGIQUE					
Banneux-Notre-Dame-Sprimont - Hospitalité Notre-Dame	X				461
Pepinster - Centre d'accueil de Chaityfontaine	X	X			460

SAINT JACQUES de COMPOSTELLE

	Accueil spirituel	Etape vacances	Maison de repos	Résidence retraités	
FRANCE					
Aquitaine					
24 DORDOGNE					
Echourgnac - Abbaye Notre-Dame de Bonne Espérance	X				44
33 GIRONDE					
Saint-Morillon - Dominicaines de Béthanie	X				46
40 LANDES					
Buglose - Maison de retraite Saint-Jean			X	X	49
64 PYRÉNÉES-ATLANTIQUES					
Bayonne cedex - Maison diocésaine		X			55
Bourgogne					
58 NIÈVRE					
Nevers - Monastère de la Visitation	X				96
Centre					
28 EURE-ET-LOIR					
Chartres - Maison Saint-Yves	X	X			138
Epernon - Prieuré Saint-Thomas	X	X			139
37 INDRE-ET-LOIRE					
Chinon - Gîte rural Clos-de-Cément		X			143
41 LOIR-ET-CHER					
Blois cedex - Foyer-Hôtellerie Notre-Dame	X	X			145
45 LOIRET					
Meung-sur-Loire - Maison La Ruche	X				146
Champagne Ardennes					
08 ARDENNES					
Saint-Walfroy - Ermitage de Saint-Walfroy	X				152
Saulces-Monclin - Les Sources		X	X		153
Ile de France					
75 PARIS					
Paris - Maison d'accueil	X				192
Paris - Maison Nicolas Barré		X			193
Paris - Prieuré Saint-Benoît	X				194
78 YVELINES					
Breuil-Bois-Robert - Mr et Mme Van Tilbeurgh		X			206
91 ESSONNE					
Evry - Association Saint-Laurent Notre-Dame de Sion	X				209
Les Granges le Roi - Notre-Dame de l'Ouye	X				212
Vauhallan - Abbaye Saint-Louis-du-Temple	X		X	X	208
Midi-Pyrénées					
65 HAUTES-PYRÉNÉES					
Ancizan - Le Home Pyrénéen	X		X		275
Gavarnie - L'Isard		X			276
Gèdre - Communauté des Prémontrés		X			271
Laloubère - Prieuré Notre-Dame des Neiges	X	X			278
Lourdes - Association Centre Assomption	X				267
Lourdes - Association Concorde	X	X	X		268
Lourdes - Foyer Familial	X	X	X		272
Lourdes - Hôtel "Esplanade-Eden"		X			274
Lourdes - Maison Sainte-Thérèse	X	X			277
Lourdes - Résidence la Pastourelle				X	279
St-Savin - Association Prémontrée Beau Site	X	X			269
Nord-pas-de-Calais					
59 NORD					
Solesmes - Institution Saint-Michel		X			283
Picardie					
02 AISNE					
Belleu - Maison Sainte-Croix	X				336
Brumetz - Maison de la Trinité	X				335
Liesse-Notre-Dame - Centre spirituel Notre-Dame-de-Liesse	X				334
60 OISE					
Trosly Breuil - La Ferme de Trosly	X				339
Poitou-Charentes					
17 CHARENTE-MARITIME					
Saintes cedex - Séminaire - Maison Diocésaine	X				350

	Accueil spirituel	Etape vacances	Maison de repos	Résidence retraités	
86 VIENNE					
Bonneuil-Matours - Monastère des Augustines	■	■	■		352
Ligugé - Abbaye Saint-Martin	■				351
3 Route de Vezelay (Pologne)					
BELGIQUE					
Banneux-Notre-Dame-Sprimont - Hospitalité Notre-Dame	■				461
Pepinster - Centre d'accueil de Chaityfontaine	■	■			460
FRANCE					
Alsace					
67 BAS-RHIN					
Obernai Cedex - Amicale et Couvent du Bischenberg	■	■	■		24
Ottrott - Hôtellerie du Mont-Sainte-Odile	■	■	■		29
Aquitaine					
24 DORDOGNE					
Echourgnac - Abbaye Notre-Dame de Bonne Espérance	■				44
Périgueux - Centre Madeleine Delbrêl		■			45
47 LOT-ET-GARONNE					
Agen - Association Valpré Le Lido		■	■		53
Penne-d'Agenais - Association "Vie et Partage"		■			52
Bourgogne					
58 NIÈVRE					
Nevers - Espace Bernadette Soubirous Nevers	■				95
Nevers - Monastère de la Visitation	■				96
71 SAÔNE-ET-LOIRE					
Paray-le-Monial - Foyer du Sacré-Cœur	■	■			99
Paray-le-Monial - Maison du Sacré-Cœur	■	■			101
89 YONNE					
Armeau - Relais Cap France		■			106
Brienon-sur-Armançon - Résidence Saint-Loup				■	107
Joigny - Centre Sophie Barat	■	■			103
Vézelay - Fraternités Monastiques de Jérusalem	■		■		104
Centre					
36 INDRE					
Issoudun - Centre international Jules Chevalier	■				141
Pouligny-Notre-Dame - Association Re-Source	■	■			140
Champagne Ardennes					
08 ARDENNES					
Saulces-Monclin - Les Sources		■	■		153
Languedoc Roussillon					
11 AUDE					
Castelnaudary - Monastère des Clarisses	■	■			225
Limousin					
87 HAUTE-VIENNE					
Feytiat - Maison de l'Amitié		■			240
Saint-Léonard-de-Noblat - Centre spirituel Jean XXIII	■				239
Nord-pas-de-Calais					
59 NORD					
Solesmes - Institution Saint-Michel		■			283
Picardie					
02 AISNE					
Liesse-Notre-Dame - Centre spirituel Notre-Dame-de-Liesse	■				334
Rhône-Alpes					
07 ARDÈCHE					
Lalouvesc - Abri du Pèlerin		■			398
42 LOIRE					
Noiretable - Notre-Dame-de-l'Hermitage	■	■	■		418
SUISSE					
L'Abbaye - La Croisée de Joux	■	■			481
4 Route du Puy (Hongrie)					
BELGIQUE					
Banneux-Notre-Dame-Sprimont - Hospitalité Notre-Dame	■				461
Pepinster - Centre d'accueil de Chaityfontaine	■	■			460

SAINT JACQUES de COMPOSTELLE

	Accueil spirituel	Etape vacances	Maison de repos	Résidence retraités	
FRANCE					
Alsace					
67 BAS-RHIN					
Obernai Cedex - Amicale et Couvent du Bischenberg	■	■	■		24
Ottrott - Hôtellerie du Mont-Sainte-Odile	■	■	■		29
Aquitaine					
47 LOT-ET-GARONNE					
Agen - Association Valpré Le Lido		■	■		53
Penne-d'Agenais - Association "Vie et Partage"		■			52
Auvergne					
15 CANTAL					
Aurillac - Maison Saint-Raphaël		■	■		67
Quezac - Diocèse de Saint-Flour	■				64
Saint-Flour Cedex - La Maison des Planchettes		■	■		65
43 HAUTE-LOIRE					
Le Puy-en-Velay - Association Grand Séminaire	■	■			68
Le Puy-en-Velay - Domaine de Chadenac	■	■	■	■	69
Montfaucon-en-Velay - Hôtel-Restaurant "Les Platanes"		■			70
Bourgogne					
71 SAÔNE-ET-LOIRE					
Paray-le-Monial - Foyer du Sacré-Cœur	■	■			99
Paray-le-Monial - Maison du Sacré-Cœur	■	■			101
Languedoc Roussillon					
30 GARD					
Nîmes - Monastère des Clarisses	■				228
Midi-Pyrénées					
12 AVEYRON					
Conques - Abbaye Sainte-Foy	■				255
Conques - Maison Familiale de Vacances Sainte-Foy		■	■		260
Gramond - Centre Saint-Dominique	■		■		257
Mur-de-Barrez - Monastère Sainte-Claire	■	■			261
Nant - Centre du Trouzil		■			256
Rodez - Résidence Jean XXIII				■	262
Saint Chely d'Aubrac - Maison de retraite				■	259
46 LOT					
Gramat - Centre "Quatre Horizons "		■			265
Rocamadour - Le Relais des Remparts & la Maison à Marie	■	■			266
82 TARN-ET-GARONNE					
Caylus - Centre spirituel François Palau	■				283
Rhône-Alpes					
01 AIN					
Ars-sur-Formans - Maison Saint-Jean	■				396
Izieu - Maison Béthanie	■	■			393
07 ARDÈCHE					
Genestelle - Maison Familiale "Là où naissent les étoiles".		■			403
Lalouvesc - Maison Thérèse Couderc	■				405
Saint-Etienne-de-Lugdarès - Maison Saint-Joseph	■	■	■		404
Saint-Julien-Vocance - Foyer Marie Jean	■				400
Saint-Laurent-Les-Bains - Abbaye Notre-Dame des Neiges	■				397
Vanosc - Accueil Saint-Joseph de Vanosc	■				399
42 LOIRE					
Noiretable - Notre-Dame-de-l'Hermitage	■	■	■		418
69 RHÔNE					
Ecully cedex - Valpré	■	■			422
Francheville - La Chardonnière	■	■			419
Francheville - Maison Saint-Joseph	■	■			421
73 SAVOIE					
Belmont-Tramonet - Abbaye Saint-Joseph-de-la-Rochette	■				423
SUISSE					
L'Abbaye - La Croisée de Joux	■	■			481

5 Route d'Arles (du Brenner)

	Accueil spirituel	Etape vacances	Maison de repos	Résidence retraités	
FRANCE					
Aquitaine					
64 PYRÉNÉES-ATLANTIQUES					
Lestelle Betharram - Accueil Notre-Dame de Bétharram	■	■	■		54

	Accueil spirituel	Etape vacances	Maison de repos	Résidence retraités	
Languedoc Roussillon					
30 GARD					
Nîmes - Maison diocésaine		X			227
Rhône-Alpes					
01 AIN					
Belley - Maison Saint-Anthelme		X	X	X	395
69 RHÔNE					
Francheville - La Chardonnière	X	X			419
6 Route d'Arles (Croatie)					
Aquitaine					
64 PYRÉNÉES-ATLANTIQUES					
Lestelle Betharram - Accueil Notre-Dame de Bétharram	X	X	X		54
Languedoc Roussillon					
30 GARD					
Nîmes - Maison diocésaine		X			227
ITALIE					
Padova - Hotel "Casa del Pellegrino"		X			475
7 Route d'Arles (Adriatique)					
FRANCE					
Aquitaine					
64 PYRÉNÉES-ATLANTIQUES					
Lestelle Betharram - Accueil Notre-Dame de Bétharram	X	X	X		54
Languedoc Roussillon					
30 GARD					
Nîmes - Maison diocésaine		X			227
Provence-Alpes-Côte d'Azur					
05 HAUTES-ALPES					
Chateauroux-les-Alpes - Gîte de Saint-Alban		X			362
Saint-Etienne-le-Laus - Hôtellerie Notre-Dame-du-Laus	X	X	X		363
13 BOUCHES-DU-RHÔNE					
Arles - Prieuré Notre-Dame-des-Champs	X				379
Rhône-Alpes					
38 ISÈRE					
Saint-Hilaire-du-Touvet - Maison d'accueil "L'Etang Notre-Dame"	X	X			411
8 Route d'Arles (Méditerranée)					
Aquitaine					
64 PYRÉNÉES-ATLANTIQUES					
Lestelle Betharram - Accueil Notre-Dame de Bétharram	X	X	X		54
Languedoc Roussillon					
30 GARD					
Conqueyrac - Accueil Montfortain	X	X	X	X	226
Nîmes - Maison diocésaine		X			227
66 PYRÉNÉES-ORIENTALES					
Montferrer - Association El Castell		X	X		231
Perpignan - Maison diocésaine d'accueil du Mont-Thabor	X	X			233
Midi-Pyrénées					
31 HAUTE-GARONNE					
Luchon - Maison Gascon		X	X		264
65 HAUTES-PYRÉNÉES					
Argelès-Gazost - Gîte Notre-Dame-de-l'Estaou		X			273
Provence-Alpes-Côte d'Azur					
06 ALPES-MARITIMES					
Cannes - CIMEM	X	X			365
Grasse - Foyer Féminin Saint-Antoine		X			368
La Trinité - Sanctuaire de Notre-Dame de Laghet	X	X			373
Menton - Maison d'accueil "Le Home"	X	X	X		369
Menton - SCI La Consolation		X			375
Nice - Association Marie-Clotilde		X			364
Nice - Monastère Sainte-Claire	X				372
Saint-Paul - Dominicaines de la Sainte-Famille	X	X	X		367
Sospel - Domaine du Paraïs		X			366

	Accueil spirituel	Etape vacances	Maison de repos	Résidence retraités	
Utelle - Sanctuaire Notre-Dame des Miracles	■	■			374
Vence cedex - Maison Lacordaire	■	■			371
13 BOUCHES-DU-RHÔNE					
Arles - Prieuré Notre-Dame-des-Champs	■				379
Tarascon - Abbaye "Saint-Michel-de-Frigolet"	■				376
83 VAR					
Callas - Maison Saint-Dominique	■	■			382
La Croix Valmer - Maison Saint-Esprit	■	■	■		383
Plan d'Aups Sainte-Baume - Hôtellerie de la Sainte-Baume	■	■	■		381
Rhône-Alpes					
07 ARDÈCHE					
Saint-Laurent-Les-Bains - Abbaye Notre-Dame des Neiges	■				397
9 Route du Mont-Saint-Michel					
BELGIQUE					
Banneux-Notre-Dame-Sprimont - Hospitalité Notre-Dame	■				461
Pepinster - Centre d'accueil de Chaityfontaine	■	■			460
FRANCE					
Basse-Normandie					
14 CALVADOS					
Bayeux - Monastère des Bénédictines	■	■	■		80
Douvres-La Délivrande - Collège Maîtrise Notre-Dame		■			78
Vire cedex - Communauté de Blon	■				79
50 MANCHE					
Montebourg - Association d'Education Populaire		■			82
61 ORNE					
Argentan cedex - Clos Sainte-Opportune	■	■			88
Bretagne					
29 FINISTÈRE					
Chateaulin - Juvenat Notre-Dame Penfeunteun		■			119
35 ILLE-ET-VILAINE					
Cesson Sévigné - Centre d'accueil Diocésain La Hublais	■	■			123
Dinard cedex - Maison Saint-François		■	■	■	127
St-Malo cedex - Ethic étapes		■			126
Centre					
28 EURE-ET-LOIR					
Chartres - Maison Saint-Yves	■	■			138
Pays de la Loire					
44 LOIRE-ATLANTIQUE					
La Meilleraye-de-Bretagne - Abbaye Notre-Dame de Melleray	■				304
Saint-Molf - Maison d'Accueil Kerguenec	■	■			306
53 MAYENNE					
Laval cedex - Abbaye de la Coudre	■				311
Pontmain - Auberge de l'Espérance		■	■		313
Pontmain - Centre Pastoral du Sanctuaire	■				314
Pontmain - Relais Le Bocage	■	■	■	■	317
85 VENDÉE					
Saint-Laurent sur Sèvre - Maison d'accueil Montfortaine		■			328
Poitou-Charentes					
17 CHARENTE-MARITIME					
Saintes cedex - Séminaire - Maison Diocésaine	■				350
86 VIENNE					
Ligugé - Abbaye Saint-Martin	■				351

Etablissements situés hors de France

Index des pays étrangers

Belgique

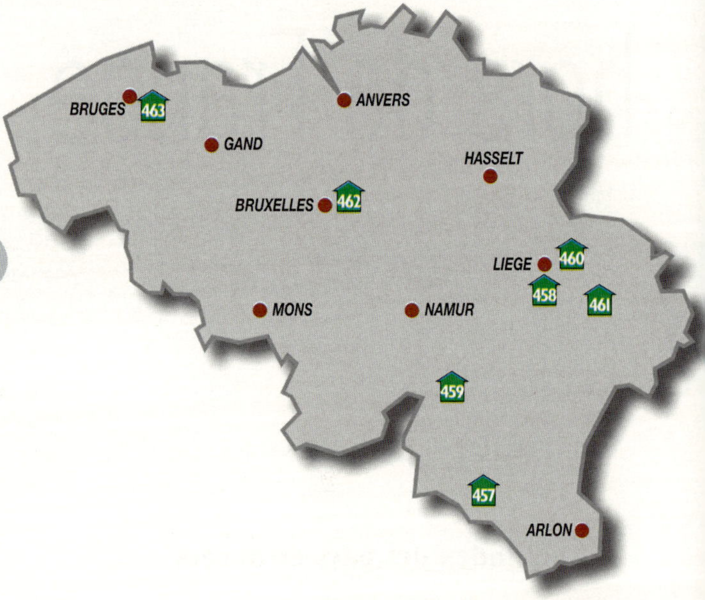

Vous retrouverez le descripif complet de chaque établissement, en vous reportant au numéro de page indiqué sur la petite maison verte. 36

Bouillon

Accueil spirituel

E411 - Sortie : N°25
SNCF : Libramont ou Sedan -

Abbaye de Clairefontaine
Cordemoy
B 6830 Bouillon
Tél. : 00 32 (0)61 229 080
Fax : 00 32 (0)61 229 081
Email : accueil@abbaye-clairefontaine.be

A 3 km de Bouillon, au bord de la Semois, l'Abbaye abrite une communauté de moniales cisterciennes; selon la règle de Saint Benoît et dans un esprit fraternel, leur quotidien est rythmé par la prière et le travail manuel. L'Eglise est accessible au public et toute personne peut participer à la prière communautaire des Sœurs trappistines. Une des ailes du Monastère est aménagée pour recevoir les personnes désirant se ressourcer, seules ou en groupes, dans une atmosphère de silence et de paix.
Capacité d'accueil maximale : 25 pers. - Ch. simple(s) : 15 - Ch. double(s) : 5
Langue(s) parlée(s) : Français, Néerlandais
Dates de fermeture : 01/01 au 31/01

Pour connaître les prestations complètes et les tarifs, veuillez vous renseigner auprès de la maison d'accueil.

Paiements acceptés : Espèces, Cartes bancaires, Chèques

Sanitaire : Collectif

Syndicat d'Initiative - Château Fort - BP 13
B 6830 Bouillon
Tél : 00 32 (0)61 464 202

Tilff

Accueil spirituel

E25 - Sortie : N°42 - N30
SNCF : Tilff
TGV : Liège - Taxi - Navette - 30 minutes à pied.
Aéroport : Liège - Bierset ou Zaventem - Taxi - Navette

Abbaye Notre-Dame de Brialmont
B 4130 Tilff
Tél. : 00 32 (0)4 388 17 98
Fax : 00 32 (0)4 388 10 44
Site : www.brialmont.be
Email : brialmont.hotellerie@skynet.be
Contact : Sœur Camilla

L'abbaye cistercienne domine la vallée de l'Ourthe. Les moniales accueillent pour des retraites individuelles ou en petit groupe. Séjour de 8 jours maximum. Hôtes en séjour ou de passage peuvent participer à la liturgie chantée en français.
Capacité d'accueil maximale : 22 pers. - Ch. simple(s) : 4 - Ch. double(s) : 9 - Linge de maison fourni
Langue(s) parlée(s) : Français, Anglais, Néerlandais
Dates de fermeture : 01/09 au 30/09

Pour connaître les prestations complètes et les tarifs, veuillez vous renseigner auprès de la maison d'accueil.

Paiements acceptés : Espèces, Cartes bancaires, Chèques

Sanitaire : Individuel et Collectif

10 km 10 km 10 km 10 km

Royal Syndicat d'Initiative - place du souvenir, 20
B 4130 Tilff
Tél : 00 32 (0)4 388 16 30

1 km

Rochefort

Accueil spirituel

E411 - Sortie : N°22 - N949
SNCF : Jemelle, 4
TGV : Liège ou Bruxelles, 60/120 - Navette
Aéroport : Bruxelles - Zaventem - 120 - Navette

Carmel de Rochefort
12, avenue du Rond Point
B 5580 Rochefort
Tél. : 00 32 (0) 84 21 12 72
Fax : 00 32 (0)84 34 52 39
Email : carmel.rochefort@tiscali.be
Contact : Soeur Chantal

Dans un environnement naturel très beau, nous sommes heureuses d'offrir plusieurs possibilités d'accueil pour des temps de ressourcement spirituel et de recueillement. Notre-Dame de la Solitude, contigu au Carmel : oratoire, 4 chambres. Tabéel : chapelle, 10 chambres. Sarepta : ermitage.
Capacité d'accueil maximale : 15 pers. - Ch. simple(s) : 13 - Ch. double(s) : 1 - Autres : ermitage - Linge de maison fourni
Langue(s) parlée(s) : Français, Néerlandais

		Adultes	Enfants	Groupes
Hébergement	*Nuit*	10€	9€	-
Demi-pension	*Nuit*	19€	17.10€	-
Pension complète	*Nuit*	26€	23.40€	-

Paiements acceptés : Espèces, Chèques, Virement
Tarifs communiqués à titre indicatif. Pour plus de précisions, contacter directement la maison d'accueil.

Sanitaire : Collectif

Equipement audio-visuel

Pepinster

Accueil spirituel

Etape vacances

E25 - Sortie : Sprimont N°45
SNCF : Liège ou Verviers
TGV : Liège - Taxi - Navette
Aéroport : Zaventem - Taxi - Navette

Centre d'accueil de Chaityfontaine
Sanctuaire de Banneux - 8 Chaityfontaine
B 4860 Pepinster
Tél. : 00 32 (0)4 360 9171/72
Fax : 00 32 (0)4 360 9173
Site : www.banneux-nd.be
Email : sanctuaire@banneux-nd.be
Contact : Mme Halkin

Ce château confortable, situé à 200 m du sanctuaire de Banneux sur un domaine de 66 ha, accueille pèlerins seuls ou en groupes. Dans le cadre de la formation religieuse et du service aux malades, des séminaires sont organisés aussi bien pour les professionnels de la santé, les prêtres et les bénévoles.
Capacité d'accueil maximale : 56 pers. - Ch. simple(s) : 11 - Ch. double(s) : 9 - Ch. familiale(s) : 9 - Linge de maison fourni
Langue(s) parlée(s) : Français, Anglais, Allemand, Néerlandais
Dates de fermeture : 15/12 au 15/01

		Adultes	Enfants	Groupes
Hébergement	*Nuit + Pdj*	22.90 à 29.40€	-	-
Demi-pension	*Jour*	35.25 à 41.75€	-	-
Pension complète	*Jour*	43 à 49.50€	-	-

Paiements acceptés : Espèces, Cartes bancaires
Tarifs communiqués à titre indicatif. Pour plus de précisions, contacter directement la maison d'accueil.

Sanitaire : Individuel et Collectif

Equipement audio-visuel

10 km 10 km 7 km

Office de Tourisme - rue de l'Esplanade, 57
B 4141 Banneux-Notre-Dame-Sprimont
Tél : 00 32 (0)4 358 09 50
Email : tourisme.primont.banneux@belgacom.net

1 2 3 4 9

Banneux-Notre-Dame-Sprimont

Accueil spirituel

E25 - Sortie : Sprimont N° 45
SNCF : Liège ou Verviers
TGV : Liège - Taxi - Navette
Aéroport : Zaventem - Taxi - Navette

Hospitalité Notre-Dame
Sanctuaire de Banneux - 57, rue de l'Esplanade
B 4141 Banneux-Notre-Dame-Sprimont
Tél. : 00 32 (0)4 360 02 22
Fax : 00 32 (0)4 360 82 39
Site : www.banneux-nd.be
Email : sanctuaire@banneux-nd.be
Contact : Mr Joseph Cassart

L'Hospitalité Notre-Dame, située dans l'enceinte même de Banneux-Notre-Dame, sanctuaire de la vierge des pauvres, durant la saison des pèlerinages (mai à octobre), accueille des malades et accompagnants au sein de triduum organisés. Hors saison : sessions, séminaires, retraites, journées de rencontre.
Capacité d'accueil maximale : 360 pers.
Langue(s) parlée(s) : Français, Anglais, Allemand, Italien, Néerlandais
Dates de fermeture : 15/12 au 15/01

		Adultes	Enfants	Groupes
Hébergement	*Nuit*	16,50 à 25,50€	11,50 à 15,50€	-
Demi-pension	*Jour*	22,50 à 34€	17,50 à 21,50€	-
Pension complète	*Jour*	27,50 à 34€	22,50 à 27,50€	-

Paiements acceptés : Espèces, Chèques
Tarifs communiqués à titre indicatif. Pour plus de précisions, contacter directement la maison d'accueil.

Sanitaire : Individuel et Collectif

Equipement audio-visuel

10 km 10 km 7 km

Autres activités : - Visites touristiques

Office de Tourisme - rue de l'Esplanade, 57
B 4141 Banneux-Notre-Dame-Sprimont
Tél : 00 32 (0)4 358 09 50
Email : tourisme.primont.banneux@belgacom.net

1 2 3 4 9

Kraainem

Accueil spirituel

E40 (Namur) suivre le Ring - Sortie : Kraainem-Wezembeek - Ring-Bruxelles
SNCF : Bruxelles - Gare Central
TGV : Bruxelles - Gare du Midi - Taxi - Métro vers Stockel - Arrêt Kraainem
Aéroport : Zaventem - Taxi - Navette
Autres moyens de transfert : Métro 1B

Monastère de la Visitation
5, avenue d'Hébron
B 1950 Kraainem
Tél. : 00 32 (0)2 720 01 67
Fax : 00 32 (0)2 720 86 74
Email : visikraainem@skynet.be

A la périphérie de Bruxelles, les Moniales Visitandines accueillent (8 jours maximum) religieuses, dames et jeunes filles pour retraites spirituelles. Petits groupes tolérés (6 au plus). Accueil hors clôture de groupes (40 personnes maximum) pour récollections d'une journée.
Capacité d'accueil maximale : 5 pers. - Ch. simple(s) : 5 - Linge de maison fourni
Langue(s) parlée(s) : Français, Anglais, Neerlandais

Pour connaître les prestations complètes et les tarifs, veuillez vous renseigner auprès de la maison d'accueil.

Paiements acceptés : Espèces, Chèques, Virements

Sanitaire : Individuel et Collectif

Brugge

Accueil spirituel

Brugge
SNCF : Brugge (à 10 min. à pied) - Taxi

Monasterium de Wijngaard
Begijnhof, 24-30
B 8000 Brugge
Tél. : 00 32 (0)5 033 00 11
Fax : 00 32 (0)5 033 18 81
Site : www.monasteria.org
Email : bezinningshuis@dewijngaard.org
Contact : Sœur Marie-Placide

Les Filles de l'Eglise Bénédictines accueillent (3 jours minimum) prêtres, religieuses, dames ou petits groupes, pour recueillement dans le silence et la prière avec la communauté. Les offices sont célébrés en grégorien. La maison, avec jardin est située au bord de la ville (à 10 mn de la gare).
Capacité d'accueil maximale : 22 pers. - Ch. simple(s) : 16 + lavabo - Ch. double(s) : 3 + lavabo
Langue(s) parlée(s) : Français, Anglais, Allemand, Néerlandais
Dates de fermeture : Une semaine avant la Pentecôte et une semaine en Mai-Juin

Pour connaître les prestations complètes et les tarifs, veuillez vous renseigner auprès de la maison d'accueil.

Paiements acceptés : Espèces

Sanitaire : Collectif

Equipement audio-visuel

Sur place

Toerisme Brugge - burg, 11
B 8000 Brugge
Tél : 00 32 (0)50 44 86 86
Email : toerisme@brugge.be

Canada

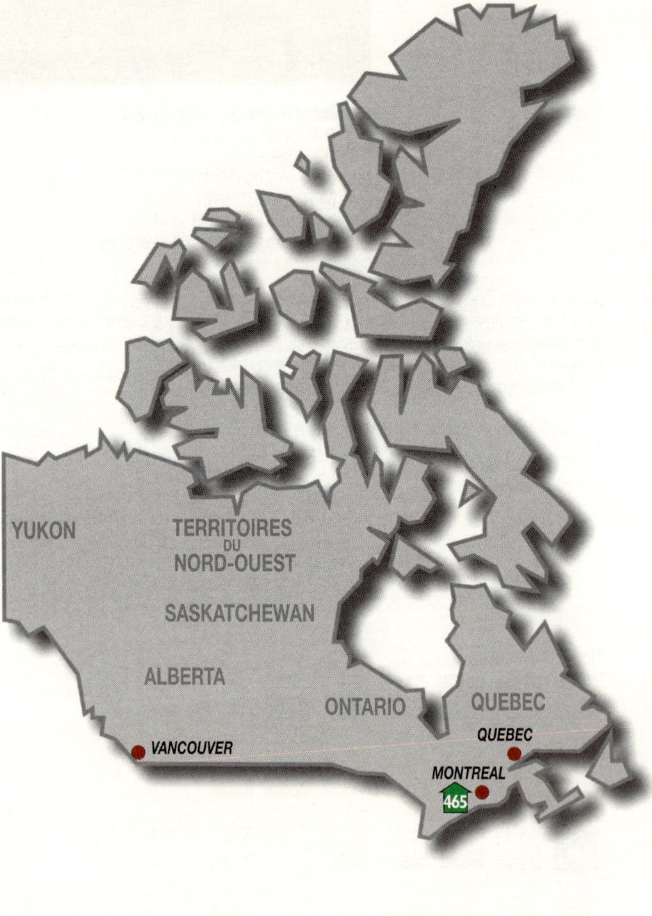

Vous retrouverez le descripif complet de chaque établissement, en vous reportant au numéro de page indiqué sur la petite maison verte. 36

Montreal

Accueil spirituel

Etape vacances

Maison de repos

40 - Sortie : Saint-Laurent

Le Centre 7400
7400 boulevard Saint-Laurent
C 6 H2R 2Y1 Montreal
Tél. : (001) 514 270 7400
Fax : (001) 514 270 7451
Email : centre7400@qc.aira.com
Contact : Mme Hélène Morin

Le centre 7400 dirigé par les clercs de Saint-Viateur offre des services de qualité à vocation éducative, pastorale. Toute personne seule ou en groupe est accueillie. Situé au centre de l'île de Montréal, à côté du parc Jarry et du stade olympique.
Capacité d'accueil maximale : 90 pers. - Ch. simple(s) : 18 - Ch. double(s) : 22 - Ch. familiale(s) : 4 - Linge de maison fourni
Langue(s) parlée(s) : Français, Anglais
Dates de fermeture : 20/12 au 6/01

Pour connaître les prestations complètes et les tarifs, veuillez vous renseigner auprès de la maison d'accueil.

Paiements acceptés : , Cartes bancaires, Chèques, Chèques vacances

Sanitaire : Individuel et Collectif

Equipement audio-visuel

Espagne

Vous retrouverez le descripif complet de chaque établissement, en vous reportant au numéro de page indiqué sur la petite maison verte.

Queralbs

Accueil spirituel

Etape vacances

SNCF : Renfe/ Ribes de freser - Taxi

Santuario de la Madre de Dios de Nuria
Estacion de Montana de Valle de Nuria
E 17534 Queralbs
Tél. : 00 34 (0)972 73 20 20
Fax : 00 34 (0)972 73 20 24
Site : www.valldenunia.com
Email : valldenunia@valldenunia.com

Le Sanctuaire offre une ambiance pour retraite, réflexion et contempler l'héritage d'une vierge vénérée. Un endroit pour se retrouver spirituellement. Vous pourrez profiter d'un parcours en haute montagne avec un moyen de transport singulier, le train à Crémaillère.
Capacité d'accueil maximale : 140 pers. - Appartement(s) : oui - Camping : oui - Linge de maison fourni
Langue(s) parlée(s) : Français, Anglais, Espagnol
Dates de fermeture : Novembre

Pour connaître les prestations complètes et les tarifs, veuillez vous renseigner auprès de la maison d'accueil.

Paiements acceptés : Espèces, Cartes bancaires, Chèques

Sanitaire : Individuel et Collectif

Equipement audio-visuel

Sur place

Autres activités : Ski alpin / fond : Sur place - Excursions - Bateaux - Tir à l'arc

Grande-Bretagne

Vous retrouverez le descripif complet de chaque établissement, en vous reportant au numéro de page indiqué sur la petite maison verte. 36

London

Etape vacances

TGV : London Waterloo - Eurostar - Taxi - Métro - Bus
Aéroport : Heathrow / Gatwick / Stansted / Luton, City Airport - Taxi - Navette - Train - Métro - BusMétro

Centre d'Echanges Internationaux
The French Centre - 164/168 Westminster Bridge Road
GB SE1 7RW London
Tél. : 00 44 (0)20 7960 2600
Fax : 00 44 (0)20 7960 2601
Site : www.cei-frenchcentre.com
Email : info@cei-frenchcentre.com

Le "French Centre" propose différents types d'hébergements à Londres : auberges de jeunesse, hôtels, chambres en famille et résidences. L'équipe francophone est à votre disposition pour vous conseiller et réserver l'hébergement de votre choix en fonction de votre budget, la durée et le thème du séjour. Groupes et particuliers. Possibilité de cours d'anglais, de visites et spectacles pour groupes.
- Ch. simple(s) : OUI - Ch. double(s) : OUI - Ch. familiale(s) : oui - Dortoir : oui - Linge de maison fourni
Langue(s) parlée(s) : Français, Anglais, Espagnol, Italien

Pour connaître les prestations complètes et les tarifs, veuillez vous renseigner auprès de la maison d'accueil.

Paiements acceptés : Espèces, Cartes bancaires, Chèques, Travellers Chèque

Sanitaire : Individuel et Collectif

London

Etape vacances

More House
53, Cromwell road
GB SW7 2EH London
Tél. : 00 44 (0)207 584 20 40
Fax : 00 44 (0)207 581 57 48
Site : www.morehouse.co.uk
Email : more-house@surf3.net
Contact : Soeur Françoise

"More House", foyer pour étudiants, géré par les sœurs de Notre-Dame, accueille en juillet et août touristes et étudiants. La maison est située dans un quartier central et agréable, à proximité des musées, des magasins, près des arrêts d'autobus et de 2 stations de métro. Prix varient selon le nombre de lits.
Capacité d'accueil maximale : 80 pers. - Ch. simple(s) : 34 - Ch. double(s) : 50 - Ch. familiale(s) : 7 - Linge de maison fourni
Langue(s) parlée(s) : Français, Anglais, Allemand, Espagnol, Italien, Russe
Dates de fermeture : 01/09 au 30/06

Pour connaître les prestations complètes et les tarifs, veuillez vous renseigner auprès de la maison d'accueil.

Paiements acceptés : Espèces, Chèques, Espèce en Livres ST, Travellers cheques

Sanitaire : Collectif

Equipement audio-visuel

Ryde Isle of Wight

Accueil spirituel

M27 ou A27 - Sortie : Portsmouth Harbour direction Ferry Isle of Wight
SNCF : Portsmouth Harbour puis Ferry Isle of Wight, 10 - Taxi - A pied
Autres moyens de transfert : Ferry de Cherbourg, Le Havre, Caen ou Saint-Malo à Portsmouth

The Garth Retreat

St Cecilia's Abbey - Appley Rise
GB PO33 1LH Ryde Isle of Wight
Tél./Fax : 00 44 (0)19 835 626 02
Fax : 00 44 (0)19 835 626 02
Site : www.stceciliasabbey.org.uk
Email : info@stceciliasabbey.org.uk
Contact : Soeur Claire

Abbaye proche de la mer, sur l'île de Wight, face à Portsmouth. Les Moniales Bénédictines (Cong. de Solesmes) accueillent dames et couples mariés de toute religion qui veulent jouir de la paix et du rayonnement de la prière monastique, chantée en latin et en grégorien. Séjours de 8 jours maximum. Retraitants doivent pourvoir eux-mêmes à leur repas.
Capacité d'accueil maximale : 8 pers. - Ch. simple(s) : 2 - Ch. double(s) : 3 - Linge de maison fourni
Langue(s) parlée(s) : Français, Anglais
Dates de fermeture : 22/12 au 29/12

Pour connaître les prestations complètes et les tarifs, veuillez vous renseigner auprès de la maison d'accueil.

Paiements acceptés : , Espèces Livres ST

Sanitaire : Collectif

Equipement audio-visuel

1 km

Tourist Information Centre - Western esplanade, ryde
GB PO33 2LW Isle of Wight
Tél : 00 44 (0)19 835 629 05

Italie

Vous retrouverez le descripif complet de chaque établissement, en vous reportant au numéro de page indiqué sur la petite maison verte. 36

Monreale/Sicile

Accueil spirituel
Etape vacances
Maison de repos
Résidence retraités

Route de Palerme
SNCF : Gare de Palerme - Taxi
Aéroport : Palerme à 20 km - Bus - Navette - Taxi

Casa del le Fangiulle
Via Umberto I, N° 96
I 90046 Monreale/Sicile
Tél. : 00 33 (0)916 40 20 10 / 06 72 22 65 44
Site : www.solidarietamoureale.com
Email : sedita@wanadoo.fr
casadellefanciullegcusmano@virgilio.it
Contact : Sœur Maria-Domenica

Situé sur les collines dominnant Palermo, à deux pas du dôme de Monréale, les soeurs de l'Ordre de Padré G. Lusmano, vous accueillent dans un couvent du XIII ème siècle, réhabilité en 2000. Chambres tout confort. Repas de très bonne qualité préparés par les soeurs.
Capacité d'accueil maximale : 50 pers. - Ch. simple(s) : 5 - Ch. double(s) : 12 - Ch. familiale(s) : 6 - Studio(s) : oui
Langue(s) parlée(s) : Français, Italien

Pour connaître les prestations complètes et les tarifs, veuillez vous renseigner auprès de la maison d'accueil.

Paiements acceptés : Espèces

Sanitaire : Individuel

Equipement audio-visuel

Sur place 100 mètres

Pistoia - Casalguidi

Accueil spirituel

Etape vacances

A11 - Sortie : Pistoia - suivre direction Empoli / Vinci Laporecchio

SNCF : Pistoia -

Aéroport : Firenze - Pisa

Autres moyens de transfert : Bus : de la gare SNCF, direction-Laporecchio/ Empoli/Vinci. - Fermée : Case Alte

Centro Comunitario "Maria Madre della Chiesa"
Via Montalbano, 758
I 51034 PT Pistoia - Casalguidi
Tél. : 00 39 (0)573 52 72 59
Fax : 00 39 (0)573 52 81 85
Site : www.centro-comunitario.it
Email : centrocomunitario@virgilio.it
Contact : Mr Piero Perelli

L'association catholique "Centro Comunitario Servizio Cristiano", reçoit 60 personnes maximum pour toute retraite spirituelle et pastorale, de 2 nuits à une semaine, dans un établissement situé à 250 m d'altitude et proposant parc et jardin.

Capacité d'accueil maximale : 60 pers. - Ch. simple(s) : 3 - Ch. double(s) : 15 - Ch. familiale(s) : 5

Langue(s) parlée(s) : Français, Anglais, Espagnol, Italien

Pour connaître les prestations complètes et les tarifs, veuillez vous renseigner auprès de la maison d'accueil.

Paiements acceptés : Espèces, Chèques

Sanitaire : Individuel

Equipement audio-visuel

Office national de Tourisme Italien - 23, rue de la Paix
75002 Paris
Tél : 01 42 66 66 68

Padova

Etape vacances

A4 - Sortie : Padova Est/Padova Ouest / Padova Sud
SNCF : Gare de Padova - Taxi - Navette

Hotel "Casa del Pellegrino"
Via Cesarotti, 21
I 35123 Padova
Tél. : 00 39 (0)498 239 711
Fax : 00 39 (0)498 239 780
Site : www.casadelpellegrino.com
Email : info@casadelpellegrino.com

Près de la basilique de Saint-Antoine, l'Hotel Casa del Pellegrino est au centre historique, dans un palais construit au XVIII ème siècle . En ces murs prestigieux l'Hotel, le restaurant, le bar se situent dans une structure moderne et confortable. Le parking payant à l'intérieur. Pèlerins et touristes pourront visiter, en plus du sanctuaire, la célèbre chapelle des Scrovegni, la Cathédrale du XIII siècle, l'ancienne l'Université... Petit déjeuner à buffet, climatisation.
Capacité d'accueil maximale : 298 pers. - Ch. simple(s) : 48 - Ch. double(s) : 82 - Ch. familiale(s) : 27 - Linge de maison fourni
Langue(s) parlée(s) : Français, Anglais, Allemand, Italien
Dates de fermeture : mi décembre à 3eme - semaine de janvier

Pour connaître les prestations complètes et les tarifs, veuillez vous renseigner auprès de la maison d'accueil.

Paiements acceptés : Espèces, Cartes bancaires

Sanitaire : Individuel et Collectif

IAT Galleria Pedrocchi -
I 35123 PD Padova
Tél : 00 39 (0)498 767 927

Pologne

Vous retrouverez le descripif complet de chaque établissement, en vous reportant au numéro de page indiqué sur la petite maison verte. 36

Czestochowa

Accueil spirituel

Etape vacances

Varsovie-Katowice - Sortie : Czestochowa

SNCF : Czestochowa - Taxi

Dom Swietego Gabriela
ul. Noskowskiego 13
PL 42200 Czestochowa
Tél. : 00 48 34 367 16 24
Fax : 00 48 34 367 12 34
Site : www.cyberquebec.ca/saintgabriel/
Email : ch.bizon@ap.edu.pl
Contact : Frère Christian Bizon

Czestochowa doit sa renommée à l'icône miraculeuse de La Vierge Noire qui attire des millions de pèlerins. Dom Swietego Gabriela (800 m du sanctuaire) animée par les Frères de Saint-Gabriel recoit les pèlerins étrangers. A proximité : Auschwitz (100 km), Cracovie (150 km).
Capacité d'accueil maximale : 42 pers. - Ch. simple(s) : 6 - Ch. double(s) : 18 - Linge de maison fourni
Langue(s) parlée(s) : Français, Anglais, Espagnol, Italien, Polonais

		Adultes	Enfants	Groupes
Hébergement	*Nuit*	10€	8€	-
Demi-pension	*Jour*	24€	18€	-
Pension complète	*Jour*	36€	24€	-

Paiements acceptés : Espèces, Chèques
***Tarifs communiqués à titre indicatif.** Pour plus de précisions, contacter directement la maison d'accueil.*

Sanitaire : Individuel

Equipement audio-visuel

Suisse

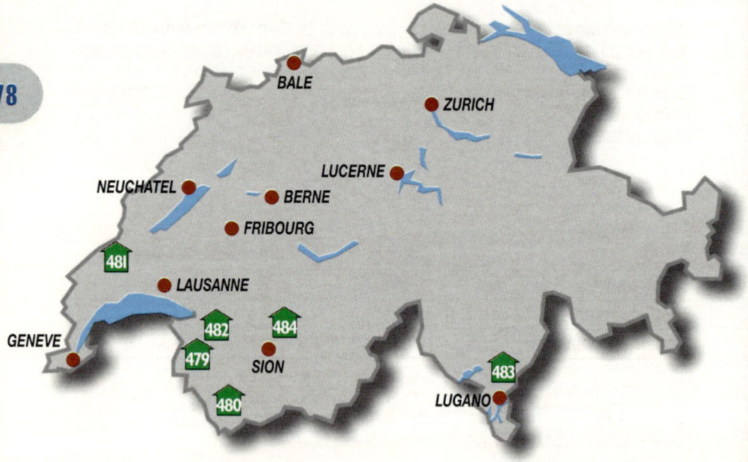

Vous retrouverez le descripif complet de chaque établissement, en vous reportant au numéro de page indiqué sur la petite maison verte. 36

Saint-Maurice

Accueil spirituel

Maison de repos

- Sortie : Bex
SNCF : St Maurice
TGV : Lausanne -
Aéroport : Genève - 70 - Taxi - Train

Foyer Franciscain
rue Antoine de Quartéry, 1
CH 1890 Saint-Maurice
Tél. : 00 41 (0)244 861 111
Fax : 00 41 (0)244 861 169
Site : www.capucins
Email : foyer-franciscain@capucins.ch

Le Foyer Franciscain est un lieu de formation. La disponibilité d'accueil, de réflexion et de prière permettent aux groupes (écoles, handicapés, chorales…) de vivre leur recherche dans l'esprit de Saint-François d'Assise. Téléphone et accès Internet dans les chambres.
Capacité d'accueil maximale : 70 pers. - Ch. simple(s) : 45 - Ch. double(s) : 11 - Ch. familiale(s) : 4 - Linge de maison fourni
Langue(s) parlée(s) : Français, Anglais, Allemand, Italien

		Adultes	Enfants	Groupes
Hébergement	*Nuit*	41,50Fs	20 à 35Fs	-
Demi-pension	*Jour*	62,50Fs	29 à 47 FS	-
Pension complète	*Jour*	79Fs	36,50 à 56Fs	-

Paiements acceptés : Espèces
Tarifs communiqués à titre indicatif. Pour plus de précisions, contacter directement la maison d'accueil.

Sanitaire : Individuel

Equipement audio-visuel

1 km 5 km 7 km

Office de Tourisme - avenue des Terreaux, 1
CH 1890 Saint-Maurice
Tél : 00 41 (0)244 85 40 40
Email : tourism@st-maurice.ch

Bourg-Saint-Pierre

Accueil spirituel

Martigny (CH)/Aoste (I)

Hospice du Grand-Saint-Bernard
CH 1946 Bourg-Saint-Pierre
Tél. : 00 41 (0)27 787 12 36
Fax : 00 41 (0)27 787 11 07
Site : www.gsbernard.ch
Email : hospicestbernard@bluewin.ch

L'hospice, situé à 2472 m. d'altitude, n'est accessible en voiture qu'en été. Petite communauté de chanoines et laïcs accueille des personnes pour séjour spirituel, groupes de pèlerins, montagnards. Périodes les plus calmes : mi-octobre à mi-décembre, janvier et mi-avril à mi-juin.
Capacité d'accueil maximale : 140 pers. - Ch. double(s) : 52 - Dortoir : oui - Linge de maison fourni
Langue(s) parlée(s) : Français, Allemand, Italien

		Adultes	Enfants	Groupes
Hébergement	*Nuit*	22,5€	-	-
Demi-pension	*Jour*	39€	-	-
Pension complète	*Jour*	48€	-	-

Paiements acceptés : Espèces, Cartes bancaires, Chèques
Tarifs communiqués à titre indicatif. Pour plus de précisions, contacter directement la maison d'accueil.

Sanitaire :

Equipement audio-visuel
Autres activités : Ski alpin / fond

Office de Tourisme du Grand-Saint-Bernard -
CH-1945 Liddes
Tél : 00 41 (0)277 83 38 79

L'Abbaye

Accueil spirituel

Etape vacances

SNCF : Le Pont, 2
TGV : Vallorbe, 10 - Bus
Aéroport : Genève - 60

La Croisée de Joux
Maison d'Accueil - de Ressourcement et Vacances
CH 1344 L'Abbaye
Tél. : 00 41 (0)21 841 17 84
Fax : 00 41 (0)21 841 17 12
Site : www.croiseedejoux.ch
Email : info@croiseedejoux.ch
Contact : Mr Bernard Hiltpold

Lieu respectueux, simple et familial accueille personne seule ou groupe pour vacances, repos, détente dans une contrée de lacs et de forêts, à 1000 m. d'altitude, avec beaucoup d'activités touristiques et sportives. Possibilités de partage, de réflexion, de ressourcement.
Capacité d'accueil maximale : 20 pers. - Ch. simple(s) : 6 - Ch. double(s) : 3 - Ch. familiale(s) : 1 - Dortoir : oui - Linge de maison fourni
Langue(s) parlée(s) : Français, Allemand
Dates de fermeture : 20/12 au 26/12

		Adultes	Enfants	Groupes
Hébergement	*Nuit*	51 FS	42 FS	-
Demi-pension	*Jour*	63 FS	48 FS	-
Pension complète	*Jour*	78 FS	55 FS	-

Paiements acceptés : Espèces, Chèques, Franc Suisse, Euro
Tarifs communiqués à titre indicatif. Pour plus de précisions, contacter directement la maison d'accueil.

Sanitaire : Collectif

10 km 10 km 25 km 10 km

Autres activités : Ski alpin / fond : 0,5 km

3 4

80 km 40 km

Bex

Accueil spirituel

Etape vacances

Maison de repos

- Sortie : Bex
SNCF : Gare de Bex
TGV : Gare de Lausanne - Taxi
Aéroport : Genève Cointrin - Taxi - Train

La Pelouse

Centre d'accueil et de formation - route de Chiètres
CH 1880 Bex
Tél. : 00 41 (0)244 63 04 40
Fax : 00 41 (0)244 63 04 41
Email : pelouse.accueil@planet.ch
Contact : Soeur Jeanne-Marie d'Ambly

Au cœur d'un vaste parc, sur une colline surplombant le Rhône, La Pelouse offre un espace de silence et de paix propice au repos ou à un temps de retraite. La Communauté des sœurs de Saint-Maurice qui anime ce centre est heureuse de partager sa prière silencieuse et ses célébrations liturgiques.
Capacité d'accueil maximale : 100 pers. - Ch. simple(s) : 15 - Ch. double(s) : 25 - Ch. familiale(s) : 8 - Appartement(s) : oui - Linge de maison fourni
Langue(s) parlée(s) : Français, Allemand

		Adultes	Enfants	Groupes
Hébergement	*Nuit*	22 à 35€	15 à 18€	-
Demi-pension	*Jour*	30 à 44€	20 à 27€	-
Pension complète	*Jour*	40 à 54€	27 à 33€	-

Paiements acceptés : Espèces
Tarifs communiqués à titre indicatif. Pour plus de précisions, contacter directement la maison d'accueil.

Sanitaire : Individuel et Collectif

Equipement audio-visuel

5 km
Autres activités : Ski alpin / fond : 15 km - Piscine thermale à Lavey : 5 km

Office de tourisme - 27, rue Centrale
CH-1880 Bex-les-Bains
Tél : 00 41 (0)244 63 30 80

Lugano

Etape vacances

Maison de repos

A1 - Sortie : Lugano Sud
SNCF : CFF Lugano - Bus
Aéroport : Lugano-Agno

Maison d'Accueil Sainte-Brigitte
Via S. Calloni, 14
CH 6900 Lugano
Tél. : 00 41 (0)91 994 12 12
Fax : 00 41 (0)91 994 27 00
Site : www.birgitta.ch
Email : sbirgitta@bluewin.ch
Contact : Sœur Hilary

Située à proximité de l'Italie, cette maison est dirigée par les religieuses de Ste-Brigitte et vous accueille pour des séjours de repos et de détente dans la tranquillité. Ambiance simple et familiale. Grande terrasse ensoleillée avec vue sur les montagnes et le lac. Nombreuses possibilités d'excursions.
Capacité d'accueil maximale : 50 pers. - Ch. simple(s) : 10 - Ch. double(s) : 20 - Linge de maison fourni
Langue(s) parlée(s) : Français, Anglais, Allemand, Italien

Pour connaître les prestations complètes et les tarifs, veuillez vous renseigner auprès de la maison d'accueil.

Paiements acceptés :

Sanitaire : Individuel

Lugano Turismo - piazza della Riforma
CH 6900 Lugano

Crans-Montana

Accueil spirituel

Etape vacances

Maison de repos

- Sortie : Sierre Ouest

SNCF : Montana Vermala, 0,8 - Taxi - Navette

Villa Notre-Dame
Route de l'Astoria, 8
CH 3963 Crans-Montana
Tél. : 00 41(0)274 85 02 00
Fax : 00 41(0)274 85 02 01
Site : www.villanotredame.ch
Email : villanotredame@netplus.ch
Contact : Mr Marc Bourgeois

Maison de repos, vacances, convalescence, tenue par une communauté de Pères, Religieuses et Laïcs. Accueil familial, accompagnement, ressourcement, situation très calme. Chapelle, messe quotidienne, salons de lecture et réunions pour retraites. Vue panoramique, chambres neuves avec salle de bains et wc. Au départ des promenades et pistes de ski. Personnes seules bienvenues, prix modérés.
Capacité d'accueil maximale : 81 pers. - Ch. simple(s) : 21 - Ch. double(s) : 22 - Ch. familiale(s) : 4 - Linge de maison fourni
Langue(s) parlée(s) : Français, Anglais, Allemand, Espagnol, Italien, Portugais, Serbe
Dates de fermeture : 30/10 au 20/12

		Adultes	Enfants	Groupes
Hébergement	*Nuit*	49 à 75Fs	-	-
Demi-pension	*Jour*	71 à 98Fs	-	-
Pension complète	*Jour*	83 à 108Fs	-	-

Paiements acceptés : Espèces, Chèques
Tarifs communiqués à titre indicatif. Pour plus de précisions, contacter directement la maison d'accueil.

Sanitaire : Individuel

100 m 1 km 1 km 1 km

Office de tourisme - Crans-Montana Tourisme
Tél : 00 41 (0)274 85 04 04

Index général des maisons d'accueil

Trouvez en un clin d'œil le lieu de votre séjour et le type d'hébergement souhaité

Comment utiliser l'index

Classement des établissements par :

- pays (France et étranger)

- région

- département

Avec pour chaque maison d'accueil, la mention du ou des types d'hébergement proposés et son numéro de page.

Le petit chaperon rouge

Mais comme le petit chaperon rouge avait pris sa carte Local Michelin, elle ne tomba pas dans le piège. Ainsi, elle ne coupa pas par le bois, ne rencontra pas le loup et, après un parcours touristique des plus pittoresques, arriva bientôt chez sa Mère-Grand à qui elle remit son petit pot de beurre.

Fin

Avec les cartes Michelin, suivez votre propre chemin.

MICHELIN

Une meilleure façon d'avancer

INDEX

INDEX

INDEX

INDEX

INDEX

INDEX

INDEX

INDEX

INDEX

INDEX

INDEX

INDEX

INDEX

ANNONCEURS ET UTILISATEURS, vos remarques nous sont précieuses pour améliorer la présentation du Guide et répondre aux attentes de vos clients.

Merci de remplir ce questionnaire et de le retourner à :

Guide Saint-Christophe - Nadège Milard
163, boulevard Malesherbes - 75859 Paris Cedex 17
Tél. : 01 48 88 46 48 • Fax : 01 48 88 45 62
E-mail : n.milard@mp.com.fr

Vos coordonnées :

Etablissement ....

Contact ....

Adresse ....

CP ....

Ville ....

Tél. ....

Comment avez-vous connu le Guide Saint-Christophe ?

....

....

....

Achetez-vous le Guide Saint-Christophe :

❏ Tous les 2/3 ans

❏ Tous les ans

❏ Pour la 1ère fois